— natürlich oekom! —

Mit diesem Buch halten Sie ein echtes Stück Nachhaltigkeit in den Händen. Durch Ihren Kauf unterstützen Sie eine Produktion mit hohen ökologischen Ansprüchen:

- mineralölfreie Druckfarben
- Verzicht auf Plastikfolie
- Kompensation aller CO_2-Emissionen
- kurze Transportwege – in Deutschland gedruckt

Weitere Informationen unter www.natürlich-oekom.de
und #natürlichoekom

Bibliografische Information der Deutschen Nationalbibliothek:
Die Deutsche Nationalbibliothek verzeichnet diese Publikation
in der Deutschen Nationalbibliografie; detaillierte bibliografische
Daten sind im Internet über www.dnb.de abrufbar.

© 2022 oekom verlag, München
oekom – Gesellschaft für ökologische Kommunikation mbH
Waltherstraße 29, 80337 München

Satz und Layout: Christin Müller
Korrektur: Maike Specht
Umschlaggestaltung: Mirjam Höschl, oekom verlag
Umschlagabbildung: © Dariia/stock.adobe.com
Druck: Friedrich Pustet GmbH & Co. KG, Regensburg

Alle Rechte vorbehalten
ISBN 978-3-96238-402-9

Stefan Maier
Jeannette Hagen

HELD*INNEN DES ALLTAGS

30 Menschen engagieren sich
für Umwelt und Gesellschaft

Ein Mutmachbuch

/III oekom

INHALTSVERZEICHNIS

Wie dieses Buch entstand   **11**
Ouvertüre   **14**

30 HELD*INNEN DES ALLTAGS

KATHARINA ELLEKE — Die Eco-Warriorin   **18**
*»Für meine Leidenschaft zur Müllvermeidung
lebe ich gerne minimalistisch.«*

KATJA WIESE — Die Tochter des Kapitäns   **26**
*Die unter anderem eine Fläche zehnfach
so groß wie Deutschland wiederbewalden will*

REINHARD KASTORFF — Der gute Freund,   **34**
den niemand zum Feind haben will
*Das Frühstück, welches alles veränderte und
Dutzenden Menschen eine Perspektive gab*

DAVID KRUMBHOLZ — Zu den Obdachlosen   **42**
statt in die Disco
*Von der Missionarsreise nach Kapstadt zu den
Obdachlosen in Bonn*

ELITA WIEGAND — Die ZukunftsMacherin Nr. 1 **50**
Netzwerkerin und Brückenbauerin, die Menschen zusammenbringt, damit Großes entsteht

JAN PEHOVIAK — Stadtraumgestalter **58**
Experimentierräume schaffen, um den sozialökologischen Wandel voranzubringen

FLOH (FLORIAN) BLACHA — »What the fuck!« Wie kann das sein? **66**
Aus Überzeugung für den Erhalt der Lebensgrundlagen

PETRA BLÜMEL — Kompromisslose und engagierte Tierschützerin **74**
Retterin der verlorenen Seelen

UTE NERGE — Aus Liebe zu den Kindern **82**
Von einer Idee zur Sternenbrücke.
»Die Erwachsenen reden oft nur.« Aber nicht Ute

ERNST HÖRMANN — Klimaopa ohne Kompromisse **90**
Kohlegrube und Baumhaus. »Weil ich es meinen Enkeln schuldig bin«

SYLVIA MANHART — Unternehmerin mit Visionen **98**
Ein cooles Produkt entwickeln und damit die Welt ein bisschen sauberer halten

GERHARD MÜLLER — Vom Stammtisch in den Wald **106**
Im Ruhestand Lebensräume bewahren, Menschen und Natur zusammenbringen, dabei das Klima schützen

BEATRIX (TRIXI) FUCHS — Aus der Steuerkanzlei
in die Greenpeace-Jacke 114
»Nehmt die Klimaherausforderung endlich ernst,
und hört auf mit eurem lächerlichen Gezänk.«

ANDRÉ WIERSIG — Botschafter der Meere 122
*Der Mann, der mit dem Wal schwamm und uns
die geschundenen Meere näherbringt*

ALEXANDER VOGT — Herzenswärme und Gleichmut 132
*Teilen, um zu wachsen. Der Weg zum eigenen Glück
geht nur über das Glück anderer*

UTE WOLFANGEL — Eine Schwäbin auf Lesbos 140
»Ich konnte diesem Elend nicht weiter tatenlos zusehen.«
Alle Menschen sind gleich

KATJA MEYER (GENANNT KASHA) — »Mach Geld 148
zu deinem Gott, und es wird dich plagen wie der Teufel.«
*Wegen der Mutter in die große Bank, wegen der Menschen
in die sozial-ethische Bank*

LENA MAURER — Von Südtirol nach München, 156
von der Mode in den Umweltschutz
»Ich muss mein Leben umgestalten, um selbst
Veränderung von anderen erwarten zu dürfen.«

MARTIN WEBER — Nicht mehr Teil dieses Systems 164
*Der andere Karrierist und Selbstversorger,
in Übereinstimmung mit seinen Werten und dem
Umweltschutz*

KATHARINA PARTYKA — Wo sich die Inuit küssen   **172**
Nachhaltige Mode, denn Fast-Fashion zerstört Mensch und Natur

KATJA DIEHL — She drives mobility   **180**
Mobilität für statt gegen die Menschen. In einem Land, in dem die Menschen ihre Autos liebkosen

STEFAN BECKER — Humanist und Philosoph   **188**
Dessen steiniger Weg zur Hilfe für Helfende führte

BIRGIT SCHULZE — Von PC und Steuergesetzbuch zur Mistgabel und in den Stall   **196**
Ein Leben mit und für die Erdlinge

CLAUDIA SCHWEGMANN — Das Mädchen, das Papst werden wollte   **204**
Die Frau, die nun die Moore und vieles mehr rettet

GEORG OHMEYER — Professor im Ruhestand   **212**
Gemeinwohlorientierung in der Wirtschaft oder Wissensvermittlung für Kinder – der, der keine Ruhe gibt

KATRIN PÜTZ — Social Entrepreneurin und ein bisschen verrückt   **220**
Mit Unternehmertum gegen eine menschenfeindliche Entwicklungshilfe

CARMEN ECKHARDT — Madame Courage   **228**
Mit Filmen gegen die Verrohung und die Egoismen in der Gesellschaft

CHRISTOPH MANN — Vom Manager zum Sozialarbeiter   **236**
Nächstenhilfe trägt stärker zum eigenen Glück
bei als Karriere und hohes Einkommen

UTE BRÜNE — Nachhaltigkeit im Menschsein   **244**
und im Unternehmer*innentum
»Wir stellen alles auf den Kopf und sind bereit zu scheitern.«

ANTJE GROTHUS — Der personifizierte Widerstand   **252**
im Rheinischen Revier
Die Bangbüx, die vor niemandem Angst hat

Schlussakkord   **261**
Danksagung   **262**
Die Autor*innen   **263**

*»Wenn an vielen kleinen Orten
viele kleine Menschen Dinge tun,
wird sich das Angesicht der Welt verändern.«*
Afrikanisches Sprichwort

*Man sollte nie daran zweifeln, dass eine kleine Gruppe
kluger, engagierter Bürger die Welt verändern kann.
In der Tat ist das der einzige Weg, der jemals Erfolg hatte.*
Margaret Mead

WIE DIESES BUCH ENTSTAND

Heiligabend 2020. Der Küche verwiesen, lag ich, Stefan, auf der Couch, nippte an einem guten Rotwein, und irgendwie kamen mir plötzlich all die großartigen Menschen in den Sinn, denen ich im Verlauf des Jahres begegnet war und die mich auf besondere Art und Weise berührt, inspiriert oder bewegt hatten. Ich fing an zu zählen und war überrascht, als ich zum sechsten Mal bei meinem Daumen ankam. Der nächste Gedanke war, dass es doch eigentlich schade ist, dass diese Menschen vermutlich gar nicht ahnen, was für einen positiven Einfluss sie auf mich und mein Leben hatten. Also stand ich auf, ging zu meinem Laptop und schrieb eine E-Mail an meine Held*innen des Alltags, setzte jede*n von ihnen auf Blindkopie, schrieb zu jedem*er zwei persönliche Sätze und bedankte mich.

Die Reaktionen ließen nicht lange auf sich warten, und sie waren wunderbar. Drei Aussagen kamen immer wieder vor: »Ich bin doch kein*e Held*in«, »Schön, dass Du mich einbezogen hast« und der wichtigste Satz: »Es tut so gut zu lesen, was die anderen Menschen so machen. Das gibt mir Mut für mein eigenes Tun.«

Diese E-Mails ließen mich nicht mehr los. Wenn wir uns in unserem Kreis schon so ermutigt und inspiriert fühlen, wie wäre es, wenn wir den Kreis erweitern? Wenn viel mehr Menschen von den Helden*innen und Macher*innen erfahren und sie den Anstoß für andere Held*innen geben?

Ich erzählte einer meiner persönlichen Held*innen, Jeannette, von meiner Idee. Da sie schon mehrere Bücher geschrieben hatte, machte sie mir nicht nur Mut, dieses Buch zu schreiben, sondern sagte mir ihre Unterstützung zu.

Das war auch ganz leicht, denn ich selbst, Jeannette, habe erfahren, wie inspirierend andere Menschen für den eigenen Weg sein können und wie wichtig es manchmal ist zu erfahren, wie es Menschen, die helfen oder etwas bewegen, gelingt, Hürden zu überwinden.

Als die sogenannte Flüchtlingskrise 2015 begann, wusste ich eine Zeit lang überhaupt nicht, wohin mit meiner Hilflosigkeit und meinen Gefühlen. Die Bilder der fliehenden Menschen triggerten meine eigenen Erfahrungen. Im Februar 1989, also ein Dreivierteljahr vor dem Mauerfall, hatte ich selbst meine Heimat verlassen, und auch wenn es nur von Ost- nach Westberlin war, so konnte ich doch zumindest in Ansätzen nachempfinden, was es bedeutet, alles hinter sich zu lassen, und wie gut es tut, wenn es Menschen gibt, die Halt geben und helfen, sich in einer neuen Lebenssituation zurechtzufinden.

Mit dieser Erfahrung im Gepäck habe ich mich damals von einem Mann inspirieren lassen, der ohne Wenn und Aber sein Leben umgekrempelt hat, um auf Lesbos Geflüchteten zu helfen. Innerhalb kurzer Zeit hatte er eine Struktur aufgebaut, die es ermöglichte, die Hilfe und die Helfenden zu koordinieren. Ich will das hier abkürzen, denn das Engagement von Michael Räber wäre ein eigenes Buch wert. Jedenfalls sah ich damals eine Reportage über ihn im ZDF, und in dem Moment wusste ich, dass ich ihn ausfindig machen, ihm schreiben musste und auch nach Lesbos gehe würde, um zu helfen. Aus dieser einen Woche und mehreren weiteren Aufenthalten ist eine tiefe Verbindung zu vielen anderen Helfenden entstanden, die bis heute anhält und die mir über mein Engagement hinaus geholfen hat, meinen eigenen Emotionen nicht weiter hilflos ausgeliefert zu sein.

Hilfsbereitschaft ist uns in die Wiege gelegt. Das haben Forschungsreihen bestätigt: Zwingt man Kleinkinder, in einer Situation auszuharren, in der sie nicht helfend eingreifen können, erzeugt das in ihrem Körper Stresssymptome. Es sind unsere Erziehung und unsere Erfahrungen, die Reaktion des Umfeldes, die Anpassung, die den natürlichen Impuls des Helfens oft unterdrücken. Dabei machen Helfen und sich zu engagieren glücklich. In einer Studie fand ein Team um Psychologieprofessorin Sonja Lyubomirsky heraus, dass gerade mal zehn Prozent unseres Glücksempfindens auf unsere Lebensumstände zurückzuführen sind. 40 Prozent dagegen basieren auf unserem Verhalten und unseren täglichen Routinen, die wir selbst bestimmen. In dem Experiment bekamen Studierende die Aufgabe, sechs Wochen lang einmal wöchentlich mehrere gute Taten zu vollbringen. Sie spendeten Blut, besuchten ihre Großeltern im Altersheim oder kauften einem Obdachlosen einen Hamburger. Im Gegensatz zu der Kontrollgruppe, die keinen derartigen Auftrag erhalten hatte, stiegen die Zufriedenheitswerte der aktiven Helfer*innen signifikant.

Ein Grund mehr, dieses Buch in die Welt zu bringen. Ein Grund mehr, die wunderbaren Geschichten unserer Held*innen zu erzählen. Natürlich verbunden mit der Hoffnung, dass Du, liebe*r Leser*in, Dich von den Geschichten ebenso inspirieren lässt und dass es Dir Mut macht. Darum heißt es auch: unser Mutmachbuch.

Wir wünschen Dir inspirierende Stunden und eine wundervolle Zeit.

Stefan & Jeannette

OUVERTÜRE

»Die Welt ist, wie sie ist, aber ich mache sie ein Stückchen besser«, so oder so ähnlich ließe sich die Einstellung der Menschen beschreiben, die uns für dieses Buch einen Einblick in ihr außergewöhnliches Engagement gewährt haben. Die uns auf den folgenden Seiten einladen, in ihre Leben zu schauen, in ihre Projekte und in ihr Wirken. Ein Wirken, das sich wie eine Wellenbewegung in unserer Gesellschaft und auf unserem Planeten ausbreitet, und so Dir, uns und vielen anderen Menschen zugutekommt.

Obwohl sie es alle ablehnen würden, so genannt zu werden, sind sie unsere Helden*innen des Alltags. Frauen und Männer, die irgendwann entschieden haben, dass sie nicht in der Erkenntnis verharren wollen, dass so manches schiefläuft in unserem Denken, in unserer Gesellschaft und auf unserer Erde, sondern die anpacken und Veränderungen bewirken wollen.

»Sei du selbst die Veränderung, die du dir wünschst für diese Welt«, sagte Gandhi vor über 80 Jahren. Unsere Held*innen haben ganz unterschiedliche Wege gefunden, diese Veränderung zu sein. Selbst dann, wenn der Weg beschwerlich und mit Widerständen gepflastert war, blieben sie sich und ihren Werten treu. Die Heldinnen und Helden dieses Buches sind Vorbilder, die uns dazu inspirieren können, einen eigenen Weg zu suchen, um unseren Beitrag zu leisten.

Während wir diese Zeilen schreiben, tobt ca. 2.000 Kilometer südöstlich von uns ein fürchterlicher Krieg. Wir erleben eine Pandemie, die unser aller Leben beeinflusst und die Millionen Menschen das Leben gekostet hat. Milliarden Menschen leiden, weil wir unseren Planeten erhitzen, und mitten in Deutschland müssen jüdische Mitbürger*innen und Menschen anderer Hautfarbe wieder vor stolzen Deutschen fliehen. Es würde mehr als die Seite füllen, all das aufzuschreiben, was aus den Fugen geraten ist, und jede einzelne Sache wäre Grund genug, den Kopf in den Sand zu stecken, sich auf Twitter auszutoben oder exzessiv das Leben auszukosten, als gäbe es kein Morgen mehr.

Die Heldinnen und Helden in diesem Buch haben einen anderen Weg gewählt. Und obwohl sie kaum öffentlich in Erscheinung treten, manchmal sogar im Verborgenen agieren, leisten sie Großartiges. Sie sind Held*innen, und sie sind mitten unter uns. Arbeiten tagsüber oder sind an der Uni, führen ein kleines Ladenlokal oder sind bereits im verdienten Ruhestand, und so ganz nebenbei sind sie die, die da sind, wo staatliche Strukturen fehlen oder versagen.

Wir hoffen, dass Du Freude und Gefallen an den Geschichten der Held*innen des Alltags findest. Lass Dich berühren, inspirieren und anstecken von der Kraft dieser Menschen, die nicht anders sind als Du und ich. Die einfach nur tun.

30 HELD*INNEN DES ALLTAGS

KATHARINA ELLEKE
DIE ECO-WARRIORIN

»*Für meine Leidenschaft zur Müllvermeidung
lebe ich gerne minimalistisch.*«

»Ich liebe die Kunst! Durch sie entstehen Dinge, die vorher nicht real, sondern nur im Kopf vorhanden waren.« Dieser Satz von Katharina entspricht exakt ihrem Willen, eine gute, eine saubere, heute noch nicht reale Welt entstehen zu lassen. Sie ist eine Visionärin, eine Kämpferin, ein mutiger und konsequenter Mensch.

Katharina wurde 1994 in Starnberg geboren, aufgewachsen ist sie in Viecht bei Landshut, jener malerisch schönen Stadt an der Isar, die bekannt ist für die Landshuter Hochzeit oder das höchste Backsteingebäude der Erde – die Martinskirche. Katharina wurde als drittes und letztes Kind in ihre Familie geboren. In ländlicher Umgebung aufgewachsen, genoss sie die Dorfgemeinschaft und vor allem die Natur. »Wir spielten am Bach, bastelten etwas, oder ich war am Malen.« Letzteres nicht immer zum Entzücken der Erwachsenen, wenn zum Beispiel mal wieder die Hauswand als Projektfläche herhalten musste.

Auf den ersten Blick ließe sich sagen, dass Katharina in dörflich behüteten Verhältnissen aufgewachsen ist, wäre da nicht diese so ganz andere Welt, die ebenso Teil ihrer Kindheit und Jugend war: Afrika. Genauer gesagt, Kenia. Katharinas Mutter, Nanka, war im Alter von 16 Jahren mit ihren Eltern und Geschwistern nach Kenia ausgewandert. Der Großvater, ein Augenarzt, der in den 1970ern, für zwei Jahre im Rahmen eines Austauschprogramms mit seiner Familie nach Kenia ging, kam nicht mehr los von diesem faszinierenden Land. Und so blieb die Familie dort, bis Katharinas Mutter irgendwann zurück nach Deutschland zog, wo sie Hans, Katharinas Vater, kennenlernte.

Und so offenbart der zweite Blick, dass Katharina zwei Kulturen in sich vereint. Sie selbst sagt, dass ihr schon als Kind bewusst wurde, wie unterschiedlich die Lebensbedingungen waren und dass der Luxus in Deutschland nicht der Maßstab ist. Sind Menschen glücklicher, nur weil sie in einem Haus aus Stein leben? Nein. In Kenia leben viele Menschen in Hütten aus Wellblech. Sie sind nicht weniger glücklich, im Gegenteil. »Das zu beobachten machte mir sehr früh klar, wie wenig wir zum Leben und zum Zufriedensein brauchen und dass die Basics schnell gedeckt sind.«

Die Möglichkeit, in zwei Kulturkreisen heranzuwachsen, erweiterte ihren Horizont ungemein. Half ihr, verschiedene Kulturen zu verstehen und Sprachen zu lernen. Katharina spricht heute neben Deutsch perfekt Englisch und Kisuaheli.

Doch so schön und lehrreich all das erscheint – am einprägsamsten waren für Katharina der Geruch und der Anblick von Müllbergen. »Überall dieser Müll und der in der Luft wabernde Gestank. Sei es Verwesungs- oder beißender Verbrennungsgeruch, der schwer erträglich ist.« Vor allem Plastikmüll aus den westlichen Staaten überschwemmte damals schon den gesamten Kontinent. Ein als Müllkippe missbrauchter Kontinent.

Nach dem Abitur entschloss sich Katharina, Industriedesign zu studieren, um ihre kreative Prägung mit dem Funktionellen zu verbinden. Im Zuge eines Recherchesemesters mit dem Titel *Müll und Recycling in Kenia* stieß sie auf das, was sie schon kannte, und konnte nun ihre Leidenschaft für Kenia, den Wunsch, Sinnvolles zu tun, und die Kenntnisse aus dem Studium zusammenbringen. Aufgrund der Erfahrungen, die sie in dem Projekt sammelte, und durch ihr schon vorhandenes Wissen bezüglich der Vermüllung durch Plastik stand für sie schnell fest, dass sie sich intensiver mit diesem Themenfeld beschäftigen würde.

Wie groß die Herausforderung ist, vor der wir bezüglich des Müllproblems stehen, lässt sich mit einem Blick auf die Ausmaße der Müllstrudel auf den Weltmeeren erahnen. Fünf gibt es weltweit. Der größte davon, der Great Pacific Garbage Patch im Nordpazifik, ist allein viereinhalb mal so groß wie Deutschland und besteht aus geschätzten 1,8 Billionen Plastikteilen. Das sind ca. 230 Teile pro Erdenbewohner. Nur in diesem einen Strudel! Dazu kommen die Müllberge in einzelnen Ländern wie Türkei, Indonesien, neuerdings auch Polen und viele mehr, dort, wo die Industrienationen zum Teil widerrechtlich den nicht recycelbaren Plastikmüll abladen. Laut einer global angelegten Greenpeace-Studie ist Coca-Cola, gefolgt von Pepsi und Nestlé, der weltweit größte Plastikmüllproduzent.

»Wenn wir die Plastikvermüllung nicht in den Griff bekommen, gibt es spätestens 2050 mehr Plastik als Fische in unseren Meeren«, so der Vizepräsident der Europäischen Kommission Franz Timmermans. Was das für die Weltmeere, den Bestand an Fischen oder Vögeln und die Gesundheit der Menschen bedeutet kann noch niemand so ganz genau sagen. Die Folgen sind bereits jetzt enorm, und der Blick in die Zukunft verheißt nichts Gutes. Und diese Aussicht ließ und lässt Katharina nicht mehr los. Ihr war klar, dass sie dem etwas entgegenstellen will und muss.

Durch ihre Tante wurde Katharina auf Precious Plastic aufmerksam, eine in den Niederlanden gegründete und mittlerweile weltweit agierende Open Source Community, die sich der Reduk-

INFOBOX

3.000 marine Tierarten sind unmittelbar durch Plastikmüll beeinträchtigt. Täglich verenden Abertausende Tiere durch unsere Plastikabfälle. Die Hauptverursacher sind der küstennahe Tourismus, maritime Industrie, Schifffahrt, Müllverklappung und die Fischerei.

86 Milliarden Tonnen Plastik befinden sich in unseren Meeren.

Allein Coca-Cola produziert 88 Milliarden Plastikflaschen – pro Jahr!

Es handelt sich um eine menschliche Herkulesaufgabe, den Müll wieder aus den Gewässern zu holen. Nicht nur wegen der schier unvorstellbaren Menge, sondern auch, weil lediglich fünf Prozent des Plastikmülls an der Wasseroberfläche zu finden und abzuschöpfen sind.

tion von Plastik verschrieben hat. Natürlich sollten wir in erster Linie über Müllvermeidung nachdenken, doch parallel dazu gilt es, die Welt und die Ozeane von Plastikmüll zu befreien.

Dafür entwickelte Precious Plastic Maschinen zum Schreddern von Plastikmüll und solche, mit denen sich aus dem geschredderten Material alltagstaugliche Produkte fertigen lassen. Das Besondere an dem Konzept von Precious Plastic ist, dass es eine Open Source Community ist, die die Baupläne der Maschinen für jeden zugänglich macht, sodass diese überall auf der Welt verfügbar sind. Sie können also nachgebaut, weiterentwickelt und genutzt werden. Dadurch entsteht ein weltumspannendes Netzwerk, welches sich einer der größten Herausforderungen der Weltgemeinschaft annimmt. Durch die Maschinen von Precious Plastic entstehen aus tödlichem Müll wertvolle Rohstoffe und Produkte, für die kein neues Plastik in die Welt gebracht werden muss.

Die Arbeit von Precious Plastic faszinierte Katharina so sehr, dass sie den in Bozen begonnenen Masterstudiengang nach drei Monaten abbrach, in die Niederlande ging und sich, anstatt dort nach einer gut bezahlten Stelle zu suchen, ehrenamtlich dem Projekt verschrieb. »Ich konnte mich nicht mehr auf das Studium konzentrieren, nachdem sich bei Precious Plastic neue Chancen ergeben hatten. Wir bekamen eine Halle zur Verfügung gestellt, in der wir endlich im größeren Stil anfangen konnten, unser Projekt voranzutreiben. Da konnte ich doch nicht in Bozen hocken.« Bei allem Engagement stand allerdings die Frage im Raum, wo Katharina wohnen sollte. Bei fremden Menschen couchsurfen wie die Jahre zuvor wollte sie nicht. Doch das Geld für eine feste Bleibe fehlte. Also ging sie an ihre Rücklagen, kaufte in Bozen einen VW-Bus, packte ihre Habseligkeiten ein, fuhr in die Niederlande und lebte, weil Miete bei einem Nulleinkommen (später dann 600 Euro im Monat) nicht drin war, fast zwei Jahre lang in besagtem Bus.

Was trieb Katharina an? Warum war sie bereit, auf Einkommen und Status zu verzichten? Oder anders gefragt: Ist Plastik wirklich so schlimm, dass man, um es zu bekämpfen, sein Leben derart einschränken muss? Für Katharina stand die Antwort fest: Die Folgen der Plastikvermüllung sind für Mensch und Umwelt absolut gravierend, sie sind tödlich. Plastikmüll kostet Abertausende Meerestiere das Leben. Sei es, weil sie sich in den Abfällen verheddern und darin grausam verenden oder weil sie Plastik fressen und daran zugrunde gehen. Wir alle kennen die Bilder von verendeten Delfinen mit Plastiktüten über dem Kopf, von in alten Treibnetzen strangulierten Riesenschildkröten oder Walen, die mit zwei Zentner Plastik im Bauch aufgequollen am Strand liegen. Aber auch für uns Menschen stellt Plastik eine unmittelbare Gefahr dar. Wir nehmen Plastik sowohl als Mikroplastik in unserer Nahrung als auch durch Verunreinigungen der Luft, die beim Verbrennen oder dem Ausgasen von Chemikalien (Weichmachern) entstehen, auf. Die in Plastik vorhandenen Chemikalien sind nahezu in jedem menschlichen Organismus wiederzufinden. Was das für Folgen hat, ist erst in Ansätzen erforscht. Nachgewiesen ist schon jetzt, dass durch diese Plastikrückstände Krebs entstehen kann, vermehrt Allergien auftreten und dass die Gefahr von Fettleibigkeit und Herz-Kreislauf-Erkrankungen zunimmt.

Aber zurück zu Katharina, die nicht nur bei Precious Plastic aktiv war und ist, sondern auch bei Flipflopi in Kenia. Flipflopi ist eine Bewegung, die den Verbrauch von Einwegplastik beenden will und darum eine »Revolution« der Plastikwiederverwertung eingeleitet hat. Um den Nutzen von recyceltem Plastik zu beweisen, hat Flipflopi eine Dau, ein traditionelles Segelboot der Anliegerländer des Indischen Ozeans, gebaut und ist damit vom Norden Kenias nach Sansibar und Tansania gesegelt. Für Katharina eine weitere Möglichkeit, ihre Begeisterung und Fähigkeiten einzubringen. Segeln gehörte schon als Kind zu ihren Leidenschaften. Unterwegs mit dem Dau, besuchten sie Schulen und Unternehmen, klärten über die Folgen des Plastikgebrauchs auf, zeigten Wiederverwendungsmöglichkeiten und vor allem Einsparpotenziale. »Das war ein unglaubliches Erlebnis«, so Katharina. Das war allerdings erst der Anfang. Zum Zeitpunkt des Interviews baute Flipflopi eine 24 Meter lange Dau aus recyceltem Plastik, die anschließend um die Welt segeln soll.

Auf die Frage, was Katharina dazu bewegte, ihr Leben der Reduzierung des Plastikmülls zu widmen und auch selbst fast plastikfrei zu leben, antwortet sie, dass ihre Mutter sie inspiriert hat. Diese bemühte sich bereits seit vielen Jahren, weitestgehend plastikfrei zu leben. Dazu kamen die Bilder aus Kenia und die mit steigendem Wissenszuwachs einhergehende Erkenntnis darüber, was Plastik mit unserem Planeten und dessen Bewohner*innen anrichtet.

Katharinas Weg zu einem fast plastikfreien Leben begann mit kleinen Schritten und mit Ausprobieren. Behilflich waren dabei der Plastic free July (ähnlich dem DryJanuary oder dem Veganary, wenn Menschen gemeinsam einen Monat lang auf Alkohol oder tierische Produkte verzichten) und Katharinas Experimentier- und Schaffensfreude. »Gibt es Dinge, die ich brauche, wirklich nur aus Plastik, dann suche ich Wege, diese selbst herzustellen. Vor allem bei den Lebensmitteln gibt es so viele schöne Ansätze, es selbst zu machen.« Und sie ergänzt: »Manchmal verzichte ich halt, wenn das, was ich gerne hätte, nur ›eingeplastikt‹ zu bekommen ist.«

Katharinas Rezept: »Einfach beginnen, hier und da nach einer plastikfreien Alternative suchen, und schneller, als man denkt, bemerkt man, dass der eigene Müllberg drastisch schrumpft. Wenn alle ein bisschen darauf achten, ergibt das in der Summe einen gewaltigen Unterschied. Außerdem macht es auch noch Spaß!«

Die beschriebenen Folgen für Mensch und Tier machen deutlich, warum das Wirken von Katharina so wichtig für unseren Planeten und damit für jeden von uns ist. Katharina lebt uns vor, dass jeder von uns jeden Tag entscheidet, ob er sich weiterhin an der Produktion von potenziell tödlichem Plastikmüll beteiligen will oder lieber an deren Vermeidung. Einmal angefangen, fällt es von Tag zu Tag leichter, auf den To-go-Becher oder die PET-Flasche zu verzichten und nur noch in Ausnahmefällen zu plastikverpackter Ware zu greifen. Es geht, fang an!

WEITERFÜHRENDE INFORMATIONEN

Katharinas Projekte:
- https://www.theflipflopi.com/
- https://preciousplastic.com/

Informationen zu Plastik:
- https://www.boell.de/de/plastikatlas
- https://www.nationalgeographic.de/10-erschreckende-fakten-uber-plastik
- https://www.duh.de/plastik-im-meer/
- https://www.greenpeace.org/luxembourg/de/aktualitaet/2636/und-die-fuenf-groessten-plastikverschmutzer-sind/

Literaturempfehlungen:
- Plastik im Meer von Oliver Steiner, Kindle-Ausgabe
- Giftbombe Plastikmüll von Gerhard Denk, Independently published

KATJA WIESE
DIE TOCHTER DES KAPITÄNS

Die unter anderem eine Fläche zehnfach so groß wie Deutschland wiederbewalden will

Mit knapp 30 Jahren hatte Katja ihre Träume erfüllt. Sie war um die Welt gereist, hatte eine Zeit lang bei den Ureinwohner*innen Nordamerikas gelebt, war mit einem weißen Pferd über die Prärie geritten und hatte sich zum Schutz der Umwelt engagiert. Dann verunglückte sie bei einem dramatischen Reitunfall, zog sich unter anderem mehrere Hirnblutungen zu, fiel in ein langes Koma, bei dem nicht klar war, ob sie das überleben würde. In ihrer Erinnerung an das Koma oder die mögliche Nahtoderfahrung stand Katja vor einem Tor und wurde gefragt, warum sie weiterleben wolle. Sie erinnert sich genau, wie sie abwog: »Ich habe meine Träume erfüllt, also ist es okay, wenn ich durch das Tor auf die andere Seite gehe«, dachte sie. »Doch die Erde ist in einem Zustand, in dem sie Hilfe benötigt. Also bleibe ich und widme meine künftige Energie und Lebenszeit dem Schutz der Umwelt.«

Katja wurde 1967 in der Probstei, einem Gebiet östlich von Kiel, geboren. Einem ländlichen Gebiet, in dem seit dem 12. Jahrhundert – für die damalige Zeit ungewöhnlich – freie Bauern das Land bestellten und somit keinem Lehnsherrn unterstanden. Aus dieser Zeit stammen die ersten schriftlichen Hinweise auf die Familie Wiese – freie Menschen, seit vielen Generationen.

So auch Katja, die zusätzlich durch ihren Vater, der als Kapitän zur See fuhr und später als Geschäftsführer eine Reederei leitete, geprägt wurde. »Bei uns war die Welt zu Hause, und wir haben keine Grenzen gespürt«, sagt Katja. Bereits im Alter von vier Jahren reiste sie mit ihrem Vater per Schiff von Holland nach Kanada, dort über den Sankt-Lorenz-Strom tief ins Innere des Landes, und anschließend setzten sie zum Mississippi über und fuhren diesen herunter. »Diese Reisen in jungen Jahren und die Geschichten meines Vaters aus aller Welt öffneten meinen Geist und vermittelten mir unendliches Selbstvertrauen.« Dieses Selbstvertrauen ließ Katja immer wieder Dinge ausprobieren und neue Wege gehen. »Wenn ich mir etwas vornehme, dann gibt es für mich kein Scheitern. Es gibt auch keinen Zweifel. Dann bin ich überzeugt, *das kann ich.*«

Trotzdem war die Kindheit auch stark durch den oft abwesenden Vater geprägt. Katja verbrachte die Zeit hauptsächlich mit ihrer Mutter und dem jüngeren Bruder und war schon in frühen Jahren sehr aktiv. Tanzen, Reiten, Tennis und vor allem Hockey waren ihre große Leidenschaft. Sie trainierte hart – mindestens vier Trainingseinheiten pro Woche –, und an den Wochenenden bestritt sie Wettkämpfe. Rückblickend sagt sie, dass es der Sport gewesen sei, der sie zu der Erkenntnis brachte, dass Träumen gut ist, es am Ende jedoch auf den Durchsetzungswillen und die Einsatzbereitschaft ankommt.

Diesen Durchsetzungswillen zeigte Katja im Alter von 14 Jahren, als sie aus eigenem Wunsch und zur großen Überraschung ihres Umfeldes in die Kirche eintrat. »Mich interessierten einige Themen, die die Kirche damals ansprach. Es war spannend für mich, mich mit den spirituellen Fragen des Lebens auseinanderzusetzen. Natürlich wurde ich vor allem aus dem weiteren Familienumfeld für diese Entscheidung geneckt und gehänselt. Das konnte mich jedoch von meinem Entschluss nicht abbringen.« Nach sehr intensiven Kirchenjahren ließ Katja die Kirche im Alter von 23 Jahren hinter sich. »Sie gab mir keine Antworten mehr, keinen spirituellen Raum und keine Inspiration. Zudem ließ mich die mangelnde Übereinstimmung zwischen den Predigten, dem gelebten Glauben und den Gläubigen immer stärker zweifeln.« Da die Kirche jedoch wertvolle karitative Arbeit leistet und weil Katja eine Patenschaft innehatte, trat sie erst 15 Jahre später aus der Kirche aus.

Ihre spirituelle Suche führte Katja dann zum Schamanismus, den sie über 14 Jahre lernte und der ihr Leben bis heute prägt. Und da ihr sehr an einem breit aufgestellten Wissen liegt, studierte sie einige Semester Biologie, wechselte aber schließlich und schloss das Studium in Politik, Germanistik und Ökonomie ab. In dieser Zeit lernte sie vor allem die Mathematik schätzen, die für Katja der Schlüssel zum logischen Denken ist, und die es ihr bis heute ermöglicht, Herausforderungen rational zu ergründen und Antworten zu finden. Die Kraft und Klarheit, die Katja durch den Schamanismus gewann, gekoppelt mit einer fundierten Bildung, helfen ihr bis heute, ihre Träume Realität werden zu lassen.

Beruflich durchlief Katja unterschiedliche Stationen – nach einer Zeit als Moderatorin beim NDR, einer Anstellung beim WWF, einer Tätigkeit in einer internationalen Unternehmensberatung, wurde ihr mit 35 Jahren klar, dass sie sich auf den Weg machen musste, ihre im Nahtod getroffene Entscheidung in die Realität umzusetzen. Gesagt, getan, so gründete Katja den Naturefund e.V.

Der Naturefund ist eine Umweltorganisation, die es sich zum Ziel gesetzt hat, Land zu kaufen und, wo immer möglich, dieses Land der Natur zu überlassen. Katjas großer Traum, ihr Big Picture ist es, dass der Naturefund in der Summe eine Fläche zehnmal so groß wie Deutschland kauft, gegebenenfalls wieder aufforstet und der Natur überlässt. Katja und ihre Mitstreiter*innen sind überzeugt, dass die Natur am besten weiß, was sie braucht. Und sie ist überzeugt, dass wir nur, wenn wir erkennen, wie wichtig natürliche Räume sind, eine Chance haben, das rasante Artensterben und die Klimaerhitzung zu bremsen und somit das Überleben der Menschheit zu sichern.

»Das erste Projekt realisierte ich seinerzeit noch als Einzelkämpferin zusammen mit dem NABU. Wir kauften Sumpfwald am Rhäden in Nordhessen – eines der wichtigsten Vogelschutzgebiete in Mitteldeutschland – und entzogen dieses Gebiet somit der Gefahr einer industriellen Bewirtschaftung.«

In der Satzung des Vereins steht unter anderem der Zweck wie folgt beschrieben:

»Die zu schützenden Gebiete im In- und Ausland sollen dabei (beim Erwerb), soweit es geht, aus der menschlichen Nutzung herausgenommen werden, um einen ungestörten Lebensraum für Pflanzen und Tiere zu schaffen. Wo ein kompletter Schutz nicht möglich sein sollte, wird sich der Verein darum bemühen, die Nutzung so integriert wie möglich zu gestalten, z. B. in Form von Ökotourismus oder ökologisch integrierter Forstwirtschaft.«

Somit erhält der Naturefund nicht nur natürliche Lebensräume und Kohlenstoffsenken, sondern renaturiert Flächen, die durch menschliche Nutzung zerstört oder in Mitleidenschaft gezogen wurden. Die notwendigen 25.000 Euro für die Realisierung des ersten Projektes zusammenzubringen dauerte über zwei Jahre. Und so ging es auch zunächst weiter – zäh und entbehrungsreich. Katja konnte sich erst ab dem 6. Jahr der Existenz des Naturefund ein kleines Monatsgehalt auszahlen. »Frag mich nicht, wie ich in den Jahren gelebt habe«, lacht Katja. »Aber es waren dennoch gute Jahre.«

Heute unterstützt der Naturefund insgesamt 28 Projekte auf verschiedenen Kontinenten: zum Beispiel die Wiederaufforstung auf Madagaskar, in Costa Rica, Bolivien oder Burkina Faso. In Deutschland werden vor allem Moorgebiete, Streuobstwiesen, Ackerrandstreifen bepflanzt oder der dynamische Agroforst erprobt und verbreitet. Unter Agroforst versteht man laut Wikipedia ein »(teils mehrstöckiges) landwirtschaftliches Produktionssystem, das Elemente des Ackerbaus und der Tierhaltung mit solchen der Forstwirtschaft kombiniert«.

Um die Tiere vor dem Aussterben zu bewahren und gleichzeitig ein arten- und klimaförderndes Landwirtschaftskonzept zu erproben, kaufte der Naturefund 2020 fünf Kühe der vom Aussterben bedrohten Art Murnau-Werdenfelser und betreibt mit diesen ein ganzheitliches Weidemanagement. Hierbei handelt es sich um ein Weidekonzept, welches dazu dienen soll, die Bodenfruchtbarkeit zu erhöhen, Humus aufzubauen, um somit Kohlenstoff zu binden, Artenvielfalt zu entwickeln und letztlich eine artgerechte Tierhaltung zu ermöglichen. Dies wäre ein neuer Schritt in eine nachhaltige Tierhaltung, welche nicht nur den Tieren und der Natur, sondern auch den Landwirt*innen und Verbraucher*innen guttun würde.

2011 finanzierte der Naturefund einen Workshop zum dynamischen Agroforst in Honduras. Weitere folgten in Nicaragua und Madagaskar. Seit 2018 betreibt der Naturefund auf einem Versuchsfeld bei Wiesbaden selbst den dynamischen Agroforst. Hier wird – im Gegensatz zur heute verbreiteten Monokultur – eine möglichst hohe Vielfalt an Pflanzen in großer Dichte gepflanzt und ohne jegliche Chemie wachsen gelassen. Wie Katja sagt: »Die Natur hat und weiß, was sie braucht.« Dieses Konzept wird kompromisslos umgesetzt. Ich, Stefan, habe mir diese Flächen vor Ort angesehen und war zutiefst beeindruckt von der Quantität und Qualität der zu erntenden Früchte und der Fruchtvielfalt. Besonders beeindruckt hat mich, dass keine fünf Meter entfernt, also unter den gleichen Wachstumsbedingungen, die Beete eines Biogärtners lagen, dessen Sträucher im direkten Vergleich zu denen des dynamischen Agroforstes relativ arm aussahen.

INFOBOX

Ganzheitliches Weidemanagement ist eine geplante Beweidung, die das Weideverhalten natürlicher Herden imitiert. Die Weiden werden in kleinere Parzellen unterteilt, und die Herden werden spätestens nach zwei Tagen zur nächsten Parzelle getrieben (Weiderotation). Die Rinder fressen in dieser Zeit das Weidegras lediglich zu 30–40 Prozent ab, was starkes Wurzel- und Graswachstum zur Folge hat. Hierdurch wird Photosynthese angeregt und Kohlenstoff in den Boden eingelagert. Landwirt*innen, die Weidemanagement betreiben, berichten von humusreichen Böden, erhöhter Futterproduktion, gesünderen Tiere, Artenvielfalt auf der Fläche, Verzicht auf den kostenintensiven Einsatz von Dünger und Pflanzenschutzmitteln und somit höherem Einkommen für die Landwirt*innen.

Quelle u. a.: Drawdown, der Plan von Paul Hawken (s. Seite 141 ff.)

Die Dynamik, die Katja mit ihren mittlerweile neun Mitarbeitenden in Deutschland und in vier weiteren Ländern entwickelt hat, ist beeindruckend. Allen ist bewusst, dass große Veränderungen auf der Fläche nur gemeinsam mit den Landwirten funktionieren können. Daher tragen sie nicht nur zum Schutz der Landschaft bei, sondern bemühen sich, im Dialog mit den Landwirten altes Wissen neu zu entdecken in der Hoffnung, dass dieses hilft, einen Weg aus dem ruinösen Agrarsystem zu finden.

Katja, einst das kleine Mädchen des großen Kapitäns, hat jetzt selbst schon Großes bewegt, und ihre Ziele kennen keine Grenzen. Ich sage nur: »zehnfache Fläche Deutschlands kaufen und der Natur überlassen.« Dabei hat sie eindrucksvoll bewiesen, dass sie das, was andere »Spinnereien und Träumereien« nennen, Realität werden lässt. Ihr Rezept?

»Träume. Glaube an deinen Traum. Arbeite hart und lebe deinen Traum. Hab keine Angst und mach einfach.«

WEITERFÜHRENDE INFORMATIONEN

Internet:
- https://www.naturefund.de/
- https://www.umweltbundesamt.de/aufforstung-wiederaufforstung#undefined

Literaturempfehlungen:
- Paradise Lost. Vom Ende der Vielfalt und dem Siegeszug der Monokultur von Florian Hurtig, oekom verlag
- Weidewirtschaft mit Profit. Neue Perspektiven für Milchkuhhalter von Martin Elsässer, DLG Verlag
- Die Wiederbegrünung der Welt. 50 Geschichten vom Bäumepflanzen von Jochen Schilk, Drachen Verlag

REINHARD KASTORFF
DER GUTE FREUND, DEN NIEMAND ZUM FEIND HABEN WILL

Das Frühstück, welches alles veränderte und
Dutzenden Menschen eine Perspektive gab

Es gibt sie, die kleinen, belanglos erscheinenden Momente im Leben eines Menschen, die alles verändern. Die Momente, die jemanden auf eine unerwartete und vielleicht lebenslange Reise schicken. Die mittlerweile zehn Jahre anhaltende Reise von Reinhard Kastorff und seiner Frau Marianne begann mit einem Zeitungsartikel.

Die Kastorffs saßen gemütlich beim Frühstück, er blätterte in der regionalen Zeitung und blieb bei einem Artikel über die neue Unterkunft für geflüchtete Menschen im nahe gelegenen Schlossgut Isareck bei Wang hängen. »Do schau moi, de seng auf am Buidl so fröhlich aus, komm des schaun mia uns moi an. (auf Deutsch: Da schau mal, die sehen auf dem Bild alle so fröhlich aus, das schauen wir uns mal an.)« Auf dem Foto waren die ersten Geflüchteten, die in einem Außengebäude des Schlossgutes Isareck untergebracht waren, abgebildet. Zu lesen war, dass für alles gesorgt sei, nur ein paar Fahrräder würden noch benötigt.

Da die Kastorffs zwei Räder zu viel im Keller stehen hatten, spannten sie kurzerhand den Anhänger an und fuhren die Räder nach Isareck. Dort angekommen, wurde schnell klar, dass ein bisschen mehr fehlte als ein paar Fahrräder – von gründlicher Hausarbeit über das Neuverlegen von Leitungen und Lichtschaltern bis hin zur Unterstützung bei formellen und behördlichen Fragen. So begann 2011 mit diesem ruhigen, gediegenen Frühstück mit Zeitungslektüre eine teilweise rasante Reise, die bis heute anhält und keinen Zielbahnhof kennt.

Reinhard wurde drei Jahre nach Ende des zweiten Weltkrieges, der größten menschenverursachten Katastrophe, in Freising bei München geboren. »Meine Eltern waren ausgebombte Münchner«, sagt er, »die in Freising eine Unterkunft fanden.« 1960, im Alter von zwölf Jahren, ging es zurück nach München, genauer gesagt, nach Untergiesing, »wo ich sozialisiert wurde«. Sozialisiert in einer kosmopolitischen Familie. Der Vater arbeitete unter anderem in Istanbul als deutscher Gastarbeiter, und die gesamte Familie bis zu den Urgroßeltern lebte teilweise über ganz Europa bis in den Nahen Osten hinein verstreut. Vielleicht kommen daher seine Einstellung und seine Offenheit gegenüber anderen Menschen und anderen Kulturen.

Zum Wehrdienst ging Reinhard nach Freising, und dort, in der Kaserne, verliebte er sich in eine Stenotypistin aus Moosburg, die ihn dann glatt heiratete und nach Moosburg lockte. »Die Marianne ist das Beste, was mir in meinem Leben passiert ist. Aber stell dir vor, wir sind beide Widder, da knallt es auch schon mal«, sagt Reinhard und lacht dabei herzhaft. Eher zufällig, aber dann mit aller Konsequenz schlug er eine Laufbahn als Beamter ein und erfüllte diese Aufgaben mit Leib und Seele. Er verbrachte zunächst mehrere Jahre im Ordnungsamt und im Büro des zweiten Bürgermeisters von München, dann wechselte er ins gehobene Management einer kommunalen Klinik, wo er bis zur Pensionierung tätig war. Noch heute ist es ihm wichtig zu betonen, dass er Beamter auf Lebenszeit im Ruhestand ist.

Reinhard und Marianne haben vier Kinder: einen Sohn, den Marianne mit in die Ehe brachte, ein gemeinsames Kind, ein Pflegekind aus dem nahe gelegenen Kinderheim und ein sogenanntes Pflegekind – einen geflüchteten jungen Mann aus Afghanistan, der seit einigen Jahren bei den Kastorffs im Hause lebt. Somit erlebt Reinhard, der ganz nebenbei auch noch vier Jahre für die Grünen im Stadtrat saß – »doch des war ma zua seicht« –, den ganz normalen Wahnsinn einer großen Patchworkfamilie.

Was bewegt ihn dazu, sich so engagiert für geflüchtete Menschen einzusetzen, anstatt, wie die meisten in diesem Alter, sein Pensionärsdasein zu genießen und mit seinem kleinen Camper durch die Welt zu reisen? »Wir hatten schon immer einen ausgeprägten Gerechtigkeitssinn«, lautet seine Antwort. Schon in den 1970er-Jahren unterstützten sie sozial benachteiligte Menschen und »ham des Maul aufgmacht«, wenn sie Ungerechtigkeiten erlebten. »Ich denke mir, Mensch, Reinhard, die kannst du doch jetzt nicht hängen lassen.« Also ist er da, hilft, packt an. »Zudem«, so sagt er, »bin ich in einer privilegierten Situation. Meine Pension kann ich gar nicht verfressen, Süchte, die diese aufzehren, habe ich nicht, aber Zeit.«

So sieht Reinhard in seiner Tätigkeit nicht nur Nächstenliebe, sondern auch den Dienst am Staat. Dieser Dienst sei wichtig, sagt er, da der Staat nicht alles leisten könne, was von ihm verlangt wird. Er kann Menschen, die aus fremden Kulturen kommen, eben nur verwalten, nicht aber wirklich integrieren. Das überfordert ihn. »Da braucht's scho so oan Deppen wie mi.« Nicht nur ihn – sondern rund 17 Millionen ehrenamtlich tätige Menschen, die dort einspringen, wo sich Lücken auftun.

Zwei Leitlinien sind es, die Reinhard den Weg durch das Leben weisen: das Grundgesetz und die Zehn Gebote, diese allerdings bei gleichzeitiger Ablehnung von Religionen. Er vertritt die Ansicht,

INFOBOX

2020 hatten 21,9 Millionen Einwohner in Deutschland einen Migrationshintergrund. Das ist über ein Viertel aller in Deutschland lebenden Menschen. Das fordert von den Geflüchteten einen Willen zur Integration und Unterstützung durch die Behörden und vor allem von ehrenamtlichen Menschen.

Eine 2017 durchgeführte Umfrage des Instituts für Demoskopie Allensbach ergab, dass sich in den letzten drei Jahren 55 Prozent der Bürger *innen Deutschlands, zumindest zeitweise an der Flüchtlingshilfe beteiligten. Aktive Hilfe leistete etwa ein Viertel aller Unterstützer *innen.

dass Religionen mehr Verdruss und Scheuklappen in die Welt bringen als Frieden und Güte. Man könnte es auch mit den Worten des Dalai-Lama sagen: Ethik steht über der Religion.

Der Zustrom der vielen hilfesuchenden Menschen nach Europa und insbesondere nach Deutschland, der von konservativen Kräften gerne als Flüchtlings*krise* geframt und diffamiert wird, war eine Zäsur für dieses Land. Wir erlebten eine nie da gewesene Hilfsbereitschaft der Menschen und gleichzeitig eine nie da gewesene Hetze sowie das Aufbrechen von schlummerndem rechten Gedankengut und Ressentiments. Mittendrin eine selbstbewusste Bundeskanzlerin, die für ihren Satz »Wir schaffen das!« von breiten Bevölkerungsschichten und aus Teilen der Politik massiv angegriffen und diffamiert wurde.

Dabei kritisiert Reinhard, dass immer nur der erste Halbsatz hervorgehoben und der zweite Teil ausgeklammert wird, der lautet: »… und wo uns was im Wege steht, muss es überwunden werden«. Darum bemüht er sich, genau diesen Satzteil in die Praxis umzusetzen. So lotst er Geflüchtete durch den Behördendschungel, hilft bei der schulischen und beruflichen Ausbildung, bei der Jobvermittlung, sorgt für sprachliche Ausbildung und vieles mehr. Hilft vor allem jungen Menschen, die in ganz anderen Kulturkreisen aufgewachsen sind, sich in Deutschland zurechtzufinden. »Was unsere Kinder in 18 Jahren lernen, müssen diese entwurzelten und teilweise traumatisierten jungen Menschen innerhalb weniger Jahre lernen. Oftmals ohne elterliche Fürsorge, die für Kinder selbstverständlich sein sollte.«

Dabei ist Reinhard in keiner Weise zimperlich. Klare Worte, die Außenstehende auch mal irritieren, sind sein Markenzeichen. »Mit Gesülze kommen wir da nicht weiter.« Integration ist für ihn das Maß aller Dinge, und er erwartet, dass jeder und jede, die zu uns kommt, sich integriert. Es soll niemand seine Identität verlieren, verraten oder verschweigen, sich aber dennoch an die Regeln, die in diesem Land gelten, halten. »Wer zu uns kommt, um es sich in der sozialen Hängematte bequem zu machen, soll bitteschön weitergehen.«

Auf mein Nachhaken, ob er mit solchen Aussagen nicht auch Menschen vor den Kopf stößt antwortet er, dass es die Geflüchteten am wenigsten stört, und dass er die anderen, die nach Political Correctness rufen, meist nur fragt, ob sie denn schon mal einem Geflüchteten die Hand geschüttelt hätten. Damit sei das Thema meist ganz schnell vom Tisch. Und ja, er mag auch mal überziehen, vor allem wenn er in Fahrt ist. Doch er ist niemandem böse, der ihm das offen ins Gesicht sagt, außerdem kann er auch ganz schnell wieder »runterfahren«, wenn er merkt, dass er zu deutlich oder verletzend war.

Erwartet man Dankbarkeit, und erfährt man Enttäuschungen, wenn man sich so engagiert wie Reinhard? »Dankbarkeit ist schön, und die erhalten wir auch, zum Beispiel wenn *unsere* Geflüchteten sich noch nach Jahren melden oder zum Besuch vor der Tür stehen. Doch wir erwarten keine Dankbarkeit. Sollte man auch nicht. Denn sie haben ein ganz anderes Empfinden als wir, und es ist ja nicht so, dass wir es ihnen immer leicht machen.« Ergänzend sagt er, »dass sie vielleicht auch erst Jahre später erkennen, dass wir sie ein wenig weitergebracht haben«. Und ja, Enttäuschungen gebe es auch, aber selten. So setzten die Betreuten manchmal nicht um, was er ihnen rät, und »dann wissen sie alles besser, nur weil die Freunde ihnen was ins Ohr geflüstert haben«. Doch in dem Fall macht sich Reinhard bewusst, was diese Menschen durchmachen mussten, und er weiß nicht, wie er an deren Stelle reagieren würde. Das macht es ihm dann leicht zu verstehen. »Und Verstehen hilft immer.«

Zum Schluss möchten wir wissen, ob er für sein Tun von außen angegriffen wird und ob sich das Engagement auf die Beziehungen zur Familie und zu Bekannten auswirkt. Was von außen auf ihn einwirke, pralle an ihm ab, antwortet er. In der Familie sei das schon anders. Auf Familienfeiern erhält er von seiner Frau einen »Maulkorb« (er lacht wieder laut und herzlich), »denn wenn ich in Fahrt bin, dann bremst mich keiner mehr«. Seine Tochter macht ihm auch schon mal klar, dass er nur noch seine Mission im Kopf und kaum mehr ein Ohr für sie hat. Allerdings gab es auch mal

Gäste, die sich daran störten, »dass da am Tisch fast immer so ein Ausländer sitzt«. Da wurde Reinhard sehr deutlich: »Du bist durch diese Türe hereingekommen, durch die kannst du auch gleich wieder rausgehen, wenn's dir nicht passt. Der Ausländer war hier, der bleibt hier und gehört hier hin.«

WEITERFÜHRENDE INFORMATIONEN

Internet:
- https://mediendienst-integration.de/migration/flucht-asyl/ehrenamt.html

Literaturempfehlungen:
- Klartext zur Integration. Gegen falsche Toleranz und Panikmache von Ahmad Mansour, S. Fischer Verlag
- Kommt ein Syrer nach Rotenburg (Wümme): Versuche, meine neue deutsche Heimat zu verstehen von Samer Tannous und Gerd Hachmöller, Penguin Verlag

© Heiko Teubert

DAVID KRUMBHOLZ
ZU DEN OBDACHLOSEN STATT IN DIE DISCO

Von der Missionarsreise nach Kapstadt zu den Obdachlosen in Bonn

»Darf ich für dich beten?« Wer stellt einem Obdachlosen oder überhaupt jemandem jemals so eine Frage? Das macht David – ein überzeugter Christ und ein noch überzeugterer Menschenliebhaber, der christlich erzogen wurde und 2013 seinen – wie er sagt – Zugang zu Gott fand.

David ist ein junger Mann mit einem angenehmen, selbstbewussten und wachsamen Blick. Jemand, der der Welt und den Geschehnissen neugierig entgegenschaut. Wahrscheinlich eine Voraussetzung, um unvoreingenommen Obdachlosen und Drogensüchtigen auf der Straße zu begegnen und ihnen Hilfe anzubieten. Sei es in Form von Lebensmitteln, gemeinsamer Zeit, Gesprächen oder einem Gebet.

David wurde 1994 in Wedel bei Hamburg geboren und zog im Alter von vier Jahren mit seinen Eltern nach Bonn. Und obwohl in seinen Adern kein rheinländisches, sondern internationales Blut fließt, bezeichnet er die ehemalige Bundeshauptstadt am Rhein, die von 1949 bis 1999 Sitz der Bundesregierung war, als seine Heimatstadt.

Davids Mutter Ruth kommt aus der Slowakei, sein Vater Manfredo aus dem Süden Brasiliens. Er brach in jungen Jahren von Brasilien nach Deutschland auf, um am Theologischen Seminar Erzhausen zu studieren. Mit der Zeit wuchs Manfredos Interesse

»Darf ich für dich beten?«

an den Menschen und den Gegebenheiten in Kirchengemeinden, die hinter dem damals existierenden Eisernen Vorhang arbeiteten. Daher unternahm er mehrere Missionarsreisen in den früheren Ostblock, unter anderem auch in die damalige Tschechoslowakei. Dort lernte er in der Kirchengemeinde vor Ort seine spätere Frau Ruth kennen. David betont immer wieder seine schönen Erinnerungen an seine Kindheit und seine Dankbarkeit, in diesem Elternhaus groß geworden zu sein.

2016 wurde David von seiner Kirchengemeinde zu einer kurzen Missionarsreise nach Südafrika eingeladen, genauer gesagt, in eine Township nahe Kapstadt. Voller Freude, Abenteuerlust, aber auch Aufregung – »bis dahin war ich kaum gereist« – flog David in die Stadt am Tafelberg nur wenige Kilometer vom Kap der Guten Hoffnung entfernt. Vor Ort kam er mit den Ärmsten der Armen in Berührung. Er arbeitete in einem Projekt der örtlichen Kirchengemeinde, half beim Anbau und bei der Versorgung der Township-Bewohner*innen mit Lebensmitteln, organisierte Messen und war für die Menschen da. Die gnadenlose Armut und die fremdartige Herzlichkeit überwältigten ihn, und heute sagt er, dass es diese kurze Zeit war, die ihn prägte und die sein Herz geöffnet hat. Es war glasklar, dass er auch zukünftig für die Ärmsten der Armen da sein will. Eine Idee, wie er das umsetzen und in der Heimat Menschen helfen könnte, hatte er allerdings zunächst nicht. Darum ging er nach der Rückkehr mit offenen Augen und Herzen durch seine Heimatstadt und sah plötzlich, wie viel Armut und obdachlose Menschen es in unserer Wohlstandsgesellschaft gibt. »Sicher, die habe ich zuvor auch gesehen, jedoch nicht wirklich wahrgenommen wie nach dem Aufenthalt in Südafrika«, sagt David.

Eines Abends war er auf dem Nachhauseweg und hatte noch ein paar Erledigungen in einem Einkaufszentrum zu tätigen. Am Eingang saß ein Mann auf dem Boden und bettelte. David sah ihn und nahm sich vor, ihn, wenn er beim Rauskommen immer noch dasäße, anzusprechen. Als David herauskam, saß der Mann noch da. Und obwohl David sich vorgenommen hatte, auf ihn zuzugehen, gab es einen kurzen Zweifel, der schließlich darin mündete, dass David ziemlich aufgeregt war, als er in die Hocke ging und fragte: »Darf ich mich zu dir setzen?« Zu seiner Überraschung reagierte sein Gegenüber offen und freudig, sodass sie nun nebeneinander auf dem Boden saßen und plauderten. Nach einer Weile nahm David seinen ganzen Mut zusammen und fragte, ob er für ihn beten und ihn segnen dürfe. Auch das wurde gerne angenommen. Zum Abschluss bedankte sich der Gesprächspartner für die Unterhaltung und das Gebet, und sie wünschten sich gegenseitig alles Gute. »Diese Begegnung hat mir Kraft und viel innere Ruhe gegeben«, so David.

In einer der darauffolgenden Wochen kam ein Freund, mit dem er gemeinsam in Südafrika gewesen war, auf ihn zu und fragte David, ob er Interesse hätte, in Bonn an die Arbeit in Südafrika anzuknüpfen und Menschen zu helfen, die ihren Halt verloren hatten und auf der Straße lebten. David sprang direkt darauf an – war das doch die Antwort auf die Frage, die er sich seit Südafrika stellte: »Wie kann ich in der Heimat Menschen helfen?« Zu zweit begannen sie, wöchentlich auf der Straße Kontakt zu Obdachlosen und Drogenabhängigen zu suchen – weil die ein Teufelskreis ist, bei dem das eine oftmals mit dem anderen zusammenhängt.

»Anfangs waren wir ganz schön naiv«, sagt David und lächelt verschmitzt. So bedachte er zum Beispiel nicht, dass sich die Unterstützten über die Unterstützung austauschten. Er war ziemlich überrascht, als einer der Unterstützten ihm vorwarf, dass er einem anderen letzte Woche mehr habe zukommen lassen. Warum er denn solche Unterschiede mache?

Mittlerweile ist David gefestigt in dem, was er tut, und sie sind auch nicht mehr zu zweit unterwegs, sondern insgesamt mit einem Team aus gut 20 Freunden und Freundinnen. Gemeinsam versorgen sie Menschen mit Essen und bieten ihnen ein gemeinsames Gebet oder die Segnung an. »Es ist jedoch wichtig, dass wir auch bei ganz realen Dingen helfen und vor allem den ›Neuen‹ auf der Straße beratend zur Seite stehen.« Da geht es um solche Fragen, wo man ein Dach oder ein bisschen Wärme für die nächste Nacht findet.

»Es ist wichtig, dass wir auch bei ganz realen Dingen des Alltags helfen ...«

Oder es geht darum zu erfahren, wo es professionelle Hilfe, z. B. Beratung oder Therapiemöglichkeiten, gibt.

Neben den individuellen Einsätzen, dem Verteilen von Essen und den persönlichen Gesprächen sowie Gebeten organisieren sie einmal in der Woche an einem festen Tag eine Essensausgabe mit einer warmen Mahlzeit. Das war vor allem mit Beginn der Pandemie, als die Tafel keine Lebensmittel mehr verteilen durfte und die Innenstädte leer waren, eine überlebensnotwendige Hilfe. Verrückter- – oder besser gesagt – erfreulicherweise änderte sich die Lage trotz Weiterbestehens der Pandemie. Als die Presse begann, über die zunehmend kritische Situation der obdachlosen Menschen zu berichten, ging ein Ruck durch die Bevölkerung. Menschen, auch solche, die sich zuvor nicht für die Ärmsten unter uns interessierten, kamen nun und verteilten Nahrungsmittel und, wenn es nötig war, Decken und Kleidung. Die Hilfsbereitschaft war teilweise so groß, dass die Empfänger*innen gar nicht mehr alles annehmen konnten. Welch ungewöhnliche und zugleich wunderbare Erfahrung.

Der jährliche Höhepunkt von Davids Arbeit ist das gemeinsame Weihnachtsfest. In den Räumen der evangelischen Gemeinde sind am Heiligen Abend nicht nur die obdachlosen und drogenabhängigen Menschen, sondern alle Menschen, die das Fest in Einsamkeit verbringen, eingeladen – eingeladen, gemeinsam zu essen,

INFOBOX

Obdachlosigkeit in Deutschland
Je nach Quelle leben in Deutschland 45.000 bis 50.000 Menschen auf der Straße, nach Angaben des deutschen Jugendinstitutes 5.000 bis 7.000 Kinder und Jugendliche. Die häufigsten Ursachen für Obdachlosigkeit sind Krankheit, (Alters-Armut, Scheidungen, Migration oder gesundheitliche Probleme.

Die Lebenserwartung obdachloser Menschen liegt mit 50 ca. 30 Jahre unter dem Bundesdurchschnitt, und zu den häufigsten Todesursachen gehören Gewalt, Erfrieren oder Vergiftung durch Alkohol und illegale Drogen.

zu singen, zu beten und zu feiern. Anstatt den Abend zu Hause im Kreise der Familie unter dem Weihnachtsbaum zu verbringen, kümmern sich ca. 40 Helfer*innen um 70 bis 80 Gäste, die in der Regel keine Angehörigen zum Feiern haben. Sie sorgen dafür, dass die Gäste sich wohlfühlen, abschalten und einfach mal für ein paar Momente ihre schwierige Lage vergessen können. Sie sorgen dafür, dass es zumindest für einen kurzen Augenblick ein wenig Normalität und Geborgenheit in dem Alltag derer gibt, die davon sonst wenig spüren.

Was motiviert einen jungen Mann wie David, auf die Straße zu gehen und Bedürftigen zu helfen, anstatt mit seiner Frau oder mit Kumpels ins Kino oder in die Bar zu gehen? Was motiviert ihn, das Weihnachtsfest anstatt mit der geliebten Familie, mit Fremden zu feiern und dort auch noch zu bedienen? David sagt, dass es der feste Glaube an Gott und das damit verbundene praktizierte Christentum sind. Dass seit seinem Aufenthalt in Südafrika gelebtes Mitgefühl für ihn der Grundbaustein eines humanen Miteinanders ist.

Dabei trägt David seinen Glauben an Gott nicht wie eine Monstranz vor sich her, sondern lebt ihn in aller Bescheidenheit. Bewunderns- und auch beneidenswert, wenn man einen derartig festen Glauben in sich trägt.

Zum Schluss des Interviews sprechen wir noch über die Scheu und die Angst, die viele Menschen in sich tragen, wenn es darum geht, anderen zu helfen. Ist es nicht eine gewisse Unbeholfenheit, die es uns schwer macht? Daneben gibt es Berührungsängste, auf Menschen, die sich in anderen Lebenssituationen befinden, unvoreingenommen zuzugehen. Zudem läuft der Gebende Gefahr, ein Gefühl der Überlegenheit zu vermitteln, denn »ich bin der Gebende und der andere der Empfangende«. »Die Gefahr besteht«, meint David. Wenn man jedoch anderen Menschen fair und auf Augenhöhe begegnet, dann spürt dies das Gegenüber. Natürlich besteht schon automatisch ein Oben vs. -unten-Gefühl, da die Bedürftigen meistens auf dem Boden sitzen und wir davorstehen. Wenn wir aber in die Hocke gehen, dann ist das schon ein starkes

Zeichen, und wir begegnen uns im wahrsten Sinn auf Augenhöhe. Von Gleich zu Gleich, von Mensch zu Mensch.

»Wie wäre es«, fragt David, »wenn ein Geschäftsmann im feinen Anzug sich zu einem Obdachlosen auf den Boden setzen würde, sie sich gemeinsam unterhalten, und der Geschäftsmann ließe dem Obdachlosen etwas zu essen oder ein bisschen Geld da? Wäre das nicht ein starkes Zeichen?«

»Jeder von uns«, sagt David, »kann den Menschen da draußen helfen. Jeder kann was geben, und wenn es nur ein freundliches Lächeln oder ein offener Blickkontakt ist.«

Hoffen wir, dass David seine Kraft und seinen Glauben behält, um das gelebte Mitgefühl weiter zu praktizieren. Denn viele Menschen, leben unter uns, die ihren Halt verloren haben. Menschen die den Zuspruch und die Unterstützung fürs Leben, fürs Überleben brauchen. Gut, dass es Menschen wie David und seine Freund*innen gibt.

»Jeder von uns kann den Menschen da draußen helfen.«

WEITERFÜHRENDE INFORMATIONEN

Literaturempfehlungen:
- Kein Dach über dem Leben von Richard Brox, Rowohlt Verlag
- Obdachlos. Porträts vom Leben auf der Straße von Robert Lucas Sanatanas, Herder Verlag

Internetseiten:
- https://www.bagw.de/de/
- https://offroadkids.de/

Beispielhafte Möglichkeiten, selbst aktiv zu werden:
- https://strassenblues.de/homesforhomeless/ (ähnliche Organisationen gibt es in nahezu jeder Stadt)
- https://www.malteser.de/aware/hilfreich/6-dinge-die-du-tun-kannst-um-obdachlosen-zu-helfen.html
- https://enorm-magazin.de/gesellschaft/humanitaere-hilfe/so-kannst-du-obdachlosen-menschen-helfen

ELITA WIEGAND
DIE ZUKUNFTSMACHERIN NR. 1

Netzwerkerin und Brückenbauerin, die Menschen zusammenbringt, damit Großes entsteht

Begegnet man Elita zum ersten Mal, kommt man nicht automatisch auf den Gedanken, dass die Themen Nachhaltigkeit, Zukunft, Klimawandel und die zunehmende Vermüllung des Planeten sie bewegen und antreiben. Man spürt auch nicht gleich die enorme Kraft, die diese zierliche Frau in sich trägt. Stets elegant gekleidet und von auffallender Höflichkeit, würde man sie eher mit dem gehobenen Management eines großen Unternehmens in Verbindung bringen. Doch im Laufe der Begegnung fügen sich das äußere und das innere Bild neu zusammen, und mit zunehmendem Einblick in ihre Biografie zeigt sich ein anderer Kontext.

Elita Wiegand erblickte in Köln das Licht der Welt und wuchs in Düsseldorf auf. In diesen zwei Rheinmetropolen, die eine innige Feindfreundschaft pflegen, lernte sie recht früh, sich in unterschiedlich denkenden Gefilden zurechtzufinden, Brücken zu bauen und Netzwerke zu knüpfen. Sie lernte, wo sie ein Kölsch und wo ein Alt bestellen musste oder wo sie BAP und wo die Toten Hosen zu hören hatte. Im Interview gestand sie: »Natürlich habe ich die Toten Hosen gehört«, doch dann wurde sie von einer Freundin zu einem BAP-Konzert eingeladen, und fortan verschoben sich die musikalischen Vorlieben.

In den 1960er-Jahren zog es Elita nach Israel. Als Halbjüdin war es wichtig für sie, diesen Teil ihrer Identität kennenzulernen. Sie lebte zwölf Jahre in einem Kibbuz bei Haifa und arbeitete dort auf Baumwollfeldern und Apfelplantagen. Das einfache Leben und das Miteinander gefielen ihr. Allerdings wurde die Freude darüber zunehmend getrübt, als ihr klar wurde, dass sie als Deutsche permanent mit der Schuldfrage konfrontiert war. »Das Thema stand immer übermächtig im Raum, wofür ich zwar Verständnis hatte, dennoch wollte ich mich persönlich nicht schuldig fühlen.« Und noch etwas anderes rumorte in ihr: ein Zweifel, der bis heute anhält – die Frage danach, ob die israelische Invasions- und Annexionspolitik gerechtfertigt war und vertretbar ist. Nach Elitas Ansicht gehören die Palästinenser ebenso nach Israel oder Palästina wie die Israelis. Damals durfte das in dem von Golda Meir geführten Land kaum offen ausgesprochen werden. Also kehrte Elita kurz vor dem Ausbruch des Jom-Kippur-Krieges zurück nach Deutschland.

In der Heimat angekommen, stand die Frage im Raum, wie es nun weitergehen, welche Ausbildung sie machen sollte. Sie war unsicher, konnte nicht sagen, wohin es sie zog, und ließ sich eher unambitioniert zur Stewardess ausbilden. Dass sie keine Leidenschaft für diese Arbeit und für das ständige Unterwegssein entwickelte, hinderte sie nicht daran, die jüngste »Chefin der Kabine« zu werden. Elita ist eine Frau mit Biss, eine, die nicht so schnell aufgibt. Aber das unstete Leben machte ihr mehr und mehr zu schaffen und schlug am Ende auf die Psyche. Hinzu kam, dass die Arbeit einen Prozess in Gang gesetzt hatte, der sie über viele weitere Stationen zu dem hingeführt hat, was sie heute tut. Damals hätte sie noch nicht so genau sagen können, was es war, aber dass sie kündigen musste, daran hatte sie keinen Zweifel.

Der nächste Schritt war, dass Elita sich Raum nahm und analysierte, was sie schon immer begeistert hatte: Medien, Funk, Fernsehen, Print. »Also ging ich zum Arbeitsamt, wie es damals noch hieß, und sagte, ich wolle Journalistin werden. Die Dame auf der anderen Seite des Tisches schlug die Hände über dem Kopf zusammen und riet mir, das ganz schnell zu vergessen. Daraufhin habe ich mich selbst um einen Job als Journalistin gekümmert und wurde schließlich von einem Düsseldorfer Szenemagazin genommen.« Dort konnte Elita ihre ersten Erfahrungen sammeln, machte ihr Volontariat, bevor sie die Chance erhielt, beim WDR und HR zu beginnen.

Da Elita beim WDR hauptsächlich Hörfunk machte, konnte sie sich mehr Zeit für die Menschen nehmen, über die sie berichtete. Zumindest mehr Zeit, als beim hektischen Fernsehen drin war. »Ich lernte, auf Menschen zuzugehen, Berührungsängste und Vorurteile abzubauen.« So gesteht sie kopfschüttelnd und ein bisschen beschämt, dass sie früher Angst vor Menschen mit einem Handikap hatte. Das änderte sich an dem Tag, an dem sie auf einen Ball für und mit behinderten Menschen eingeladen war. An diesem Abend entstanden Freundschaften, die bis heute anhalten.

Überhaupt hat die Arbeit beim Hörfunk den angesprochenen Prozess vorangetrieben – die eigene Sicht, die eigenen Vorurteile immer wieder zu hinterfragen. Damals lernte Elita Menschen aus allen Bevölkerungsschichten und und in verschiedenen Lebenssituationen kennen: Millionäre, Obdachlose, Prostituierte und Freier, Malocher, Kriminelle, Baggerfahrer und die Hausfrau von nebenan. Viele intensive Begegnungen, die Elita prägten und die ein Bewusstsein dafür aufkommen ließen, dass soziale Kälte und Empathielosigkeit abgebaut, dass Verständnis und Rücksichtnahme aufgebaut und gepflegt werden müssen. Und dass sie selbst etwas dazu beitragen kann.

Und da Elita im wahrsten Sinne eine Frau des Wortes ist, zögerte sie nicht und nahm das in Angriff. Ihre erste Wirkstätte war Düsseldorf – die Stadt, der man gerne eine »gehobene Nase« und Schrulligkeit unterstellt. Elita wollte dem etwas entgegensetzen, wollte mehr Freundlichkeit in die Stadt bringen. Aus diesem Gedanken heraus entwickelte sie im Jahr 2000 das Konzept für die »Stadt des Lächelns«. Es sollte der Landeshauptstadt ein neues Image verpassen und Freundlichkeit zum Markenzeichen werden lassen. Ein Bestandteil der »Stadt des Lächelns« war der »Service Oscar« für Düsseldorf. Dabei waren die Bürger*innen aufgerufen, Menschen vorzuschlagen, die sich durch besondere Freundlichkeit im Umgang mit anderen auszeichneten. Darunter war die Bäckereiverkäuferin, der Polizist oder der Taxifahrer. »Für die Menschen, die für den Oscar nominiert wurden, war es eine unglaubliche Freude. Ganz egal, ob sie am Ende den Oscar gewannen oder nicht.« Elita erinnert sich noch sehr gut daran, wie dankbar viele dafür waren. »Es ist einfach schön, den Menschen in die Augen zu schauen und deren Rührung zu sehen.« Im Grunde waren das alles Held*innen des Alltags. Diese Menschen sorgten für Herzenswärme, gegenseitige Rücksicht, Wertschätzung und Unterstützung. Elitas Idee kam so gut an, dass das Konzept des »Service Oscars« von anderen Städten, wie zum Beispiel Göppingen, übernommen wurde.

Eine Sache, die sie seit ihrer Zeit als Flugbegleiterin immer im Hinterkopf behalten hatte und die sie bewegte, war das, was sie auf Sri Lanka gesehen hatte. Sie selbst nennt es »das hässliche Gesicht des Tourismus« und meint damit nicht nur das Elend, das dort herrscht, sondern vorrangig die Vermüllung. »Zu Beginn meiner Flugzeit schien Sri Lanka für den Besucher trotz der ethnischen Spannungen und des Bürgerkriegs wie das Paradies.« Vielleicht ein Trugschluss, doch die Menschen, vor allem die Kinder, schienen glücklich, bis wir sie mit Zucker und Konsumzwängen zu willigen Verbraucher*innen machten. Niemand bettelte zu Beginn ihrer Besuche auf Sri Lanka, doch schon nach kurzer Zeit konnte man sich kaum ohne ein Rudel bettelnder Kinder durch Colombo bewegen. Aber es war nicht nur das. »Was mir ganz besonders zu schaffen machte, war die Vermüllung durch Plastiktüten.« Zunächst fiel Elita auf, dass die Plastiktüten, die für den zollfreien Einkauf an Bord der Flugzeuge waren, ständig gestohlen wurden. »Darauf konnte ich mir zunächst keinen Reim machen. Wer stiehlt denn Plastiktüten? Dann wurde mir klar, dass die Tüten ein Statussymbol waren und als chic galten.« Die entwendeten Tüten wurden tatsächlich auf einem Markt von Colombo verkauft.

Mit diesen Bildern im Kopf und dem Wissen, dass der Plastikwahn in Deutschland ebenso zur Vermüllung des Planeten beitrug, überlegte Elita, was sie dem entgegenstellen könnte. »In großen Teilen Afrikas ist die Herstellung und die Nutzung von Plastiktüten strengstens verboten, und wir hier in Deutschland tragen noch heute völlig schambefreit unsere Einkäufe in Plastik nach Hause.« Nach der Freundlichkeit rückten nun also die Plastiktüten in Elitas Fokus, und mit einem Augenzwinkern startete Elita mit anderen Mitstreiter*innen die Kampagne »Wir verhüten Plastiktüten«. Düsseldorf sollte zur ersten plastikbeutelfreien Stadt Deutschlands werden. Mit dem Slogan »Ich bin ein Verhüterli« konnte man als Ladenbesitzer*in aktiv den eigenen Verzicht auf Plastiktüten bekunden.

Die Kampagne wurde ein großer Erfolg, und das Medienecho schwappte über die Stadt- und Landesgrenze hinaus. Am meisten freute Elita, dass ganze Schulklassen sich auf den Weg in die Geschäfte machten und die Eigentümer*innen mit der Bitte konfrontierten, den Plastiktütenwahn zu beenden. Die Kampagne erzeugte eine so große Aufmerksamkeit, dass die damalige Bundesumweltministerin Barbara Hendriks darauf aufmerksam wurde. Und auch wenn das Ziel, Düsseldorf von Plastiktüten zu befreien, nicht vollständig erreicht wurde, so sorgte die Kampagne dennoch dafür, dass in immer weniger Geschäften Plastiktüten ausgegeben wurden und die Menschen ein Bewusstsein dafür entwickelten, dass Plastiktüten Umweltzerstörer sind. Letztendlich wurde auch diese Kampagne von anderen Kommunen übernommen und von der Stadt Düsseldorf mit dem Umweltpreis der Stadt ausgezeichnet.

INFOBOX

Netzwerke sind in den letzten Jahren sehr in Verruf gekommen, im Besonderen durch die sogenannten sozialen Medien. Dabei können Netzwerke wie das der Zukunftsmacher positiv beeinflussen und gute Geschichten entstehen lassen. Wie das Kleine-Welt-Phänomen, ein von dem Psychologen Stanley Milgram geprägter Begriff, aussagt, kennt jeder Mensch jeden über 6,6 Ecken oder andere Personen. Dieses Kleine-Welt-Phänomen in Verbindung mit der Theorie von Christian Busch (Connect the dots, s. Literaturempfehlung) zeigt, welch positiv verstärkende Wirkung positive Netzwerke auf unser Leben haben.

Und Elita? Sie hatte ihren Platz gefunden: Bis heute setzt sie sich auf vielen Ebenen für ein nachhaltiges Miteinander ein. Dabei liegt ihr Schwerpunkt heute darauf, Menschen, die die Zukunft positiv gestalten oder gestalten wollen, zusammenzubringen. Dafür gründete sie die Plattform Die ZukunftsMacher – ein Netzwerk, das die Stärken einzelner Kampagnen verbindet und damit Kräfte vervielfacht. Die Zusammenführung der ZukunftsMacher findet allerdings nicht nur auf der Plattform statt und in Elitas gemeinnütziger Firma, Werte und Wandel, sondern auch auf vielen persönlichen Treffen, Workshops oder Veranstaltungen.

Elita ist fest davon überzeugt, dass in jedem Menschen das Potenzial eines ZukunftsMachers liegt.

»Wenn wir von reiner Nehmerin / reinem Nehmer zu Geber*in UND Nehmer*in werden, wenn wir Veränderungen begrüßen und diese in die richtigen Bahnen lenken, wenn wir mutig sind, wenn jede*r für das Miteinander und unsere Umwelt tut, was sie/er kann, und ihr/sein Ego ein kleines bisschen reduziert, dann haben wir eine wunderbare Zukunft vor uns. Jede*r kann, jede*r sollte ZukunftsMacher sein!«

Eine Anmerkung von uns: Dieses Buch wäre ohne Elitas Netzwerken nicht oder zumindest nicht in dieser Form entstanden. Denn auch wir, Jeannette und Stefan, lernten uns auf einer von Elitas Netzwerkveranstaltungen kennen. Danke dafür!

WEITERFÜHRENDE INFORMATIONEN

Internet:
- https://werteundwandel.de/
- https://wir-die-zukunftsmacher.de/
- https://lexikon.stangl.eu/1262/kleine-welt-phaenomen

Literaturempfehlung:
- Connect the dots von Christan Busch, Penguin Books ltd (leider nur in Englisch)

© René Frampe

JAN PEHOVIAK
STADTRAUMGESTALTER

Experimentierräume schaffen, um den sozialökologischen Wandel voranzubringen

Das zunächst Augenscheinlichste an Jans Jugend waren wohl die vielen Ortswechsel. Sein Vater war Manager bei verschiedenen Konzernen, was dazu führte, dass Jan unter anderem in Brüssel, Nidderau, Sprockhövel und in der Domstadt Limburg an der Lahn lebte. Dazwischen gab es zudem längere Aufenthalte in den USA. Dieses regelmäßige Hin und Her gab Jan natürlich das Gefühl, nirgends so richtig Wurzeln schlagen zu können, immer wieder musste er sich auf neue Situationen und auf andere Menschen einstellen. Halt erlebte er trotzdem – seine vier Geschwister und die fürsorgliche Mutter trugen dazu bei, dass sich Jan behütet fühlte und eine gute Kindheit verbrachte.

Mit 20 entschloss er sich dazu, BWL zu studieren. Eigentlich liebäugelte er mit Wirtschaftspsychologie, fürchtete aber, dass er sich damit zu sehr auf einen Bereich festlegen und andere Optionen verbauen würde. »Mit einem BWL-Studium kann ich überall was anfangen«, dachte sich Jan. Und rückblickend war das eine gute Entscheidung, denn heute sind ihm in der Tat die kaufmännischen Kenntnisse, die er sich im Studium angeeignet hat, von Nutzen.

Studiert hat Jan in Köln. Die Stadt am Rhein zog ihn schnell in ihren Bann, und obgleich sie so weltoffen war, fiel ihm auch dort auf, dass viele Menschen mit einem sehr verengten Blick durchs Leben gehen. »Obwohl wir alle Menschen sind, hatte ich das Gefühl, dass wir in einer menschenfeindlichen Gesellschaft leben.

Nicht wenige regen sich den ganzen Tag lang auf und grenzen sich ab. « Jan fährt fort: »Wir klagen über die Nachbarn und gleichzeitig über die Einsamkeit, über den lauten Rasenmäher, aber auch über das zu hohe Gras, über den Kinderlärm und gleichzeitig über zu wenige Kinder.« Dennoch faszinierte ihn die herzliche kölsche Art. Zudem bekam Jan den Eindruck, dass Köln eine Stadt ist, in der man eine Transformation anstoßen kann.

Das, was Jan im Gespräch benennt, jene deutsche Abgrenzung und Griesgrämigkeit, hat er auf einer längeren Südamerikareise, die er unternahm, nicht erfahren. »Dort, vor allem bei indigenen Völkern, werden die Kinder zu gegenseitigem Respekt und Anerkennung erzogen. Zu einem Zu- und Miteinander anstatt zur Abgrenzung.« Jan war beeindruckt und berührt von der erlebten Naturverbundenheit der Menschen vor Ort. Zudem davon, dass jegliches Glück der Menschen vollkommen unabhängig von Besitztümern oder Status schien. Ganz anders als bei uns, wo in der Regel der Wert der Menschen zunächst an Äußerlichkeiten festgemacht wird und erst dann am Charakter.

Jan lebte und arbeitete eine Zeit lang für Kost und Logis bei Indigenen in Ecuador, die gerade dabei waren, eine kleine, an die Natur angepasste Ferienanlage aufzubauen. Um einen Übergang für Fußgänger über einen kleinen Flusslauf zu ermöglichen, benötigten sie eine Brücke, und Jan erzählte ihnen von der Leonardo-Brücke – einer Brückenkonstruktion von Leonardo da Vinci, welche ausschließlich aus Holzteilen ohne weiteres Befestigungsmaterial errichtet wird und somit sehr kostengünstig aufzubauen ist. Kaum erzählte er davon, schon baten sie ihn, die Brücke zu errichten. Gesagt, getan. Die Brücke wurde gebaut und ermöglicht es den Einheimischen und den Gästen der Ferienanlage Amarun Pakcha bis heute, trockenen und sicheren Fußes den Fluss zu überqueren.

Nicht nur dieses Erlebnis, sondern die Reise in ihrer Gesamtheit löste bei Jan einen Prozess aus, in dessen Verlauf er seine gesamte Weltsicht überdachte und neu ordnete. Was ihm zuvor schon unterschwellig bewusst gewesen war, wurde ihm nun richtig klar: Glück und Wohlstand hängen nicht von materiellen Gütern, sondern von der inneren Einstellung und einer guten, integren Gemeinschaft ab.

Aber wie könnte eine sozial und ökologisch ausgerichtete Lebensweise und Gesellschaft aussehen? Wie müssen zukünftige Städte und Stadtgemeinschaften gestaltet werden, damit Menschen sich verbinden und Spaß am Miteinander entwickeln können? Was bedeuten Entfaltung und Zivilgesellschaft in der Stadtgestaltung? Frage um Frage beschäftigte Jan, bis sich die Gedanken fügten und ordneten und er sich 2019 mit einer Handvoll Gleichgesinnter zusammenschloss und Köln leben & gestalten e.V., genannt KLuG gründete.

Was KLuG e.V. ist, wird mit einem Satz in der Vereinssatzung gut zusammengefasst. Dort steht: »Vereinszweck ist die Förderung von Kunst und Kultur, die Förderung internationaler Gesinnung, der Toleranz auf allen Gebieten der Kultur und des Völkerverständigungsgedankens sowie die Förderung bürgerschaftlichen Engagements zugunsten gemeinnütziger Zwecke.« Dabei ist jede*r eingeladen, sich mit seinen individuellen Fähigkeiten einzubringen und zu engagieren. Sei es bei der Unterstützung im Café, sei es künstlerisch oder handwerklich, zum Beispiel in der Fahrradwerkstatt.

Das bisher größte Projekt des KLuG war das Wandelwerk: Für 15 Monate, bis es abgerissen wurde, nutzte der Verein ein ehema-

INFOBOX

Projekte des KLuG e.V. wie das Wandelwerk sind neue, zu erprobende, jedoch vielversprechende Projekte. Breiter vertreten ist bereits die Transition Town (Stadt im Wandel). Die Bewegung versteht sich als Graswurzelbewegung, die sich für Menschenrechte, Klima- und Umweltschutz und somit für ein neues Zusammenleben einsetzt. Diese spiegeln sich in den Werten der Bewegung wider.

- Achtsamer Umgang mit der Erde
- Achtsamer Umgang mit den Menschen
- Gerechtes Teilen

Weitere Infos unter: https://www.transition-initiativen.org/was-ist-eine-transition-town-initiative

liges Autohaus als Zukunftsort, Kultur- und Begegnungsstätte. Auf einer Fläche von 4.802 m² wurde ein Raum geschaffen, in dem alternative Wirtschaftsmodelle entwickelt wurden. So wurden Co-Working-Spaces, eine Kreativwerkstatt mit Fahrrad-, Holz-, Metall- und Siebdruckbereich, Ateliers, Räume für Start-ups und Lastenradlogistik sowie eine Veranstaltungsfläche unter einem Dach vereint. Das Community-Center bot mit seinem Café und dem Grünbereich eine Begegnungsstätte, wo Menschen zusammenkamen, die sich dafür einsetzten, Köln zu einer umweltfreundlichen und sozial gerechten Stadt zu entwickeln. Klares Ziel des KLuG e.V. ist die klimaneutrale Stadt bis 2030, in der ein gutes Leben für alle ermöglicht und zur Normalität wird.

Utopische Gedanken? Bestimmt nicht. So schrieb die Oberbürgermeisterin der Stadt Köln Henriette Reker: »Das Wandelwerk kann wichtige Impulse für eine zukunftsgerechte Entwicklung geben.« Davon sei sie überzeugt, so überzeugt, dass sie prompt die Schirmherrschaft übernahm. Neben ihrem Zuspruch entfachte das Wandelwerk ein breites Medienecho. So schrieben unter anderem der *Express* und der *Kölner Stadtanzeiger* über das Projekt, und der WDR berichtete in seinem Rundfunkprogram. Leider ist das Wandelwerk Geschichte – mit dem Werkfest wurde vom 10. bis 12. September 2021 gemeinsam mit 1.000 Gästen das Ende vom Anfang gefeiert. In diesen drei Tagen gab es inspirierende Vorträge und Workshops, Musik und viel gute Laune, denn wie erwähnt, war es nicht das Ende, sondern nur das Ende vom Anfang. Aus dem Wandelwerk entstand das Projekt Liebig 257 – beherbergt in einem ehemaligen Kiosk, Friseursalon und China-Imbiss. Das leer stehende Gebäude mit den einst hängenden Fensterläden und den verklebten Scheiben war dem Anschein nach dem Verfall preisgegeben. Doch Jan und seine Mitstreiter*innen verwandelten das Gebäude in einen Nachbarschaftsort mitten im Kölner Liebigquartier, und im Grunde ist es auch ein Wandelwerk, nur in einer etwas kleineren Dimension.

Was treibt Jan an, sich als »Stadtmacher« zu bezeichnen und seine Lebensenergie in das Thema zu stecken? Auf der einen Seite ist es die mangelnde Bereitschaft, den Status quo einfach so zu akzeptieren. Die Folgen der Klimaveränderung sind zu spüren. Jetzt und hier. Bei uns noch relativ gemäßigt, obwohl das Flutereignis im Ahrtal alles andere als gemäßigt, sondern brutal war. Doch in anderen Regionen der Erde ist die Erderhitzung bereits großflächig mit unvorstellbarem Leid verbunden. Dennoch wird nach Jans Auffassung kaum oder nur sehr zögerlich reagiert. Auf der anderen Seite sieht Jan die immer schwerwiegenderen sozialen Konflikte und die damit einhergehende Spaltung in der Gesellschaft. Sich zu engagieren und etwas zu bewegen gibt ihm gleichzeitig das Gefühl von Selbstwirksamkeit. Wie so viele Protagonist*innen in diesem Buch weigert sich Jan einfach, sich als Opfer zu sehen.

Zudem erlebt er durch seine Arbeit auch immer wieder schöne und lebensverändernde Begegnungen. So lernte er durch den Verein Verena kennen. Verena bringt sich bereits seit vielen Jahren in die Gesellschaft ein und arbeitet unter anderem als Selbstständige und im Rahmen ihrer Promotion an dem Wandel der Gesellschaft. Auch sie wollte während der Pandemie aktiv sein und sprach KLuG an mit der Idee, dort Projekte zu verwirklichen. So gewann Jan mit Verena nicht nur eine starke Verbündete und kluge Macherin, sondern auch eine Lebensgefährtin. Mittlerweile leben Verena und er mit dem Hund Yoshi zusammen und versuchen, die sozialökologische Transformation in Köln weiterzuentwickeln. Aus dieser Verbindung entstand das Wandelwerk, alle anderen aktuellen Projekte des KLuG, aber auch eine Veedelskarte – ein Positionspapier. Die Veedelkarte ist eine interaktive Übersicht, in der kleine Cafés, Einzelhändler, aber auch Vereine und Organisationen aufgeführt sind, die in der Pandemiezeit Unterstützung benötigten. Das Positionspapier wurde gemeinsam mit einem breiten Bündnis erstellt und erzeugte bei der Oberbürgermeisterin so viel Aufmerksamkeit, dass es zu einem Treffen kam, in dem Jan und seine Mitstreiter*innen das Papier und die Hintergründe zu KLuG und dem Wandelwerk erläutern konnten. Was daraus wurde, haben wir schon erzählt.

Schauen wir auf das, was Jan bewegt, können wir froh sein, dass er die Wirtschaftspsychologie abgewählt hat, dass er durch die vielfältigen Impulse und Begegnungen zu dem wurde, was er heute ist, und uns immer wieder neue Konzepte des Zusammenlebens aufzeigt, die es wert sind, überprüft und weiterentwickelt zu werden. Diese Zeit braucht Menschen wie Jan. Menschen, die Mut machen, weil sie sich trauen, Transformation zu leben.

WEITERFÜHRENDE INFORMATIONEN

Literaturempfehlungen:
- Stadt als System. Trends und Herausforderungen zukunftsresilienter Städte von Klaus Burmeister und Benn Rodenhäuser, oekom verlag
- Postwachstumsstadt von Anton Brokow-Loga und Frank Eckhardt, oekom verlag
- https://klugev.de/freiraummagazin/

Der direkte Draht zu KLuG e.V.:
- Startseite – klugev.de

Internet:
- https://www.nationale-stadtentwicklungspolitik.de/NSPWeb/DE/Initiative/Leipzig-Charta/leipzig-charta_node.html
- https://de.wikipedia.org/wiki/Leonardo-Brücke

FLOH (FLORIAN) BLACHA
»WHAT THE FUCK!« WIE KANN DAS SEIN?

Aus Überzeugung für den Erhalt der Lebensgrundlagen

Worüber sich Flo wirklich aufregen kann? Über die großen Ungerechtigkeiten. »Wie kann es sein, dass nur relativ wenige Menschen für die globale Klimaerhitzung verantwortlich sind, aber nahezu alle Menschen darunter zu leiden haben?«, fragt Flo, um fortzufahren: »Heute schon haben die Ärmsten unter der Klimaerhitzung und deren Folgen zu leiden, und wir schauen zu. Hey, Leute, es ist fünf nach zwölf, unser Haus brennt, und euch ist es egal. Steht auf und macht was!« Flo ist überzeugt und kann es gut begründen, dass das derzeitige auf Konsum und Wachstum ausgerichtete Wirtschaftssystem die Lebensbedingungen auf dem Planeten zerstört. »Weiße, privilegierte Männer wie ich gründen ihren Reichtum und die Privilegien auf einem jahrhundertealten kolonialen Ausbeutungssystem, welches bis in die heutige Zeit anhält. Da wundern wir uns, dass sich die Menschen auf den Weg machen, ihre Heimat verlassen und zu uns kommen – wir, die einen großen Teil der Schuld an den Lebensverhältnissen tragen?«

Es ist interessant, dass Flo sich selbst als »privilegierten weißen Mann« bezeichnet, denn eigentlich passt dieses Image nicht zu ihm. Flo kam als Frühchen zur Welt, und es stand auf der Kippe, ob er sich zu einem gesunden jungen Mann entwickeln würde. Als er zwei Jahre alt war, trennten sich seine Eltern. Florian blieb bei seiner Mutter, sah den Vater einige Jahre lang nur an den Wochenenden, bis sich der Kontakt für die nächsten zehn Jahre na-

»Hey, Leute, es ist fünf nach zwölf, unser Haus brennt, und euch ist es egal. Steht auf und macht was!«

hezu komplett verlor. Seine Mutter hatte in der Zeit einen neuen Lebensgefährten, nahezu 13 Jahre lebte Florian mit ihm und seiner Mutter zusammen. »Das war eine gute Zeit. Dennoch hatte ich nie eine Vaterfigur, zu der ich aufschauen konnte.«

Als er 18 war, trennten sich seine Mutter und ihr Lebensgefährte, und Flo zog mit seiner Mutter wieder in die Wohnung, in der er seine ersten Lebensjahre verbracht hatte. »Das war keine leichte Zeit, denn meine Mutter hatte den vielleicht wichtigsten Job der Welt, doch als Krankenschwester oder Erzieherin wirst du halt beschissen bezahlt.« Dennoch war es eine schöne Zeit. »Die Mama hat mich beschützt und mir alles ermöglicht, obwohl es ihr selbst nicht immer gut ging.« So konnte Flo das Gymnasium beenden, und es hat ihm an nichts gemangelt. Nur im Studium, da wurde es finanziell knapp. Doch Flo fand Möglichkeiten, seinen Weg zu gehen.

Wenn er auf die Schulzeit zurückblickt, dann beschreibt sich Flo selbst als Streber. Der Streber, der noch in der fünften und sechsten Klasse fürchterlich gemobbt wurde. In der elften und zwölften Klasse sah es allerdings schon anders aus, da wurde er zum Jahrgangssprecher gewählt und legte am Ende das Abitur mit einem Notenschnitt von 1,2 hin. »Wenn ich darüber nachdenke, dann glaube ich, dass ich mein Selbstwertgefühl aus den schulischen Leistungen und meinem Beliebtheitswert bei den Lehrern gezogen habe.« Das war wohl auch der Grund, warum ihm der Einstieg auf der Uni so schwerfiel. »Da war ich auf einmal nur eine Nummer, und die Professoren interessierten sich kein Stück für uns.«

Mit dem System Uni kam Flo zunächst gar nicht zurecht. Aus diesem Grunde und auch weil es ihm nicht speziell genug war, brach er sein erstes Studium zum Chemie-Ingenieur nach dem zweiten Semester ab. »Halb Chemiker und halb Ingenieur, das ist doch nichts Ganzes«, so die Meinung des Perfektionisten Florian, der dann zu Maschinenbau wechselte. »Das war zunächst ein Fiasko! Trotz richtig guter Noten in Mathe auf dem Gymnasium habe ich zunächst gar nichts geschnallt.« Er saß in der Vorlesung und dachte nach fünf Minuten: »Lass es vorbei sein und mich in die Mensa gehen. Ich habe es einfach nichts verstanden.« So rauschte er im ersten Semester auch erst mal durch alle Prüfungen. Dann kaufte er sich das 996 Seiten starke Buch *Höhere Mathematik in Rezepten*. Er las es von vorne bis hinten durch und kapierte nichts. Dann begann er, seinen Tag mithilfe eines Bleistiftes und eines Notizbuches zu strukturieren. Jeden Tag ein Ziel setzen. Step by Step. Er fing noch einmal von vorn an, Kapitel für Kapitel, Seite für Seite durchzuarbeiten – sich förmlich durchzubeißen. »Das war echt hart.« Doch von da an bestand er jede Prüfung und machte letztlich seinen Bachelor. »Du kannst dir nicht vorstellen, was das für ein Gefühl war, als ich die letzte Seite abgeschlossen und alles verstanden hatte. Der Abschluss bedeutet mir so viel, weil ich mich durchgekämpft und nicht aufgegeben habe.«

Der Abschluss bedeutet ihm viel, das ist spürbar. Aber es gibt etwas, das größer als jeder Abschluss für ihn ist. Als ich, Stefan, Florian zum ersten Mal traf, standen wir gemeinsam als ehrenamtliche Greenpeace-Mitglieder auf einer von Fridays for Future organisierten Demo in München. Wir kamen ins Gespräch, und er erzählte mir, dass er in zwei Tagen eine wichtige Klausur schreiben würde und noch dafür büffeln müsse. Ob er dann jetzt nicht besser zu Hause wäre, fragte ich ihn. »Nein! Warum sollte ich denn in meine Ausbildung investieren, wenn wir die Lebensgrundlagen zerstören und den Planeten kaputt machen? Ich gehöre genau hier hin!«

»Nein! Warum sollte ich denn in meine Ausbildung investieren, wenn wir die Lebensgrundlagen zerstören und den Planeten kaputt machen?«

Florian war bereits als Kind von diesem Planeten, »diesem kleinen Stein, der durchs Weltall fliegt«, wie Flo es ausdrückt, fasziniert. »Noch heute kann ich mich vor einen Ameisenhaufen setzen, das Geschehen beobachten und bin ergriffen.« Für Florian ist die Natur so perfekt, dass er sich sicher ist, dass die menschliche Schöpfungskraft da niemals heranreicht. »Wie kann es sein, dass wir diese fantastischen, für unser aller Überleben notwendigen Bedingungen einfach so kaputt machen?« Bereits in der vierten Klasse hielt Florian ein Referat über die Zerstörung des Regenwaldes und brachte seine Klassenkamerad*innen dazu, gemeinsam vor einem Geschäft der Kette Norma für den Erhalt des Waldes zu demonstrieren und ca. 1.000 Euro zu sammeln. Aber dann erzählt Flo noch von einer Kampagne, bei der er mit Greenpeace zu dem Thema Pestizide auf der Straße war, dort den Menschen erläuterte, wie sich Pestizide in unserem Körper auswirken können. Er kam mit einer schwangeren Frau ins Gespräch, die sagte, dass sie das Thema nicht interessiere. »What the fuck!«, dachte Florian. Wie kann das sein? »Die Menschen haben die Verbindung zur Natur verloren, sonst könnten sie nicht so dumm sein.« Solche Dinge beschäftigen Florian tagelang, und er muss dagegen ankämpfen, dass ihn solche Erlebnisse nicht runterziehen.

Wie Florian zu Greenpeace kam? Als Kind fiel ihm das *Greenpeace Magazin* in die Hände, welches für den Partner der Mutter, der Fördermitglied war, regelmäßig ins Haus flatterte. Flo war geschockt von den darin beschriebenen Umweltzerstörungen und gleichzeitig begeistert von den Greenpeace-Aktivist*innen. »Die trauen sich was«, dachte er. Von dem Moment an, als er durch das Heft geblättert hatte, war er von der Organisation fasziniert. Allerdings dachte er trotz des schon vorhandenen eigenen Engagements, dass er sich dort niemals einbringen könne. In einem Chat hatte er gelesen, dass man Elitetaucher*in oder besser noch Kampfschwimmer*in sein müsse, um bei Greenpeace mitzuwirken. »Das bringe ich nie.« Dann ging Flo auf eine Kundgebung, und da waren sie, seine Held*innen der Jugend in den unverkennbaren grünen Jacken mit dem Greenpeace-Schriftzug auf dem Rücken. »Die sahen so gar nicht nach Kampfschwimmern aus. Eher so wie du und ich.« Also fasste er sich ein Herz und fragte, ob er sich auch bei Greenpeace engagieren könne. »Na klar, wir treffen uns nächsten Dienstag im Büro. Komm vorbei.« Er konnte es kaum glauben, ging zum nächsten Treffen und ist seit diesem Tag Teil der Organisation.

Zum Zeitpunkt des Interviews ist Flo seit zwei Jahren bei Greenpeace aktiv und kam gerade aus dem rheinischen Braunkohlerevier, wo er eine Woche gecampt und sich für den Erhalt des

INFOBOX

Greenpeace ist eine 1971 in Vancouver gegründete, weltweit aktive Umweltorganisation, die von über drei Millionen Menschen aktiv unterstützt wird.

Greenpeace setzt sich international mit direkten gewaltfreien Aktionen für den Schutz der natürlichen Lebensgrundlagen von Mensch und Natur sowie Gerechtigkeit für alle Lebewesen ein.

Greenpeace e.V.
- Greenpeace Deutschland: gegründet 1980
- 630.000 Förderer*innen
- Hauptsitz: Hamburg
- Mit ca. 5.000 ehrenamtlichen Unterstützern an ca. 105 Standorten in Deutschland vertreten

---

Örtchens Lützerath eingesetzt hat. Lützerath, einer der fünf Orte, die die RWE noch wegbaggern, also ausradieren will. Ausradieren, um die Braunkohle aus der Erde zu reißen, die unmöglich verfeuert werden darf, soll das 1,5-Grad-Ziel von Paris eingehalten werden. Die RWE, die auf ihrer Homepage schreibt: »Wir sind Treiber der Energiewende – und setzten uns ehrgeizige Ziele.« Die RWE, die über 20 Prozent der deutschen und ca. 1,5 Prozent der weltweiten Treibhausgasemissionen zu verantworten hat. Die RWE, die weiterhin Menschen vertreiben und Orte für die dreckigste aller Energiearten wegbaggern lässt. »Das ist die RWE, die unserer Generation die Zukunft klaut«, sagt Flo. »Als ich vor Ort zum ersten Mal die unmittelbaren Folgen des Kohleaushubs gesehen habe, da wurde mir schlecht. Diese Ausmaße sind unvorstellbar.«

Vor Ort gibt es massiven Widerstand. Aktivist*innen leben dort teilweise seit 16 Monaten in Camps, um sich dem Konzern und der kohleorientierten Landesregierung von Nordrhein-Westfalen entgegenzustellen. Diese Menschen inspirieren Flo, weil sie sich für den Erhalt unserer Erde, so wie wir sie kennen, einsetzen. So wie Flo, der mittlerweile Aktivist ist, unter anderem an Aktionen vor EDEKA-Filialen teilnahm, um auf den irrsinnigen Fleischkonsum und dessen umweltschädliche sowie tierschutzwidrige Folgen aufmerksam machte oder eine Woche lang aktiv war, um bei der ersten IAA in München gegen die Automobilkonzerne zu demonstrieren. »Auch die tragen so gerne ein grünes Mäntelchen, haben jedoch in den letzten Jahren kaum CO_2-Reduktionen umgesetzt, weil ihre Kisten immer größer werden.« Flo ist überzeugt, auch eine Umstellung von fossil auf elektrisch ist keine Lösung. »Wir brauchen ganz neue Mobilitätskonzepte, die die Anzahl der Autos massiv verringern.«

Woher nimmt Flo die Kraft, neben dem Studium, welches ihm ja nicht in den Schoß gefallen ist, sich so aktiv für die Umwelt einzusetzen? »Die Erkenntnis, dass alles nichts ist, wenn wir unsere Lebensbedingungen zerstören.« Zudem seien es die Menschen bei Greenpeace, die ihn inspirieren. »Nie zuvor habe ich so viele großartige, inspirierende, freundliche und dennoch motivierte Menschen getroffen wie hier. Die letzten zwei Jahre waren erfüllend für mich. Neben den Aktionen konnte ich mich bei Greenpeace zu verschiedenen Themen ausbilden lassen, ganz ohne Kampfschwimmererfahrung. So wurde ich in verschiedenen Bereichen ausgebildet, unter anderem zum Kommunikationstrainer.« Nach Flos Ansicht ist gute und wertschätzende Kommunikation der Schlüssel, um andere Menschen zu erreichen. »Wir müssen lernen, unvoreingenommen miteinander zu sprechen, vor allem wenn wir gegensätzliche Ansichten haben.«

Florian ist der Meinung, dass jeder und jede sich einbringen kann. »Wenn sich alle ein wenig engagieren, auf ihren Konsum und ihr Verhalten achten, sich vielleicht auch einer Umweltorganisation anschließen, dann müssen wir keine Angst um unseren Planeten haben. Dann schaffen wir das!«

WEITERFÜHRENDE INFORMATIONEN

Literaturempfehlungen:
- GREENpeace VIEWS Hope to action – 50 Jahre Greenpeace, Delius Klasing Verlag
- Mut. Wie Greenpeace die Welt verändert hat, Delius Klasing Verlag
- Tue was! von Nora Linnemann, Greenpeace Magazin Edition

Internet:
- https://www.greenpeace.de/
- https://www.greenpeace.org/international/

Link zum Mitmachen:
- https://www.greenpeace.de/engagieren

PETRA BLÜMEL
KOMPROMISSLOSE UND ENGAGIERTE TIERSCHÜTZERIN

Retterin der verlorenen Seelen

Die meisten Menschen, die sich mit ganzem Herzen und ohne finanzielle Honorierung Hilfsprojekten verschreiben, werden durch eigene Erfahrungen angetrieben. Manche, weil sie selbst in einer Notsituation Hilfe bekommen haben und nun durch das eigene Helfen etwas zurückgeben wollen. Andere, weil das Helfen es ihnen möglich macht, eigene schmerzhafte Erlebnisse zu verarbeiten. Wer Not erfahren hat, fühlt sich oft mit der Not anderer verbunden und schöpft Kraft daraus, etwas zu geben, was man selbst vielleicht nie so erfahren hat. Heimat zum Beispiel oder Geborgenheit. So wie Petra, die dank ihres großen Herzens und ihrer scheinbar unermüdlichen Kraft in den letzten Jahren fast 600 Hunde und viele Katzen vermitteln und aus fürchterlichen Bedingungen befreien konnte.

Nicht alle sehen diese Hilfe unkritisch. Hier und da taucht schon mal die Frage auf, warum sie sich für Hunde und Katzen einsetzt anstatt für Menschen. Petras Antwort darauf hängt mit ihrer eigenen Geschichte zusammen, mit dem Gefühl der Ohnmacht gegenüber jenen, die in der Kindheit und Jugend ihre Agenda bestimmt haben. Auch Tiere sind häufig machtlos. »Sie sind den Menschen schutzlos ausgeliefert und werden millionenfach gequält und in unvorstellbarem Maße misshandelt.« Petra vertritt die Ansicht, dass Menschen gegenüber Tieren deutlich mehr Entscheidungsfreiräume und Macht haben, etwas in ihrem Leben zu verändern. Auch das ist eine eigene Erfahrung. Die meisten Menschen schaffen es, sich aus misslichen Situationen zu befreien, während Tiere auf Hilfe angewiesen sind.

Petra wurde 1964 in Nürnberg geboren – wie sie selbst sagt, nicht als Kind der Liebe, eher als ein Kind der ambivalenten Erwartungen anderer. Tiefe Bindungen entstanden weder zur Mutter noch zum Vater, und die Chance, Ersatzbindungen zu entwickeln, wurde durch ständige Umzüge torpediert. »Ich bin eher nebenher aufgewachsen, und alle ein bis zwei Jahre sind wir umgezogen, sodass ich nirgendwo sesshaft wurde.« Bereits im Alter von sechs Jahren war Petra weitestgehend auf sich gestellt. »Ich habe mich quasi selbst gemacht«, schmunzelt Petra.

Leider waren das nicht die einzigen Prägungen, und je tiefer man in das Leben von Petra eintaucht, umso eher kann man den Wunsch nachempfinden, sich jenen Kreaturen zuzuwenden, die solchen Umständen ebenso hilflos ausgeliefert sind. Von außen betrachtet, könnte man sagen, dass sie selbst »wie ein Hund behandelt« wurde. Teilweise eingesperrt in einem Zimmer, das eigentlich eine fensterlose Speisekammer war, und in permanenter Angst lebend, weil der neue Lebenspartner ihrer Mutter gewalttätig war. »Das war so grausam und meine Angst war so groß, dass ich mich abends nicht auf die Toilette traute und zum Pieseln auf den Balkon ging.«

In der Wissenschaft herrscht heute Einigkeit darüber, dass solche Erfahrungen dazu beitragen, dass besonders Mädchen sehr schnell frühreifes Verhalten zeigen. Vermutlich weil sie intuitiv nicht nur Geborgenheit, sondern auch einen Ausweg suchen. Leider endet diese Suche oftmals in einer weiteren Sackgasse. So auch für Petra, die bereits mit zwölf Jahren ihren ersten festen, sieben Jahre älteren Freund hatte und sich dann – eineinhalb Jahre später – einem gewalttätigen Stalker gegenübersah, der versuchte, sie mit dem Auto zu überfahren. Und als wäre das nicht schon genug für ein Menschenleben, traf sie, als sie 16 Jahre alt war, ein weiterer Schicksalsschlag, der hier nicht weiter beschrieben werden soll. Für Petra war es zu viel. Sie sprang in der Hoffnung, alles hinter sich zu lassen, aus dem Fenster im 3. Stock.

»Ich fühlte mich einfach zu schwach unter den Menschen und für diese Welt.«

Aber sie überlebte, war jedoch durch die Knochen- und Organverletzungen ein halbes Jahr ans Krankenbett gefesselt. Im Anschluss folgte sie ihrer Mutter nach Amerika. Wieder ein Bruch. Wieder ein Abschied, diesmal vor allem mit gravierenden Folgen für ihre schulischen Leistungen. Aus der einst guten Gymnasialschülerin wurde noch in Deutschland eine Hauptschülerin, in Amerika verlor Petra dann nicht nur schulisch komplett den Anschluss. »Mir waren die Amerikaner einfach suspekt.« Um nicht ganz untätig zu sein, schlug sie sich als Tellerwäscherin und Haushaltskraft durch, bevor sie mit tausend Dollar in der Tasche und ohne ihre Mutter zurück nach Deutschland, nach Regensburg, ging.

Dort blieb das Leben unruhig. Petra jobbte unter anderem als Türsteherin, Bardame, Kellnerin, Gastwirtin oder Bootsverleiherin. Den Zugang zu Hunden bekam sie eher zufällig durch einen anderen Mieter im Haus. »Dieser Mensch hielt sieben Hunde und vernachlässigte sie sträflich.« Petra nahm sich der Hunde an, kümmerte sich regelmäßig. Ein Hund hatte es ihr besonders angetan. Acht Jahre lang ging sie mindestens einmal in der Woche mit ihm spazieren. Es entstand eine Bindung, die sie so nicht kannte, und Petra bemerkte, was ihr die Beschäftigung mit Tieren bedeutete und gab.

Aus diesem Gefühl heraus entstand 2013 der Gedanke, eine Ausbildung zur Hundefriseurin zu machen – ein Beruf, der ihr die Möglichkeit gab, zu Hause zu arbeiten und den Kontakt zu Vierbeinern zu vertiefen. Besonders hatten es ihr große Straßenhunde angetan – Underdogs, wie Petra sie nennt. Eric, der Mann an ihrer Seite, half ihr dabei, den Traum wahr werden zu lassen. »Eric, der an mich glaubte, der mir Selbstvertrauen gab und immer zu mir hielt. Manchmal schimpft er auch, wenn ich kein anderes Thema als meine Hunde im Kopf habe und immerzu unterwegs bin, doch am Ende unterstützt er mich und steht zu mir und meinen spinnerten Ideen.«

Über eine Kundin kam Petra letztendlich zum Tierschutz. Zunächst, weil sie selbst die Patenschaft für einen Hund übernahm. Dann tauchte sie tiefer ein, erfuhr mehr und mehr über die Umstände der Tiere. Darüber, wie in Rumänien mit Hunden umgegangen wird. Irgendwann stieß sie auf Marinela, eine ehemalige Radiojournalistin, die sich vollkommen der Pflege und Rettung von misshandelten Hunden und Katzen in Bukarest und Umgebung verschrieben hat. »Sie opfert sich vor Ort auf«, sagt Petra. Die Arbeit wird ohne staatliche Zuschüsse, rein durch Spenden, geleistet. Als Marinela bei der Tierklinik eine Rechnung über 6.600 Euro offen hatte, lehnte diese die Behandlung weiterer Tiere ab. Daraufhin startete Petra eine Spendenaktion über Facebook und in ihrem Bekanntenkreis. Innerhalb von vier Wochen sammelte sie das Geld zusammen und ermöglichte es Marinela, ihre wertvolle Arbeit fortzusetzen. Was als Hilfe in der Not begann, ist inzwischen eine feste freundschaftliche Beziehung zwischen den Frauen und für Petra eine neue Aufgabe. Mit Unterstützung der Tierhilfe Kelheim vermittelt Petra monatlich zehn bis 20 Hunde aus Rumänien.

Und warum nun ausgerechnet rumänische Hunde? Petra sagt, dass in Rumänien geschätzt sechs Millionen Hunde auf der Straße leben. Mit jenen, die kein Zuhause haben, wird oft grausam umgegangen, manche werden fürchterlich gequält, indem Körperteile verstümmelt, Ruten abgeschnitten, Ohren oder Nasen verbrannt werden, und all das nur, um die Hunde aggressiv zu ma-

»Weh dem Menschen, wenn nur ein einziges Tier im Weltgericht sitzt.«
Von Christian Morgenstern

INFOBOX

Seit 2013 gibt es in Rumänien ein Gesetz (Tiertötungsgesetz), welches es erlaubt, Straßenhunde einzufangen und ins Heim zu bringen. Die Heime erhalten ca. 70 Euro pro Hund, den sie annehmen und unter schrecklichen Gegebenheiten halten. Werden die Hunde dort nicht innerhalb von 14 Tagen weitervermittelt, was nahezu unmöglich ist, werden sie getötet. Dabei könnte die Hundepopulation durch Kastration eingedämmt werden.

chen. Hinzu kommt, dass vom »Tierschutz« eingefangene oder abgegebene Tiere, die nach zwei Wochen noch nicht vermittelt sind, der Tötung zugeführt werden. Statt sie allerdings einzuschläfern, tötet man sie auf »kostengünstige« und grausame Art und Weise: Sie werden erschlagen oder stranguliert.

Internationale Aufmerksamkeit hat in den letzten Jahren schon ein bisschen was verändert, aber das reicht nicht aus. Gäbe es nicht Engagierte wie Petra, wäre das Leiden der Tiere ein leises, das kaum jemand vernehmen würde. Und auch wenn es immer wieder vorkommt, dass andere dieses Engagement nicht nachvollziehen können – für Petra ist das Unrecht, das diesen Tieren widerfährt, Ansporn, möglichst vielen hier in Deutschland ein sicheres Zuhause zu vermitteln. Sie empfindet es immer wieder als ein Wunder, dass Hunde oder andere Tiere, die aus solchen Bedingungen kommen, die Kraft haben, die erlebten Grausamkeiten hinter sich zu lassen, und trotz erfahrener Pein zu den besten und anhänglichsten Freunden der Menschen werden können.

Zu dieser Geschichte gehört noch, dass Petra sehr achtsam in der Auswahl von Interessenten ist. »Ich schaue mir die Menschen sehr genau an und versuche, ein Gefühl dafür zu entwickeln, ob die Menschen dem Tier Struktur und Sicherheit bieten können.« Um das einschätzen zu können, besucht Petra in den meisten Fäl-

---

Ein alter Mann geht bei Sonnenuntergang den Strand entlang. Er beobachtet vor sich einen jungen Mann, der Seesterne aufhebt und ins Meer wirft. Er holt ihn schließlich ein und fragt ihn, warum er das denn tue. Der junge Mann antwortet, dass die gestrandeten Seesterne stürben, wenn sie bis Sonnenaufgang dort liegen blieben. »Aber der Strand ist kilometerlang, und Tausende Seesterne liegen hier. Was macht es also für einen Unterschied, wenn du dich abmühst?«, sagt der alte Mann. Der junge Mann blickt auf den Seestern in seiner Hand und wirft ihn in die rettenden Wellen. Er schaut den alten Mann an und sagt: »Für diesen hier macht es einen Unterschied.«

len die zukünftigen Hundebesitzer*innen. Ist das aufgrund zu großer Entfernung nicht möglich, lässt sie sich per Video das zukünftige Hundezuhause zeigen und führt mit den Menschen ausführliche Gespräche. Und auch wenn sie einen Hund erfolgreich vermittelt hat, bleibt sie am Ball, hält den Kontakt zu den neuen Besitzern, um ein Gespür dafür zu entwickeln, ob es wirklich passt.

Petra ist sehr stolz darauf, dass noch keiner ihrer vermittelten Vierbeiner im Tierheim gelandet ist.

Denn trotz aller Menschenkenntnis und Fürsorge kommt es hin und wieder zu Fehleinschätzungen. Sobald Petra das bemerkt, kümmert sie sich darum, dass das Tier an eine andere Stelle vermittelt wird. Dazu fährt sie zu den Menschen hin und bespricht mit ihnen die Situation. Auch das läuft nicht immer konfliktfrei ab, aber Petra verfügt inzwischen über ein großes Netzwerk an Unterstützer*innen und Förderer*innen, die ihr helfen, auch in solchen Fällen Lösungen zu finden. »Darin bin ich richtig gut«, sagt sie, und man sieht ihr den Stolz und die Freude an.

»Jedes gerettete Tier tut einfach gut. Es gibt mir ein gutes Gefühl und erwärmt mir das Herz. Zudem bringe ich auch den Menschen eine Freude.« Auf die Frage, ob es bei der schier endlosen Zahl an streunenden Hunden überhaupt Sinn mache, ein paar von ihnen zu retten, sagt sie, dass es auf jedes Tier ankomme, und erzählt die Geschichte vom Seestern (s. Kasten).

Schön, wenn aus Leiden Kraft zur Hilfe für andere Mitgeschöpfe entsteht.

Anmerkung von Stefan: Wir, meine Familie und ich, bekamen durch Petra eine Hündin aus Rumänien. Ein 40 kg schweres Wollknäuel, genannt Yuga. Yuga hat die Seele eines Buddha. Das war wohl der Grund, warum sie von ihren Vorbesitzern misshandelt wurde. Sie war zu gut für diese Welt, sollte aber scharf gemacht werden. Ihr wurde der Schwanz in der Mitte abgeschlagen, und sie scheint massiven Schlägen und Tritten ausgesetzt gewesen zu sein. Als wir sie bekamen, war sie schwach, verängstigt und aggressiv. Da ihr friedlicher Charakter aber nicht wirklich gebrochen werden konnte, bereichert sie heute unser Leben.

WEITERFÜHRENDE INFORMATIONEN

Literaturempfehlungen:
- Streuner! Straßenhunde in Europa von Stefan Kirchhoff, Kynos Verlag
- Ellas Weg ins Glück. Geschichte eines rumänischen Straßenhundes von Jutta Besser, Independently published

Internetseiten:
- https://utopia.de/ratgeber/hund-adoptieren-tipps-und-serioese-anlaufstellen/

Arte Dokumentation:
- https://www.youtube.com/watch?v=TDZv54FA8R8

Beispielhafte Möglichkeiten, selbst aktiv zu werden:
- https://www.tierhilfe-kelheim.de/hunde.htm

UTE NERGE
AUS LIEBE ZU DEN KINDERN

Von einer Idee zur Sternenbrücke. »Die Erwachsenen reden oft nur.«
Aber nicht Ute

Wahrscheinlich gibt es für Menschen kaum etwas, das schrecklicher ist, als das eigene Kind leiden zu sehen und beerdigen zu müssen. Das zu durchleben hinterlässt tiefe Spuren. Umso wichtiger ist es, jemanden an der Seite zu haben, die oder der Menschen durch diesen Lebensabschnitt führt. Ute Nerge macht genau das. Seit ihrer aktiven Zeit als Kinderkrankenschwester und vor allem in dem von ihr gegründeten Kinderhospiz, der Sternenbrücke, hat sie ca. 200 Kinder auf dem letzten Weg begleitet, Eltern und Geschwister betreut. Was gibt ihr die Kraft, Kinder auch am Lebensende zu begleiten und die Trauer der Hinterbliebenen auszuhalten, dazubleiben oder gar hinzugehen, wenn die meisten Menschen wegschauen und fliehen? Ute sagt: »Es ist die Liebe. Die Liebe zu den Kindern. Die Kinder haben mir so viel geschenkt. Wenn wir Kinder lieben, sollten wir auch für sie und ihre Familien da sein, wenn sie uns dringend benötigen.«

2015 veröffentlichte der Berufsverband der Kinder- und Jugendärzte e.V. eine Statistik, nach der in Deutschland rund 33.000 Kinder von einer lebensbegrenzenden Erkrankung betroffen sind. Ute geht sogar von 55.000 Erkrankten aus. Von diesen Kindern sterben zwischen 3.000 und 5.000 pro Jahr. Dahinter stehen Eltern, Geschwister, Angehörige und Freund*innen, die sich mit einem schwierigen Krankheitsweg und dem schmerzhaften Verlust auseinandersetzen müssen. Die Kraft und die Disziplin, die man benötigt, um Menschen in diesen schweren Stunden beizustehen und gleichzeitig das erste Kinderhospiz in Norddeutschland aufzubauen, erhielt Ute durch ihren liebevollen, jedoch strengen Vater, durch zwölf Jahre dauerndes Balletttraining bei einer russischen Trainerin und einer strengen Berufsausbildung zur Kinderkrankenschwester.

Aber der Reihe nach. Im September 1957, kurz bevor der Sputnik-Satellit in den Weltraum geschossen wurde, kam Ute Nerge in Hamburg zur Welt. Neun Jahre nach der Schwester, acht Jahre vor dem Bruder. Die Liebe der Mutter zum Ballett übertrug sich schnell auf Ute, sodass sie bereits im Alter von vier Jahren anfing zu tanzen, bis sie sich mit 16 Jahren so schwer verletzte, dass sie ihre Ballettlaufbahn beenden musste. Wenn Ute heute zurückschaut, dann sagt sie, dass es der richtige Zeitpunkt gewesen sei auszusteigen. Ute machte ihre Mittlere Reife und begann nach einer Pause, die sie mit einem Job in einer Fabrik überbrückte, mit der Ausbildung zur Kinderkrankenschwester – einer Ausbildung, die streng hierarchisch ausgerichtet war und die für Ute bedeutete, im Schwesternwohnheim zu wohnen und das eigene Leben nach festen Regeln zu führen. »Das war die Zeit, als Kinderkrankenschwestern noch Häubchen trugen«, lacht Ute. »An den Häubchen konnte man ablesen, ob das Gegenüber noch in der Ausbildung oder bereits Schwester war.«

Eigentlich wollte Ute an ihre Ausbildung zur Kinderkrankenschwester noch eine zweijährige Zusatzausbildung zur Hebamme anhängen, denn das war ihr eigentlicher Berufswunsch. Aber die Warteliste für die Ausbildung war so lang, dass Ute sich zur Überbrückung eine Anstellung in einer Entbindungsstation suchte. Im Kreißsaal, da fühlte sie sich wohl. Jede Geburt war für sie ein Wunder. Doch auch ein sehr tränenreicher Moment. Bei jeder Geburt war sie so tief berührt und weinte so heftig, dass der Chefarzt ihr oft eine Flasche Wasser hinstellte. Zum »Nachfüllen«, wie er sagte.

Als sich das mit der Hebammenausbildung immer weiter hinauszögerte, verabschiedete sich Ute von diesem Wunsch und wechselte in eine Kinderklinik nach Lüneburg. Dort lernte sie ihren Mann kennen, der bald darauf eine Anstellung in Hamburg bekam, und so zog sie zurück in ihre Geburtsstadt. Bis zu ihrer Schwangerschaft war Ute im Bereich für Augenoperationen beschäftigt. Nach der Geburt ihres Sohnes begann sie dann, in einer Kinderklinik in Hamburg zu arbeiten, und bildete sich über die Jahre permanent weiter – so unter anderem zur Intensiv- und OP-Schwester. In der Kinderklinik war sie regelmäßig in Kontakt mit schwer erkrankten Kindern, und es war ihr wichtig, eine Umgebung zu schaffen, in der sich die Familien und die Kinder möglichst wohlfühlen konnten.

Leider stoßen auch die modernste Medizin und die allerbesten Ärzte oft an Grenzen, und es gibt Situationen, in denen man in Krankenhäusern nichts mehr für die kleinen Patient*innen tun kann. Wie bei der neunjährigen Jenny, die trotz ihrer schweren Erkrankung entlassen werden sollte. Da Jenny bei der Großmutter aufwuchs und klar war, dass der Verlauf der Erkrankung sehr ungünstig sein würde, fragte Ute den Chefarzt, was geschehe, wenn die Großmutter an ihre Grenzen komme. Der Chefarzt antwortete: »Dann kann das Mädchen in einem Hospiz aufgenommen werden.« Daraufhin fragte Ute: »In einem Kinderhospiz?« Als der Arzt ihr antwortete, dass es das nicht gebe, war Ute regelrecht geschockt. Der Arzt sah das und schob nicht ohne Hintergedanken hinterher, dass Ute ja eines eröffnen könnte.

INFOBOX

Die Hospizbewegung hat es sich zur Aufgabe gemacht, unheilbar erkrankten Menschen die verbleibende Lebenszeit so angenehm wie möglich zu gestalten. Sei es in einem Hospiz oder durch Begleitung zu Hause. Dabei werden die Menschen nicht auf ihre Krankheit reduziert, sondern mit allem, was sie ausmacht, betrachtet und behandelt.

Die Hospizarbeit bietet medizinisch-pflegerische Versorgung, bietet Hilfe im Alltag, leistet palliative Beratung und vieles mehr.

Die Hospizarbeit wird durch Ehrenamtliche getragen. Nahezu jeder Mann und jede Frau, die sich hierzu in der Lage fühlt, kann sich zur Hospizbegleiterin ausbilden lassen.

Ute begleitete die »kleine Jenny«, wie sie sie noch heute liebevoll und mit einem Leuchten in den Augen nennt, zwei Jahre in der Kinderklinik und wurde immer wieder von deren Kraft, der guten Laune und dem trockenen Witz überrascht. So z. B. einmal, als Ute traurig in das Zimmer der mittlerweile halbseitig gelähmten Jenny kam. Als Jenny die Trauer sah, schob sie mit viel Kraft ihren Körper an den Rand ihrer Matratze, klopfte mit der gesunden Hand darauf und sagte: »Komm, leg dich zu mir, du hast mich so oft getröstet, jetzt tröste ich dich.« Ute legte sich auf die Matratze, welche mit Luft gefüllt war, damit man lange Zeit, ohne zu große Schmerzen zu haben, darauf liegen kann. Im selben Moment platzte diese mit einem lauten Knall. Die ganze Station lief zusammen. Daraufhin stemmte Jenny die eine Hand in die Hüfte und sagte trocken: »Also, eine von uns beiden muss wohl dringend abnehmen.«

Oder der Tag, als Ute mit ihrer Familie und der kleinen Jenny ins Kino ging. Das war ein großer Wunsch von Jenny. Den Film *Pünktchen und Anton* im Kino zu schauen und dabei Popcorn zu knabbern. Jenny wünschte sich Normalität. Ohne Rollstuhl in einem Kinosessel sitzen, wie alle Kinder. Dieser Wunsch nach Normalität sollte erfüllt werden. Als Utes Mann, der Jenny getragen hatte, Jenny auf den Kinostuhl setzte, klappte dieser, weil Jenny so leicht geworden war, wieder hoch. Jenny blickte zwischen ihren Knien hindurch zu Ute und sagte schmunzelnd: »So kann ich aber nicht viel sehen.«

Jenny war es auch, der Ute oft von der Idee eines Kinderhospizes erzählte, und Jenny fand die Idee großartig, allerdings nicht ohne zu bemerken: »Mach aber endlich, ihr Erwachsenen redet doch immer nur, und für mich ist es jetzt auch schon zu spät.« Als Jenny starb, war für Ute klar, dass sie das erste Kinderhospiz in Norddeutschland bauen würde. Sie kam nach Hause und sagte zu ihrem Mann: »Ich möchte ein Kinderhospiz bauen.« Utes Mann ließ die Zeitung sinken, sah sie an und fragte nur: »Wann?« Er wusste, dass Widerspruch völlig sinnlos war.

In Utes Kopf entwickelte sich ein Plan, der vorsah, dass neben den Kindern auch die Eltern und Geschwister Halt und Unterstützung erfahren sollten. »Was die nächsten Angehörigen leisten müssen, ist kaum vorstellbar.« Pflegende Eltern sind oft psychisch und physisch an ihren Grenzen. Es hat einen Grund, warum ca. 70 Prozent der Ehen nach dem Verlust eines Kindes zerbrechen. Nicht nur die Belastungen und Sorgen um das Kind, sondern auch dass sich oft der Bekannten- und Freundeskreis abwendet, ist sehr schmerzvoll. Der Pflege des Kindes und der Geschwistern genug Raum zu geben nimmt alle Zeit des Tages in Anspruch. Soziale Kontakte finden nur noch wenige statt.

»Ein gemeinsamer Weg – für Groß und Klein – So wird nie einer alleine sein. Immer eine Hand an der Seite spüren, dann können alle miteinander ein würdevolles Leben führen.«
Aus dem Gedichtband: Leise Gedanken von Ute Nerge

Alles gut und richtig – doch wie baut man ein Kinderhospiz? Eine Vorlage dafür gab es nicht, denn die bestehenden Hospize waren nur für Erwachsene geplant und gebaut und hatten ein anderes Konzept. Zu diesem Zeitpunkt gab es nur ein Haus im Sauerland, welches auf Kinder mit lebensbegrenzenden Stoffwechselerkrankungen spezialisiert war. Dort konnten Kinder bis zum Lebensende betreut werden. Aber es gab kein Haus für alle Kinder mit lebensbegrenzenden Erkrankungen, wozu eben auch jene gehören, die unter Muskelerkrankungen, neurodegenerativen oder Krebserkrankungen litten.

Ute fing einfach an. Sie wollte informieren und Menschen für diese Arbeit sensibilisieren. Das war unendlich schwer, da die meisten große Berührungsängste mit dem Thema hatten. Doch Ute ließ nicht locker. 1999 wurde der Förderverein für das Kinderhospiz Sternenbrücke gegründet, 2001 die Stiftung. 2001 wurde ein passendes Gebäude gefunden, das in eineinhalb Jahren behindertengerecht umgebaut wurde, und am 17. Mai 2003 eröffnete das Kinderhospiz Sternenbrücke. Ute war und ist es nach wie vor wichtig, ein Umfeld zu schaffen, in dem sich die Familien wohlfühlen, daher achtet sie auf jedes Detail. Wesentlich war ihr vor allem, dass die Familie gemeinsam mit den Kindern diese wertvolle letzte gemeinsame Zeit verbringen. Von 2003 bis heute haben ca. 700 Familien Unterstützung in der Sternenbrücke erhalten. Das Hospiz gibt nicht nur Raum zum Sterben, sondern begleitet die Familien durch die oft Jahre andauernde Krankheits- und Pflegezeit. In der sogenannten Entlastungspflege macht die Sternenbrücke den Angehörigen Angebote, damit diese Kraft schöpfen und durchatmen können, und pflegt die Kinder während der Aufenthalte liebevoll und professionell.

Die Sternenbrücke leuchtet innen in gelben Farben, so wie es die kleine Jenny vorschlug. Denn drinnen soll die Sonne scheinen, auch wenn es draußen regnet. Zudem sind in der Zwischenzeit eine Akademie, ein Jugendhospiz, ein Therapiebad, ein Klanggarten und vor allem der Garten der Erinnerungen entstanden. Ein Garten, in dem für jedes vor Ort verstorbene Kind eine Kerze brennt.

Überhaupt sind für Ute kraftspendende Orte und Rituale essenziell. So gibt es den Briefkasten der Erinnerungen. Eingehende Briefe an bereits verstorbene Kinder werden in diesem Kasten ein Jahr lang gesammelt. Gemeinsam mit den Geschwistern wird nach diesem Jahr ein Feuer entfacht, in dem die Briefe verbrannt werden, sodass die Botschaften mit dem Rauch aufsteigen, zu den Kindern in den Himmel gelangen und nach Aussage der Geschwister, dort gelesen werden können.

Um das alles finanzieren zu können, ist die Sternenbrücke auf ehrenamtliche und besonders auf finanzielle Unterstützung angewiesen. Im Schnitt fallen täglich Kosten von 1.200 Euro für die Begleitung der Kinder und Familienmitglieder an, welche zu 60 Prozent von den Pflegekassen übernommen werden. Der Rest, in der Summe ca. 1,9 Millionen Euro, muss über Spenden finanziert werden. So war Ute nicht nur in der Pflege, in der konzeptionell inhaltlichen Entwicklung und Leitung des Hauses aktiv, sondern verwendete auch einen großen Teil ihrer Zeit auf das Werben um finanzielle Unterstützung. Sie hielt Vorträge, unterrichtete Pflegekräfte, schrieb Infobriefe und Bücher, ent-

> »Angst um dich lässt mich erstarren,
> Stund um Stund an deinem
> Bettchen harren.
> Wir haben verloren –
> ich lass dich gehen,
> bis wir uns einmal wiedersehen –
> wird ein kleiner Engel an deiner
> Seite stehen.
> Hab Dank für das Glück,
> das du mir gegeben,
> in deinem kurzen –
> doch intensiven – Leben.«
>
> **Aus dem Gedichtband: Leise Gedanken von Ute Nerge**

wickelte Merchandisingprodukte, die heute helfen, das Hospiz zu finanzieren.

Im August 2021, nach 20 Jahren hauptamtlicher Tätigkeit, ging Ute in den wohlverdienten Ruhestand. Natürlich nicht ohne neue Pläne zu schmieden. So wird sie zukünftig, »aber nur noch ehrenamtlich«, wie sie beteuert, trauernde Kinder begleiten. Kinder, die Angehörige verloren haben. Sei es den Vater, die Mutter, Großeltern oder ein Geschwisterkind. »Denn Kindern zu helfen ist mir weiterhin ein Herzensbedürfnis.«

Wer das Hospiz Sternenbrücke heute besucht, begegnet am Eingang einem Bild, auf dem die lachende Jenny zu sehen ist. Solltet ihr da mal vorbeikommen, schenkt ihr ein Lächeln.

Und, Jenny: Ja, du hattest recht. Die meisten Erwachsenen reden oft nur. Nicht so Ute.

WEITERFÜHRENDE INFORMATIONEN

Literaturempfehlungen –
Bücher von Ute Nerge:
- Ein Regenbogen zu den Sternen. Aus dem Wunsch zu helfen wird das Kinder-Hospiz Sternenbrücke in Hamburg, Diana Verlag
- Leise Gedanken (Gedichtband), verlegt von der Sternenbrücke
- Matti und die Sternenbrücke von Ulrike Heyn und Ute Nerge, verlegt von der Sternenbrücke

Internetseiten:
- https://sternenbruecke.de/home
- https://www.kinderaerzte-im-netz.de/krankheiten/unheilbare-krankheiten/schwer-krankes-kind/
- https://www.malteser.de/aware/hilfreich/hospizarbeit-begleitung-bis-zum-schluss.html

ERNST HÖRMANN
KLIMAOPA OHNE KOMPROMISSE

Kohlegrube und Baumhaus. »Weil ich es meinen Enkeln schuldig bin«

Ob im Hambacher oder im Dannenröder Forst, ob in der Kohlegrube, in Unterhosen im Schaufenster von H&M oder mitten auf der Autobahn – wenn es darum geht, die Stimme zum Schutz der nächsten Generationen zu erheben, ist Ernst dabei. Keine persönliche Anstrengung, kein Verzicht, keine Mühe und erst recht keine Repressalien können ihn abschrecken.

Was den praktizierenden Christen Ernst antreibt, ist die Überzeugung, dass wir, wenn wir nicht ganz schnell und radikal gegensteuern, unsere Lebensgrundlagen auf der Erde vernichten. Damit steht er im Einklang mit Papst Franziskus, der leider in der eigenen Anhängerschaft kaum Gehör findet. Und er geht d'accord mit der Wissenschaft, die sich in der Frage des menschengemachten Klimawandels einig ist.

Geboren wurde Ernst in Weilheim, aufgewachsen ist er in München. Als junger Mann hat Ernst Feinblechmechanik bei BMW gelernt. Anschließend erwarb er auf dem zweiten Bildungsweg seine Hochschulreife, die es ihm ermöglichte, Kraftfahrzeugbau zu studieren. Danach arbeitete er als Konstrukteur bei MAN. Im Alter von 25 Jahren wechselte Ernst zur Bundesbahn, weil ihm dieses Fortbewegungsmittel als das ökologisch sinnvollste erschien. Dort übernahm Ernst im Laufe der Jahre immer mehr Verantwortung und war in den letzten zehn aktiven Berufsjahren im Regionalbereich Süd als Leiter für Infrastruktur, u. a. für die Wartung der ICEs, verantwortlich. Bereits im jungen Alter von 22 heiratete Ernst, hat heute drei Kinder und acht Enkel.

2011, im Alter von 61 Jahren, ging Ernst in Altersteilzeit. Er renovierte sein Häuschen, um es so energiesparend wie möglich zu gestalten. Er nutzte die Zeit, geflüchteten Menschen zu helfen, sich intensiv um seine Enkel zu kümmern und seine kranke Mutter zu pflegen und letztlich bis in den Tod zu begleiten. Er und seine Frau trennten sich 2010, was ihn immer noch zu belasten scheint. »Es musste wohl so kommen, ich war zu sehr mit meiner Arbeit verheiratet, und das war nicht gut«, sagt Ernst und fährt fort: »Beziehungen muss man pflegen, da habe ich wohl einiges falsch gemacht.«

»Beziehungen muss man pflegen!«

Die heutige Ungebundenheit nutzt Ernst, um sich vollkommen in den Dienst des Umweltschutzes und der Menschen zu stellen. Die meisten würden den verdienten Ruhestand genießen, am Häuschen werkeln, den Schrebergarten pflegen oder spazieren gehen. »Doch damit trage ich nicht zur Sicherung der Zukunft meiner Enkel bei. Es ist nicht auszuhalten, wenn wir der Wissenschaft glauben – und das sollten wir tun –, welches Leid wir unseren Enkeln zufügen, sollten wir das Ruder nicht herumreißen.« Ernst begann bereits in frühen Jahren, sich für die Umwelt und gegen Ungerechtigkeiten zu engagieren. So demonstrierte er gegen den Irakkrieg, gegen Atomkraft, gegen die verkorkste Asylpolitik der 1990er-Jahre, und er verweigerte nachträglich seinen Wehrdienst. Wie so viele Menschen hat Tschernobyl ihn zum ersten Mal auf die Straße getrieben.

Nachdem sich Ernst jahrelang beim BUND-Naturschutz und in der örtlichen Greenpeace-Gruppe engagiert hatte, erhöhte er ab 2017 seinen Einsatz. Bei der 23. UN-Klimakonferenz in Bonn begleitete Ernst die Großdemonstration, zu der alle großen Umweltverbände aufgerufen hatten, um gegen die Kohlepolitik zu demonstrieren. Da aber auf der COP23 (Conference of the Parties) wieder nur mit staatstragenden Reden der Volksvertreter*innen zu rechnen war, fuhr Ernst am Tag darauf ins Rheinische Kohlerevier und schloss sich der Graswurzelbewegung Ende Gelände an. Ende Gelände setzt auf angekündigte Massenblockaden und auf zivilen Ungehorsam, um Klimagerechtigkeit durchzusetzen. So auch im November 2017, als mehrere tausend Menschen, gekleidet in weiße Overalls, den Tagebau Garzweiler stürmten. Ziel und Ergebnis war es, den Betrieb, also die Bagger, für einige Stunden stillstehen zu lassen und somit bundesweite Aufmerksamkeit auf die global wirkenden »Dreckschleudern« zu richten. Ende Gelände fordert den sofortigen Kohleausstieg, um die weitere Entwicklung der Klimakatastrophe zu stoppen, und Klimasolidarität mit dem globalen Süden.

Gewaltfreiheit ist bei Ende Gelände oberstes Gebot. Dennoch ist bei Aktionen stets mit massiver Gegenwehr einer hochgerüsteten Polizei zu rechnen. Sich Ende Gelände anzuschließen heißt also, nicht nur Wind und Wetter standzuhalten, sondern mit seinem Körper für seine Überzeugung einzustehen. Heißt also auch, mit Festnahme und Strafverfolgung zu rechnen. Das ist eine enorme körperliche und mentale Herausforderung für junge Menschen. Wie mag sich das für jemanden um die 70 anfühlen? »Nicht angenehm, aber leider notwendig«, sagt Ernst. »Die Politik versagt und macht sich zum Handlanger der Wirtschaft. Somit bleibt mir, wenn ich mich um das Wohl meiner Enkel und das der nächsten Generation kümmere, keine andere Wahl, als mich friedlich zu radikalisieren. 2021 wurden 50 °C in Kanada gemessen, 40 °C in Sibirien, fast 200 Fluttote in Deutschland, zunehmende Hunger- und Klimakatastro-

»*Die Politik versagt und macht sich zum Handlanger der Wirtschaft.*«

INFOBOX

Ende Gelände ist eine sogenannte Graswurzelbewegung *(grassroots movement)*, die europaweit agiert. Ziel von Ende Gelände sind Klimagerechtigkeit und gelebte Solidarität mit allen lebenden und zukünftigen Menschen auf diesem Planeten. Aktionsform ist der friedliche, gewaltfreie, zivile Ungehorsam, insbesondere durch Massenblockaden (Tagebau, Kohlebagger) zur Verhinderung von Unrechtssituationen. Ende Gelände ist eine offene Aktionsstruktur, der sich jede*r jederzeit anschließen kann.

phen rund um den Planeten. Immer mehr Menschen sind wegen der klimatischen Bedingungen auf der Flucht«, so Ernst. »Und wir machen weiter wie bisher. Wir bauen Schutzwälle gegen das steigende Wasser und gegen geflüchtete Menschen, anstatt endlich unsere Verantwortung anzunehmen und ein angemessenes Leben zu führen.«

Gemeinsam mit Ende Gelände, aber auch mit Extinction Rebellion ging er auf die Straßen, um diese zu blockieren, um damit auf die notwendige Verkehrswende hinzuwirken. »Das war hart, denn hier wurden wir mit dem Ärger und dem gefühlten Hass der Autofahrer*innen konfrontiert.« Sosehr Ernst den Ärger der Autofahrer*innen, die nun Unannehmlichkeiten in Kauf nehmen müssen, versteht, so wenig versteht er die Rücksichtslosigkeit gegenüber den Menschen, die den Preis für unsere Mobilität und Bequemlichkeit zu zahlen haben. Den Preis, den all jene Menschen zahlen, die keine Stimme haben – die im globalen Süden und die Ungeborenen.

Im Verkehrssektor entstehen über 20 Prozent der bundesweiten Treibhausgase, und seit den 1990er-Jahren ist keine Besserung in Sicht. Die Motoren scheinen zwar effizienter zu werden, doch die Autos werden immer schwerer. Auch hier wirft Ernst der Politik ein fundamentales Versagen vor und ist überzeugt, dass aufgrund der wirtschaftlichen Abhängigkeit von der Automobilbranche, dringend notwendige Veränderungen schwer umsetzbar sind. Für Ernst macht es keinen Sinn, benzin- oder dieselbetriebene Fahrzeuge einfach gegen elektrisch betriebene auszutauschen. Autos sind für Ernst Mordinstrumente, die nur genutzt werden sollten, um den nächsten Sammelpunkt zu erreichen, von dem man öffentlich weiterfährt.

Aber Ernst setzt sich nicht nur für eine klimagerechte und enkeltaugliche Mobilitätswende ein. Im Jahr 2019 fand bei H & M Freising, seinem Wohnort, eine Aktion der besonderen Art statt. Die Ortsgruppe Extinction Rebellion setzte ein Zeichen gegen den Konsum von Fast Fashion und bezog vor dem Schaufenster von H & M Stellung, um wirksam über die katastrophalen Folgen der

Billigmode aufzuklären. Konsum ist DER große Treiber der Klima- und Umweltkrise, und Fast Fashion spielt in diesem Zusammenhang eine besonders große Rolle. In immer kürzerer Zeit wird immer mehr Billigmode produziert und durch aggressives Marketing in den Markt gepresst. Am Ende landen die zweimal getragenen oder überhaupt nicht verkauften Billigklamotten auf den Müllhalden des globalen Südens. Eigentlich sah der Aktionsplan vor, auf der Straße vor dem Laden zu bleiben, doch Ernst stand nicht vor, sondern mit zwei Freunden im Schaufenster. Mit nichts als der Unterhose bekleidet und mit Botschaften auf der nackten Haut.

Eine weitere seiner Wirkstätten war der Hambacher Forst, liebevoll »Hambi« genannt, wohl DAS Symbol für den Widerstand der Umwelt- und Klimabewegung. Jahrelang tobte ein erbitterter Kampf zwischen Umweltschützer*innen und der RWE, die die Kohle auch noch unter den letzten 600, von ehemals 5.500 Hektar, des 12.000 Jahre alten Waldes herausbaggern will. Herausbaggern, obwohl längst klar ist, dass die vorhandene Kohle in der Erde bleiben muss, soll das 1,5-°C-Ziel von Paris eingehalten werden. Überzeugt davon, im Recht zu sein, hielt Ernst es wochenlang im Hambi aus, zog bei nassem und kaltem Wetter Seile, brachte Traversen an und baute ein eigenes Baumhaus. »Getragen wurde ich durch die Gemeinschaft junger, engagierter und vor allem liebevoller Menschen.« Dabei wurde Ernst mehrmals geräumt, das heißt von der Polizei aus den Baumgipfeln geholt. Immer wieder kehrte er zurück und bezog Stellung. Sehenswert sind die YouTube-Videos, auf denen er von seiner Traverse herunter der Polizei ins Gewissen redet. Unermüdlich! Dabei war es schon eine Herausforderung, in den Wald zu kommen. »Ich musste mich aus der Demo lösen und allein, um die Polizeikette herum, in den Wald einen Weg finden.« Letztendlich konnte ihn weder die RWE noch die Polizei stoppen oder aus dem Hambi treiben. Es war der Eichenprozessionsspinner, der ihm das Leben schwer machte, sodass er morgens um vier den Wald verließ, um seinen Körper in einem Kölner Bad zu reinigen und schnellstens eine Apotheke aufzusuchen. Zudem rief ihn die Verpflichtung. Sein Freund Rahmad, ein aus Afghanistan Geflüchteter, den Ernst seit 2015 betreute und der inzwischen bei ihm lebte, benötigte seine Hilfe.

Es muss hier unbedingt erwähnt werden, dass Ernst mit seiner Auffassung, im Recht zu sein, richtiglag. Das Verwaltungsgericht Köln erklärte am 28. September 2021 in einem Urteil die Räumung des Forstes für rechtswidrig. Leider nutzt das denen, die auf unzarte Art und Weise aus dem Wald entfernt wurden, Repressalien ertragen mussten und sich eventuell in einer Zelle wiederfanden, wenig. Auch haben sich die ehemalige Landesregierung und die verantwortlichen Personen bis heute nicht für ihr rechtswidriges Verhalten entschuldigt.

Und gelernt haben sie ebenso wenig. Denn kurze Zeit später sollte der nächste Wald einer veralteten Technologie weichen. Geopfert wurde der Dannenröder Forst – diesmal für eine Autobahn. Ernst war wieder vor Ort. 38 Tage hielt er unter widrigsten Bedingungen aus und wurde insgesamt viermal geräumt, aus der Sitzblockade oder aus dem Baum geholt. Zudem erhielt er im Nachgang Kostenbescheide von 200 bis 700 Euro. Gegen diese Bescheide hat Ernst Einspruch eingelegt, denn er will, dass die Thematik vor den Gerichten landet. Koste es, was es wolle. Ernst sieht in der Rechtsprechung den größten Hebel für Klimagerechtigkeit. Immer mehr Klimaklagen landen bei Gerichten, und das mit kolossaler Wirkung.

So hat das Bundesverfassungsgericht am 29. April 2021 das Klimaschutzgesetz der Bundesregierung für in Teilen verfassungswidrig erklärt und damit den Klimaschutz in Deutschland gestärkt. Durch die unzureichende Klimapolitik der Bundesregierung ist die Einschränkung der Freiheit zukünftiger Generationen gegeben, so die höchsten Richter des Landes. Das ist ein starkes, jedoch nicht das stärkste Argument für Ernst. Ernst beruft sich auf Artikel 2, Absatz 2 des Grundgesetzes, in dem steht: Jeder hat das Recht auf körperliche Unversehrtheit. Wie an den Millionen, wenn nicht gar Milliarden geschädigten und bedrohten Menschen zu se-

»Von diesen künftigen Emissionsminderungspflichten ist praktisch jegliche Freiheit potenziell betroffen, weil noch nahezu alle Bereiche menschlichen Lebens mit der Emission von Treibhausgasen verbunden und damit nach 2030 von drastischen Einschränkungen bedroht sind«, heißt es in der Erklärung des Bundesverfassungsgerichtes.

hen ist, ist dieses eigentlich nicht diskutierbare Grundrecht schon lange nicht mehr gegeben.

Vor ziemlich genau 50 Jahren stellte der Club of Rome seinen Bericht zu den *Grenzen des Wachstums* vor. Vor 60 Jahren erschien *Der stumme Frühling* der Biologin Rachel Carson. Wir wussten alles und hatten alle Zeit der Welt, um zu reagieren. Aber niemand hat etwas getan. Immer war alles andere wichtiger: Wirtschaftskrise, Finanzkrise, Pandemie, die nächste Wahl, der nächste Urlaub. »Jetzt müssen wir alle gemeinsam schnell handeln, wir haben keine andere Wahl«, sagt Ernst. »Doch wenn wir die Rechtsprechung nutzen, wenn wir den Politiker*innen und Wirtschaftschef*innen zeigen, dass wir die Gefolgschaft verweigern, und wenn wir die Herzen der Menschen gewinnen, dann haben wir die Chance, die Welt als lebenswerten, wunderbaren Ort an die nächste Generation weiterzugeben.«

Also lasst den Ernst in uns raus, lasst uns zusammenstehen!

WEITERFÜHRENDE INFORMATIONEN

Internet:
- https://www.ende-gelaende.org/
- https://extinctionrebellion.de/
- https://scilogs.spektrum.de/klimalounge/

Literaturempfehlungen:
- Der Klimawandel. Diagnose, Prognose, Therapie von Stefan Rahmstorf und H. J. Schellnhuber, C. H. Beck
- Mensch Erde! Wir könnten es so schön haben von Eckard von Hirschhausen, dtv
- Wir sind dran von Ulrich von Weizsäcker und Anders Wijkman, Gütersloher Verlagshaus
- Die Entscheidung. Klima vs. Kapitalismus von Naomi Klein, S. Fischer Verlag

SYLVIA MANHART
UNTERNEHMERIN MIT VISIONEN

*Ein cooles Produkt entwickeln und damit die Welt
ein bisschen sauberer halten*

Nach dem Abitur studierte Sylvia Fremdsprachen, um als Lehrerin an einem Gymnasium zu unterrichten. Doch exponiert vor einer Klasse zu stehen, das war dann doch nicht das, was sie wollte. Überhaupt ist sie eher der Typ Mensch, der das Rampenlicht scheut. Eine Frau, die nie viel Aufhebens um sich macht. Und ein Mensch, dessen Kraft man nicht sofort bemerkt.

Als Sylvia ihr erstes Studium in der Tasche hatte, ging sie nach London, verbesserte dort ihre Englischkenntnisse, absolvierte ein Praktikum in einer Onlineredaktion und fand nach ihrer Rückkehr in die Heimat eine Festanstellung bei einem großen US-Konzern. Doch auch das war es nicht, die beruflichen Aufgaben erfüllten sie einfach nicht. So ging sie nach Reutlingen, um dort ein Aufbaustudium aufzunehmen und ihren MBA in Internationalem Marketing zu machen. Irgendwann fiel ihr auf, dass der Lehrstuhl von Konzernen wie Nestlé oder Unilever gefördert wurde. Beide Konzerne gehören laut Greenpeace zu den größten Verursachern von Plastikmüll und tragen damit zur Verschmutzung der Meere bei. Für ihr teils skrupelloses Handeln und Wirtschaften stehen die gigantischen Unternehmen seit Jahrzehnten in der Kritik. Zudem ging es in dem Studium immer um Wachstum, Wachstum und nochmals Wachstum. Jede Frage zum Thema Nachhaltigkeit wurde mit einem mitleidigen Lächeln abgetan. Sylvia wurde, als sie wieder einmal eine kritische Frage stellte, ernsthaft von einem ihrer

Professoren gefragt, ob sie nicht doch lieber was mit Pferden machen wolle.

Es war ihr schwer verständlich und kaum zu ertragen zu sehen, dass vermeintlich intelligente Professor*innen scheinbar nichts verstanden. Sie verstanden das nicht, was bereits seit Jahrzehnten bekannt war: dass es auf einer begrenzten Erde kein unbegrenztes Wachstum geben kann. Sylvia schloss das Studium zwar mit sehr guten Noten ab, wusste jedoch bereits zu diesem Zeitpunkt, dass sie niemals für einen der Global Player tätig sein wollte, für die der Studiengang zugeschnitten worden war.

Sylvia und ich (Stefan) kennen uns seit einigen Jahren, da ich mit ihrem Mann Mike eng befreundet bin und auch mit ihm zusammenarbeite. Ich schätze mich glücklich, mich als Freund der Familie bezeichnen zu dürfen und zu erleben, wie die fünf, vor allem Sylvia, ein kleines Unternehmen auf-, ausbauen und weiterentwickeln. Doch fangen wir vorne an.

Sylvia lebt mit ihrer Familie in Freising. Ich habe sie bei einem Neujahrsempfang der CSU das erste Mal bewusst wahrgenommen. Wir waren damals keine Gäste – zumindest waren wir weder geladen noch willkommen, sondern haben gemeinsam »aufgemuckt« und mit dem regionalen Bündnis gegen den Bau der 3. Startbahn am nahe gelegenen Franz-Josef-Strauß-Flughafen demonstriert. Etwas später trafen wir uns ein weiteres Mal im Anschluss an eine Aktion gegen Billigfleisch, wo wir auf das mit Billigfleisch verbundene Tierleid und die Klimazerstörung aufmerksam machten. Damals durften wir uns in Sylvias Küche aufwärmen und uns für unsere »Heldentaten« feiern.

Sie sei nicht immer umweltbewusst gewesen, sagt Sylvia von sich. Als junger Mensch habe sie einfach zu wenig über die Umweltproblematik nachgedacht. Zurückschauend bezeichnet sie sich heute als eine »in den Tag lebende Chaotin«. Sie liebte es zu reisen, und es machte ihr nichts aus, den nahe gelegenen Flughafen zu nutzen, um mal schnell und billig ins Ausland zu jet-

Kenneth E. Boulding, US-amerikanischer Wirtschaftswissenschaftler, sagte 1973 bei einer Anhörung im US-Kongress: »Wer glaubt, exponentielles Wachstum könne in einer endlichen Welt unendlich weitergehen, ist entweder wahnsinnig oder Ökonom.«

ten. Ohne darüber nachzudenken, kaufte sie im Discounter billige Lebensmittel. Trotz überdimensionaler Plastikverpackungen. Obwohl Sylvia schon immer die Natur liebte. Obwohl sie es liebte, im Wald oder in den Bergen zu sein. Doch es fehlte das Bewusstsein dafür, der Umwelt achtsamer zu begegnen und sich selbst zu engagieren.

Die Gedankenlosigkeit änderte sich mit der Geburt der ersten Tochter. Zudem stolperte sie über einige Dokumentarfilme, die etwas in ihr bewegten. *Plastic Planet* von Werner Boote erschütterte sie zutiefst. »Es hat mich geradezu erdrückt«, sagt Sylvia. Ihr wurde der ganze Wahnsinn schlagartig bewusst und dass sie so nicht weiterleben kann, dass sie eine Mitverantwortung an der Verschmutzung der Erde trägt. In Gedanken überschlug sie, welchen Müll- und Plastikberg jeder Wocheneinkauf im Discounter nach sich zog. Die Konsequenz dieser Gedanken war eine radikale Umstellung, die zwar nicht immer leicht war, sie heute aber wirklich stolz macht.

Nicht mehr beim billigsten Anbieter, sondern im Biomarkt einzukaufen und stets darauf zu achten, dass die angebotenen Lebensmittel möglichst unverpackt sind – das war nicht nur eine Herausforderung, sondern ging und geht ins Geld. Trotzdem macht es Sylvia ungemein zufrieden, aus Umweltgründen lieber mehr Geld zu zahlen und dafür an anderer Stelle ein wenig zu verzichten. Seit über zehn Jahren hat sie kein Flugzeug mehr bestiegen, obwohl es sie auch wütend macht, wenn sie für eine zwölfstündige Zugreise ein Vielfaches des Reisepreises bezahlen muss, den sie für eine komfortable, schnelle Flugverbindung bezahlen müsste. Wenn sie mit ihren Kindern ab und zu ans Meer will, nimmt sie die Kosten und die Strapazen in Kauf.

Heute gibt es im Hause Manhart kaum noch Gegenstände aus Plastik. Nur wenn es gar nicht anders geht. Wenn Sylvia spazieren geht – allein oder mit der Familie –, führt sie oft einen Beutel mit sich, um achtlos weggeworfenen Müll aufzusammeln und zu Hause ordnungsgemäß zu entsorgen. Die jüngste Tochter läuft meistens vorneweg, singt wunderbare, selbst erdachte Lieder über die Natur und sammelt eifrig Müll aus der Landschaft. »Das ist schön und berührt mich«, sagt Sylvia. »Doch es macht auch traurig zu sehen, dass die Sechsjährige den unnötig produzierten und von anderen Menschen achtlos in die Landschaft geworfenen Müll aufheben muss. Darf es denn sein, dass unsere Kinder hinter uns aufräumen müssen, damit sie sich eine lebensfreundliche Umwelt erhalten?«

Irgendwann wurde Sylvia klar, dass sie einen größeren Beitrag leisten will. Dass es ihr um mehr geht, als nur die Milchtüte zu vermeiden und einen Beutel voller Müll aus der Natur zu sammeln. Mehr Wirksames zu erreichen, sich stärker für ihre Umwelt einzusetzen – das war die Agenda, und so gründete Sylvia ein kleines Start-up: minouki.

Um zu erklären, was minouki ist und wie es dazu kam, gehen wir zurück ins Jahr 2015. Damals begann ein neues Schuljahr, und Sylvias große Kinder kamen mit einer Liste nach Hause, auf der die notwendigen Besorgungen für die Schule aufgelistet waren. Unter anderem Heftumschläge – natürlich aus Plastik. Sylvia machte sich auf die Suche und fand in der Tat eine Alternative: einen Umschlag aus Papier. Nicht sehr stabil und »voll uncool«, fand die große Tochter. Es kostete oft Kraft, die Kids zu überreden, die Hefte damit einzuschlagen.

INFOBOX

In den Jahren von 1950 bis 2017 wurden weltweit 8,3 Mrd. Tonnen Plastik produziert. Plastik ist enorm energieintensiv, sowohl in der Herstellung (14 Prozent des geförderten Öls gehen in die Plastikproduktion) als auch im Recycling. Trotz Mülltrennung werden nur ca. zehn Prozent des Verpackungsmülls in einer Kreislaufwirtschaft genutzt. Wir finden unseren Plastikmüll in Müllverbrennungsanlagen, auf Müllhalden auf der ganzen Welt, in den Meeren und auf unseren Tellern und in unseren Körpern.

Somit gehört Plastikmüll nicht nur zu den größten Umweltverschmutzern, sondern ist massiv für die Erderhitzung mitverantwortlich.

Quelle: Fluter, Herbst 2021 / Nr. 80

Das muss besser gehen, dachte Sylvia damals, und gemeinsam mit ihrem Mann Mike, der als Mediengestalter arbeitete und mit seinem eigenen Umweltbewusstsein die ideale Unterstützung bot, begann sie, die Vision von einem stabilen und schönen Heftumschlag zu entwickeln und auch schon bald in die Tat umzusetzen. Der neue Heftumschlag sollte jedoch nicht nur Plastik einsparen und gut aussehen, sondern rundum nachhaltig sein. »Wir brauchen unsere Bäume, da darf wegen eines Heftumschlags kein einziger gefällt werden«, so Sylvia. Erst nach längerer Suche wurde ihr von einer ökozertifizierten Druckerei passendes Recyclingpapier vorgeschlagen, welches den minouki-Anforderungen genügte: hohe Stabilität, druckfest, altpapiertauglich, CO_2-Kompensation und mit Ökostrom produziert.

Die ersten 2.000 Umschläge wurden von Hand und mit Schwiegermutters Hilfe am Küchentisch gefaltet. Dann ab zum Schreibwarenhändler. Dem gefiel das Produkt, doch mit dem damaligen Kaufpreis von über zwei Euro sei es leider nicht verkäuflich. Trotzdem nahm er einen Schwung auf Kommission und war ziemlich überrascht, wie schnell die Umschläge über die Ladentheke gingen. Er orderte nach.

Als dann auch noch die großen Kinder strahlend aus der Schule kamen, weil zwei Lehrer gefragt hatten, wo es diese Heftumschläge zu kaufen gebe, war Sylvia klar: »Wir machen weiter.«

Heute wird nicht mehr am Küchentisch gefaltet, vieles ist automatisiert, und in den letzten vier Jahren wurden an den Schreibwarenhandel, an Privatkunden und an Schulen etwa 500.000 Umschläge verkauft. Ich stelle mir den eingesparten Plastikberg vor, doch Sylvia schüttelt den Kopf und erläutert mir, dass sei nur ein Tropfen auf den heißen Stein. Allein in der Bundesrepublik werden jährlich 80 bis 100 Millionen Heftumschläge verkauft. Was für ein Wahnsinn!

Umso beachtlicher ist der Weg, auf welchen sich Sylvia und ihre Familie gemacht haben. Eben nicht daran zu verzweifeln, dass ihr Engagement, global gesehen, nicht mal der berühmte Tropfen ist, und trotzdem weiter das Ziel zu verfolgen, ein bisschen weniger Müll zu produzieren, die Welt ein wenig sauberer zu halten, ein bisschen mehr Farbe in die Schultaschen zu bringen und vor allem die Kinder und Lehrkräfte darauf aufmerksam zu machen, dass es schöne Alternativen zu Plastik gibt.

Mit ihrer exzellenten Ausbildung in einer internationalen Marketingagentur hätte Sylvia Karriere machen können, sie hätte weiter reisen, den Duft der großen weiten Welt schnuppern können. Aber sie hat sich dafür entschieden, mit unermüdlichem Antrieb in ihrem Keller oder in kalten Lagerräumen ein gutes Produkt herzustellen und in die Welt zu bringen. Um noch mehr bewegen zu können, spendet sie übrigens freiwillig einen Teil des Umsatzes an die Kinder-und Jugendinitiative Plant-for-the-Planet. So hat minouki als kleines Unternehmen inzwischen knapp 3.000 Bäume finanziert. Und natürlich – wie es so ihre Art ist – färben sich Sylvias Wangen, wenn ich ihr Engagement hervorhebe. Sie lächelt leicht verlegen und sagt: »Ach, Stefan, das ist doch nicht der Rede wert.« So sind sie, die Held*innen des Alltags.

WEITERFÜHRENDE INFORMATIONEN

Internet:
- https://minouki.com/
- https://fluter.de/was-bringt-recycling

Literaturempfehlungen:
- Ein Leben ohne Müll. Mein Weg mit Zero Waste von Olga Witt, Tectum Wissenschaftsverlag
- Ohne Wenn und Abfall. Wie ich dem Verpackungswahn entkam von Milena Glimbovski, KiWi-Taschenbuch

© Guido Bach

GERHARD MÜLLER
VOM STAMMTISCH IN DEN WALD

Im Ruhestand Lebensräume bewahren, Menschen und Natur zusammenbringen, dabei das Klima schützen

Vom Stammtisch in den Wald. Vom Angebot anzupacken, wenn mal Not am Mann ist, zum Fulltime-Job. So erging es 2008 Gerhard Müller, seit 2005 Hauptmann im Ruhestand und passionierter Hobbykoch.

1951, in dem Jahr, in dem der erste vollautomatische Waschautomat auf den Markt kam und Hildegard Knef in *Die Sünderin* nackt über die Leinwand huschte und damit die prüde Republik erschütterte, kam Gerhard Müller in Bad Nenndorf als Spätgeborener zur Welt. Seine älteren Schwestern, die 1936 und 1941 geboren worden waren, hatten die Kriegszeit und vor allem die Nachkriegszeit miterleben müssen. Gerhard kann sich nicht mehr daran erinnern, auch nicht daran, dass er in seinen ersten Jahren mit seinen Schwestern und den Eltern in einem Raum zusammenlebte. »Mir hat es an nichts gefehlt, eigentlich bin ich in einer heilen Welt aufgewachsen«, sagt Gerhard. »Dabei waren wir im Grunde Flüchtlinge.« Die Eltern stammten ursprünglich aus Riesa an der Elbe. Wegen der britischen Kriegsgefangenschaft, in der sich zum Ende des Krieges der Vater befand, verschlug es die Familie bereits vor Gerhards Geburt nach Niedersachsen, wo sie die ersten Jahre auf einem Bauernhof untergebracht war. »Es gab immer genug zu essen, und ich konnte meine Kindheit recht unbeschwert genießen.« Zudem wurde der Wohnraum immer größer, und es gab ständig mehr von allem – eine Folge der »Wirtschaftswunderjahre«. Dafür wurde das Thema Krieg zu Hause ausgespart. Der Vater sprach nicht über die Kriegserlebnisse – ob aus Schuldgefühlen heraus oder wegen der traumatischen Erfahrungen, kann Gerhard nicht beurteilen.

Als junger Mann wollte Gerhard Pilot werden. Das war sein Traum. Also ging er 1971 zur Luftwaffe, um dort die Ausbildung zu beginnen. Nach den ersten Flugstunden empfahl man ihm, lieber mit der Bahn zu fahren. Grund war eine Störung des vegetativen Nervensystems, welches unter bestimmten Umständen Schwindel, Unwohlsein und Desorientierung auslöste – nicht die besten Voraussetzungen, um ein mit Waffen bestücktes Kampfflugzeug oder überhaupt einen Flieger zu steuern. Da Gerhard eine große Affinität zur Luftfahrt besitzt, bemühte er sich um eine andere Position bei der Luftwaffe und wurde Techniker. Er ging in die Flugunfalluntersuchung, spezialisierte sich auf Triebwerke. So war er viel unterwegs, wurde oft mit seinen Kollegen zu einer Absturzstelle gerufen, wo es darum ging, durch Aufklärung der Ursache weitere Unfälle zu vermeiden. Aufgrund dieser Aufgabe verschlug es ihn in den 1970er-Jahren ins bayerische Erding und ab 1986 ins Rheinland, wo er bis heute lebt und seit 2005 seinen Ruhestand genießt.

Im Jahr 2008 beschloss Gerhard, gemeinsam mit einem Freund den Jakobsweg zu gehen. Zu gehen, betont er, nicht zu pilgern. Denn es war eher die Frage, ob sie es schaffen würden, als die Suche nach sich selbst, nach Gott oder nach dem verloren gegangenen Glauben. Gerhard, der sich selbst als nicht religiös bezeichnet, reizte auch die Frage, wie das ist, sich nur um das Unmittelbare und Grundlegendste kümmern zu müssen. Nicht zu überlegen, was der Terminkalender sagt, ob der Kühlschrank noch gefüllt ist oder das Auto noch gewaschen werden muss, sondern nur zu überlegen, wohin der nächste Schritt führt, wo man die nächste Nacht verbringt und ob die Energie ausreicht, um den nächsten Anstieg oder die nächste Etappe zu bewältigen.

So legte er in drei Jahren drei Routen mit insgesamt 99 Etappen und etwa 2.500 Kilometer per pedes zurück. Die erste Etappe startete am Dreikönigsschrein am Kölner Dom und führte durch die Eifel bis nach Metz. Danach fiel sein Weggefährte aus persönlichen Gründen aus, und Gerhard ging die nächsten zwei Routen mit seiner Lebensgefährtin Dana. Es war ihnen wichtig, nicht auf der »Kerkeling'schen« Hauptroute zu wandern, im Gegenteil. Sie wollten die ruhigen Teile des Jakobsweges gehen. »Dabei hatten wir Tagesetappen, an denen wir manchmal den ganzen Tag kaum einem Menschen begegnet sind.« Dennoch kam es zu wunderbaren Begegnungen mit Pilger*innen und Wander*innen, und es entstanden Freundschaften, die bis heute Bestand haben.

Es gibt Menschen, die sagen, dass der Jakobsweg etwas mit ihnen gemacht, sie verändert hat. Nicht so Gerhard: »Es war ein großartiges Erlebnis, und wenn es die Gesundheit zulässt, werden wir wieder gehen, aber es hat mich persönlich nicht verändert«, so seine Einschätzung. Ist diese Betrachtungsweise die professionelle Nüchternheit eines Berufssoldaten oder eher ein Zeichen innerer Stabilität und Ausgeglichenheit? Diese Ausgeglichenheit und aufgeschlossene Selbstsicherheit, die er während des gesamten Interviews ausstrahlt?

Neben den Wanderungen und seiner Begeisterung fürs Kochen genießt Gerhard den Austausch unter Freunden am Stammtisch seiner Stammkneipe. Einige von ihnen engagierten sich schon länger beim Verschönerungsverein für das Siebengebirge (VVS) in Königswinter. Gerhard bot an, ab und zu mal mit anzupacken und zu helfen. Damals ahnte er noch nicht, dass er einmal der stellvertretende Vorsitzende des Vereins sein und aus seinem Angebot ein umfassendes Engagement entstehen würde, dem er heute 20 bis 40 Wochenstunden widmet.

Der VVS wurde 1869 gegründet, um das Siebengebirge, das ein Mittelgebirge vulkanischen Ursprungs in unmittelbarer Nähe zum Ballungsraum Köln, Bonn und Rhein-Sieg ist, zu schützen und zu erhalten. Die großen und leicht abbaubaren Basaltvorkommen ließen schon die Römer vor rund 2.000 Jahren fleißig graben und buddeln. Das Siebengebirge lief schon zu Beginn des 19. Jahrhunderts Gefahr, sein Gesicht zu verlieren, als der Basaltabbau immer systematischer und großräumiger vorangetrieben wurde – Gipfel wären abgetragen und der Wald zurückgedrängt worden. Das hätte das Landschaftsbild dauerhaft verändert. Die Veränderung oder Zerstörung großer Teile des Siebengebirges widersprach allerdings der damals gepflegten Rheinromantik, die vor allem Engländer auf Kreuzfahrtschiffen anlockte und somit für einen finanzstarken Tourismus sorgte. Grund genug, einen Verein zum Erhalt des Siebengebirges zu gründen, zumal dieser die volle Unterstützung der preußischen Regierung erhielt. Der Verein kaufte einzelne Parzellen, in denen er das Abtragen verhinderte. Zudem kaufte er einzelne Steinbrüche auf, legte diese still, und durch eine geschickte Wegepolitik versperrte der Verein den Bergbauunternehmen Stück für Stück die Zugänge zu ihren Abbauhalden, bis der wirtschaftliche Abbau von Basalt nicht mehr möglich war und eingestellt wurde.

Der Verein ist mittlerweile Besitzer von ca. 850 Hektar Wald, ist auf über 1.900 Mitglieder angewachsen und besitzt für seine Flächen bereits seit 1922 die Anerkennung als Naturschutzgebiet. 523 Hektar sind als Wildnisgebiet ausgewiesen. Wildnisgebiet bedeutet, dass die Natur sich dort weitestgehend selbst überlassen bleibt. Unbeachtet ökonomischer Interessen bleiben die Bäume bis zum natürlichen Absterben stehen, und endet ihr Leben nach mehreren hundert Jahren, bleibt das zur Artenerhaltung so wichtige Totholz im Wald. Ziel des VVS ist es heute, geschützte Natur und Naherholungserlebnis zu vereinen. »Was eine große und permanente Herausforderung darstellt«, so Gerhard, »denn die 2,5 Millionen Besucher pro Jahr und der Schutz der Natur sind nicht immer leicht in Einklang zu bringen.«

Eine weitere Herausforderung, die mittlerweile einer Herkulesaufgabe gleicht, ist, sich der Schädigung des Waldes durch die letzten extremen Hitze- und Trockenjahre entgegenzustellen. Die geschwächten Bäume sind das ideale Opfer für Borkenkäfer, die teilweise irreparable Schäden hinterlassen. Zwar ist das Siebengebirge durch seinen Mischwaldbestand und die relativ kleinen Fichtenflächen verhältnismäßig gut geschützt, dennoch reißen die Borkenkäfer und der damit verursachte Kahlschlag unschöne Lücken in die Waldbestände, die nun wieder zu füllen sind.

So hat Gerhard in der Waldsaison 2021/22 in Zusammenarbeit mit dem ansässigen Förster und gemeinsam mit ehrenamtlichen Helfer*innen, den örtlichen Pfadfindern und Mitarbeiter*innen von baumspendenden Unternehmen ca. 12.000 neue Bäume gepflanzt. »Wir hoffen, damit einen Beitrag zu leisten, um die Probleme des Naturschutzes, aber auch der Forstwirtschaft der Bevölkerung zu vermitteln.« Die Leistung von Gerhard und seinen vielen Mitstreiter*innen bildet einen direkten Beitrag zum Klima- und Artenschutz und somit zum Schutz der Menschheit.

Gerhard ist kein Sozial- oder Ökoromantiker. Er selbst sagt: »Ich bin gerne im Wald, aber ich liebe ihn nicht.« Er umarmt auch keine Bäume. Der Wald ist für ihn ein multifunktionaler Raum, der CO_2 speichert und als Naherholungsgebiet dient. 20–40 freiwillige Wochenstunden für etwas, was er nicht liebt? Hört man Gerhard zu, ist man schnell von seiner ruhigen Begeisterung und von seinem enormen Wissen über den Wald gefesselt. Da fragt man sich schon, welche Kräfte er erst freisetzt, wenn er zu lieben beginnt.

Seit seinem Engagement im VVS hat Gerhard aktiv mitgeholfen, einige Zehntausend Bäume zu pflanzen. Weltweit geht man heute von einem Bestand von ca. drei Billionen Bäumen aus, jeder Baum ein Kraftwerk der Natur. So groß diese Zahl auch scheint, sie darf nicht darüber hinwegtäuschen, dass ca. 50 Prozent des Waldes seit der Besiedlung des Planeten durch den Menschen verloren gegangen sind. Ebenso, dass die Wissenschaft der Ansicht ist, dass

INFOBOX

Wälder bedecken ca. 30 Prozent der deutschen Flächen und haben eine wesentliche Bedeutung für die Artenvielfalt, für Boden- und Luftqualität, für unser Klima und unser Wohlbefinden. Wälder sind gigantische Kohlenstoffspeicher. Seit 2018 leidet allerdings der deutsche Wald massiv unter ungewöhnlich heftigen Stürmen, anhaltender Dürre und dem Borkenkäferbefall. Laut dem letzten Waldbericht des BMEL umfasst die zerstörte Waldfläche in Deutschland 277.000 Hektar. Dies entspricht in etwa der Fläche des Saarlandes.

das Anpflanzen von Bäumen und vor allem das Schützen von bestehenden Waldgebieten zu DEN Voraussetzungen gehören, wenn wir das Leben auf diesem Planeten erhalten wollen.

Wir sollten alles tun, um den Bestand weltweit wieder zu erhöhen, um das Klima zu stabilisieren und die Biodiversität vor weiteren Verlusten zu schützen. Wäre es nicht wunderbar, hätten wir alle Gerhards Kraft, unsere Zeit für die Erhaltung der Lebensbedingungen, das Schützen und Pflanzen von Bäumen einzusetzen? Ich, Jeannette, möchte noch ergänzen, dass das Spenden von Jungbäumen eine wunderbare Möglichkeit für Unternehmen ist, sich zu engagieren. Ich bin selbst Mitglied in der Waldgenossenschaft Bardenitz e. V., und wir konnten dank der vielen Spenden nach dem verheerenden Waldbrand 2018 bei Treuenbrietzen einen Großteil der Flächen wieder aufforsten – nicht als Kiefernforst wie davor, sondern als Mischwald.

WEITERFÜHRENDE INFORMATIONEN

Internet:
- https://www.vv-siebengebirge.de/
- https://www.bmel.de/DE/themen/wald/wald-in-deutschland/waldbericht2021.html
- https://tag-des-waldes.de/7-tipps-mit-denen-wir-dem-wald-helfen/

Literaturempfehlungen:
- Das geheime Leben der Bäume von Peter Wohlleben, Heyne Verlag
- Waldsterben 2.0? Klimawandel, Globalisierung & Borkenkäfer von Bernhard Henning, Morawa Lesezirkel GmbH
- Die Wurzeln des Lebens von Richard Powers, Fischer Verlag

© Sophia Artmann

BEATRIX (TRIXI) FUCHS
AUS DER STEUERKANZLEI IN DIE GREENPEACE-JACKE

»Nehmt die Klimaherausforderung endlich ernst, und hört auf mit eurem lächerlichen Gezänk.«

»Mir ist das mittlerweile alles egal«, sagte der junge Mann, der zwei Kindern an der Hand hatte. »Mir ist klar, dass das Ganze hier eh gegen die Wand knallt, da nehme ich auf gar nichts mehr Rücksicht.«

»Aber Sie haben doch zwei …«, versuchte Trixi ihm zu entgegnen.

»Das spielt alles keine Rolle mehr«, antwortete der Mann und ging.

Trixi sah mich, Stefan, an und konnte ihre Tränen nicht mehr zurückhalten. Tränen der Trauer über die in diesem Moment erlebte Mutlosigkeit.

Das Ganze spielte sich im Frühling 2020 ab. Wir standen, eingehüllt in grüne Greenpeace-Jacken, mit einigen Menschen vor einem der vier großen Einzelhändler, die mit billigem Fleisch Kunden anlocken und gleichzeitig die Lebensbedingungen auf unserem schönen Planeten zerstören. Es war mal wieder einer dieser zermürbenden Tage, an denen man sich fragt, wie es sein kann, dass die Menschen sich so in ihrem hektischen Alltag, in ihren tausend nötigen und unnötigen Sorgen verfangen, dass sie es nicht einmal mehr schaffen aufzusehen. Tage, an denen man sich fragt: »Warum mache ich das hier überhaupt?«

Ich, Stefan, mache es nicht zuletzt, weil ich Menschen wie Trixi treffe und kennenlernen darf. Menschen, die so aufrichtig, stolz, mutig und zugleich mitfühlend sind, dass sie ihre Tränen nicht zurückhalten, wenn sie sehen, dass ein Mensch sich und seine Kinder aufzugeben scheint.

Trixi engagiert sich in vielen Bereichen für die Umwelt und für die Menschen. Ich kann sie ohne Übertreibung als eine der Stützen der Münchner Greenpeace Landwirtschaftsgruppe bezeichnen. Zudem ist sie aktiv bei den Parents for Future, organisiert Vorträge zur nachhaltigen Lebensführung in Kirchengemeinden, bietet Seminare an und engagiert sich bei der Initiative Nachhaltige Steuerkanzlei.

Auch wenn man es dort nicht unbedingt verorten würde – gerade bei den Steuerberater*innen liegt großes Potenzial. Nachhaltigkeit bedeutet ja, effizient mit Ressourcen umzugehen und somit wirtschaftlich zu arbeiten. Das betrifft die Steuerkanzleien direkt und natürlich deren Kunden, die oftmals gerne umweltschonender arbeiten würden, jedoch einfach nicht wissen, wie.

Bis vor drei Jahren hatte Trixi eine eigene, 1999 gründete Steuerkanzlei. Steuerberater*in zu sein ist, wie sie sagt, ein richtig stressiger Beruf. Ständig ändern sich die Regeln und Gesetze. Zudem steckt eine enorme Verantwortung für die Mandanten dahinter. Eine Verantwortung, die auch bei Trixi für manch schlaflose Nacht sorgte. »Weißt du, Stefan«, sagt sie, »wir haben richtige Herausforderungen auf dieser Erde zu bestehen, und unsere Mandanten bekamen so richtigen Ärger, wenn sie auch nur versehentlich einen falschen Beleg abgaben oder es einen Fehler in der Führung des Fahrtenbuches gab. Jeder Verstoß eine Straftat! Gleichzeitig laufen auf anderer Ebene die richtigen Deals. Deals, die die Steuergerechtigkeit ins Wanken bringen und null Rücksicht auf die Umwelt und die Mitmenschen nehmen. Das ist doch nicht gerecht!«

Ihr Unmut darüber mündete in die Fragen »Was mache ich hier?« und »Ist das ein sinnvoller Umgang mit meiner (Lebens-)Zeit?«. Nachdem Trixi das für sich geklärt hatte, veräußerte sie ihre Kanzlei und berät und hilft seither anderen Steuerkanzleien, ihr Umfeld besser, smarter zu organisieren. »So bleibe ich meinem alten Beruf treu, kann jedoch unterstützen, wo und wenn ich mag, und habe viel Zeit gewonnen, um diese sinnvoll einzubringen.«

Trixis Kraft und Mut erschließen sich wie bei so vielen Alltagsheld*innen nicht auf den ersten Blick. Trixi ist ein leiser, sehr höflicher, zurückhaltender Mensch. Wenn es allerdings darum geht, Werte zu vertreten, dann wird sie zur Riesin, die ich nicht als Feindin haben möchte. Sie scheut weder vor der Diskussion mit einem Landwirt, der sie um zwei Köpfe überragt und dreimal so wuchtig erscheint, noch davor zurück, in die Bayerische Staatskanzlei zu marschieren und dem verantwortlichen Staatssekretär einen Forderungskatalog für eine menschen- und tierwürdige Landwirtschaftspolitik auf den Tisch zu legen und diese mit ihm zu diskutieren. Dabei ist sie immer sachlich, höflich, stets professionell und gut vorbereitet.

Nachdem sie ein paar Jahre gezögert hatte, schloss sie sich vor ca. acht Jahren der Greenpeace-Gruppe in München an. »Die haben mir schon immer imponiert. Zudem bewirken die was, und sie stehen für die richtigen Themen ein.« Auslöser, sich stärker für die Umwelt einzusetzen, war das Verhalten ihrer engsten Freund*innen und Bekannten. »Deren punktuelle Ignoranz trieb mich in den Wahnsinn.« Da gab es das Gespräch darüber, wie ernst doch die Lage auf dem Planeten sei, um Minuten später zu berichten, dass gerade der zweite Urlaubsflug gebucht worden war. Es wurden die unsäglichen Haltebedingungen von den Tieren beklagt, während sie das Grillfleisch servierten. »Da musste ich aufstehen

INFOBOX

Parents for Future ist eine Graswurzelbewegung, die Widerstand gegen angedrohte Sanktionen des NRW-Schulministeriums gegen die Klimastreiks von FFF organisierte. Schnell wurde daraus eine bundesweite Organisation, in der sich Eltern für das Wohl und den Schutz ihrer Kinder einsetzen. Ziel ist es, engagierte Eltern zusammenzubringen, um die FFF-Bewegung zu stärken.

und Gleichgesinnte suchen.« Die fand Trixi in der Gemeinschaft der Regenbogenkämpfer. »Außer, dass ich mich dort voll für die Umwelt einsetzen kann, finde ich starke Menschen, die mir Halt und Kraft geben.«

Mit dem Aufkommen der Fridays-for-Future-Bewegung brach eine ungeahnte Welle über Deutschland, ja über die ganze Welt herein. Die Kinder, personifiziert durch Greta Thunberg, hielten der Gesellschaft den Spiegel vor. Sie schrien uns ins Gesicht: »Schaut, was ihr mit unserer Welt gemacht habt und wie ihr uns unsere Zukunft klaut! How dare you?« Das saß, sagt Trixi. Es war für sie faszinierend zu sehen, wie sprach- und hilflos unsere Politiker*innen und die Mächtigen der Welt darauf reagierten. In der Folge gab und gibt es sie immer noch – die Reihe von Fehltritten à la Lindner. Dem FDP-Mann, der meinte, die Kinder verstünden nichts vom Klimawandel, das sollten sie doch besser den Profis überlassen. Doch die Antwort kam schnell. Die Wissenschaft stellte sich mit den Scientists for Future hinter die Fridays und legitimierten deren Forderungen. Zudem kam Unterstützung von den Eltern, die ihre Kinder teilweise vor öffentlichen Angriffen, vor Lehrer*innen und Rektor*innen schützen mussten. Daraus bildeten sich die Parents for Future – eine echte Graswurzelbewegung aus der Mitte der Gesellschaft, der sich Trixi anschloss. »Es ist enorm, wie schnell und kraftvoll sich hier Menschen zusammenfinden, um nicht nur ihre Kinder, sondern auch um ihren Planeten zu schützen.«

Eine Stärke von Parents for Future ist, dass sie leichteren Zugang zu Entscheider*innen bekommen als Engagierte unter der Greenpeace-Flagge. Wer schickt schon besorgte Eltern weg? Die Dynamik, die dort vorherrscht, ist klasse und macht Spaß. Besonders schön findet Trixi, dass sich jeder und jede ohne jede Hürde oder Verpflichtung bei den Parents for Future für die Zukunft der Kinder einsetzen kann.

Was Trixi allerdings nach wie vor wütend macht, sind die sogenannten Klimaleugner*innen und Profiteur*innen des heutigen Systems. Die Wissenschaft ist sich doch so einig wie sonst nie, dass

Was uns (P4F) wichtig ist:
- Wir sind solidarisch mit den Kindern und Jugendlichen von FFF und deren Zielen.
- Unser Einsatz dient einer lebenswerten Zukunft, die das Wohlergehen der Menschheit, der Erde und ihrer natürlichen Kreisläufe zum Ziel hat.
- Wir sind unabhängig von Parteien, Institutionen, Unternehmen, Organisationen & Verbänden, gleichzeitig aber offen für Kooperationen mit Menschen, die sich vorbehaltlos und ehrlich für den Klima- und Umweltschutz einsetzen.
- Wir unterstützen effektive, gemeinsame Aktionen zum Thema Klimaschutz.
- Unser Ziel ist es, die verändernden Kräfte vor Ort zu stärken, sofern sie mit unseren Zielen übereinstimmen (Prinzip der Graswurzelbewegung).
- Unsere Kommunikation und unser Handeln basiert auf einem respektvollen, wertschätzenden Umgang miteinander und ist frei von Gewalt und Diskriminierung in jeglicher Form auf inhaltlicher, sprachlicher und ausführender Ebene.

Original von: https://parentsforfuture.de/de/wie-alles-entstand-und-wie-wir-arbeiten

---

wir uns in der menschengemachten Klimakrise befinden und auf die Katastrophe zusteuern. Sollten wir nicht ganz schnell gegenlenken? »Manchmal kann ich mir den Unsinn nicht mehr anhören. Ich ertrage es einfach nicht mehr.« Sie fragt sich, woher diese Ignoranz kommt, findet jedoch keine Antwort. Allerdings wäre Trixi nicht Trixi, wenn ihr das nicht zusätzliche Kraft gäbe. Wenn ihr Optimismus nicht siegen und sie nicht die Ärmel noch ein Stück weiter hochkrempeln würde. »Wir sind Bürger*innen, wir haben Rechte und es ist nicht recht, was ihr (die Mächtigen) mit uns macht. Und wir stehen so lange auf, bis auch ihr versteht, dass die Dinge sich ändern müssen.«

»Was hinterlassen wir unseren Kindern?«, fragt sie mich und schaut ins Leere. Dann grinst sie und berichtet davon, dass ihr Sohn das mit dem Überzeugen richtig cool macht. »Er weist die Menschen darauf hin, dass sie mit dem hohen Fleischkonsum weder sich noch der Umwelt oder den Tieren etwas Gutes tun. Aber das macht er in einer lockeren Art. Der ist nicht so verbissen wie ich, von ihm kann ich noch lernen.«

Bei all dem Engagement müsste man meinen, Trixi hätte für nichts anderes mehr Zeit. Weit gefehlt. Zum Zeitpunkt des Interviews betreute sie seit Jahren ihre schwer kranke und bettlägerige Mutter. Man könnte sagen, sie begleitet sie auf der letzten langen Reise. Trixi verbringt viel Zeit mit ihrem Mann und mit Lotti, ihrer Hündin, in der Natur. Zudem ist ihr die Zeit mit ihren Kindern wichtig, ebenso die mit ihren manchmal irritierten, jedoch ungemein liebenswerten Freund*innen und Bekannten.

Zum Schluss der Interviews frage ich, was sie gerne den Politiker*innen mitgeben würde. »Da gäbe es 1.000 Dinge, aber vor allem: Nehmt die Klimaherausforderung endlich ernst, und hört auf mit eurem lächerlichen und unsäglichen Parteiengezänk.«

Gut, solche Verbündete neben sich zu haben. Gut, solche Held*innen zu kennen!

WEITERFÜHRENDE INFORMATIONEN

Literaturempfehlungen:
- Fridays for Future – Perspektiven einer Graswurzelbewegung Facharbeit im Seminarfach »Zukunftsfähigkeit« von Lasse Niermann, Independently published
- Klimagerechtigkeit Warum wir eine sozial-ökologische Revolution brauchen von Elias König, Unrast Verlag

Internet:
- https://parentsforfuture.de/de/
- https://www.klima-kit.de/
- https://omasforfuture.de/

ANDRÉ WIERSIG
BOTSCHAFTER DER MEERE

Der Mann, der mit dem Wal schwamm und uns
die geschundenen Meere näherbringt

Atemzug um Atemzug, Beinschlag um Beinschlag, Armzug um Armzug. Vor und hinter ihm kein Land in Sichtweite. Lediglich das Begleitboot taucht beim Atemholen hin und wieder im Blickfeld auf. Ansonsten ist er allein mit sich – inmitten des unendlich scheinenden Pazifischen Ozeans, im Kaiwi-Kanal zwischen den Hawaiianischen Inseln Moloka'i und O'ahu, Luftlinie 42 Kilometer. Es ist der zweite Kanal von sieben – den Ocean's Seven –, die er durchschwimmen wird.

Während er in der Dunkelheit, die aus der Tiefe des Meeres aufsteigt, Kilometer um Kilometer hinter sich lässt, schiebt sich plötzlich etwas hell Schimmerndes, etwas Riesiges unter ihm nach vorne. Eine gigantische graue Masse, die immer deutlicher wird. »Jetzt fang ich an zu spinnen«, denkt André im ersten Moment. »Hier kann es keine Sandbank geben«, schließt sich der nächste Gedanke an. »Und vor allem überholt die mich nicht.« Dann durchzuckt es ihn, und ihm wird klar: »Unter mir schwimmt gerade ein Buckelwal. Er ist unglaublich groß und ich dagegen so winzig klein.«

André wusste, dass ein Buckelwal niemals einen Menschen angreift. Trotzdem bewegte ihn in diesem Augenblick die Frage: »Was geschieht, wenn ich aufhöre zu schwimmen, wenn er so weit herankommt, dass meine Beine ihn berühren können? Was, wenn ich auf dem Wal stehe? Wird er hochschnellen und mich mit seiner gewaltigen Masse durch die Luft schleudern oder mit seiner Fluke treffen?« Nichts davon passiert. Und so beruhigt sich André, schwimmt weiter, genießt allerdings erst im Nachhinein diesen unglaublichen Moment. Der Wal ist auf dem Weg wie er, und André weiß, dass das Leben ihm soeben ein einzigartiges Erlebnis geschenkt hat.

Was treibt einen Menschen an, fast nackt, nur mit Badehose, Schwimmbrille und Kappe ausgestattet, durch Meerengen auf aller Welt zu schwimmen? Wie kommt jemand, der in Paderborn aufgewachsen ist – also in einer Stadt, die man nun nicht unbedingt mit Weltmeeren in Verbindung bringen würde –, dazu, zu einem der weltbesten Kanalschwimmer und gleichzeitig zu einem Botschafter der Meere zu werden?

Geboren wurde André in Bochum, und obwohl er im Alter von sechs Jahren mit seinen Eltern nach Paderborn zog, sagt er: »Das Ruhrgebiet steckt noch immer in mir.« Der Satz lässt uns Autor*innen ein bisschen schmunzeln, denn fast dieselben Worte hat Antje Grothus, die wir ebenfalls für dieses Buch porträtiert haben, benutzt, als sie von ihrer Geburtsstadt Bochum erzählte. Aber das nur am Rande.

André war recht früh auf sich selbst gestellt und es gewohnt, allein mit sich zu sein. Sein Vater arbeitete beim damaligen Computerpionier und Visionär Heinz Nixdorf, die Mutter war ebenfalls ganztägig beschäftigt. So waren seine Eltern weit von dem entfernt, was man heute Helikoptereltern nennt. »Ich kann mich nicht erinnern, dass meine Eltern mich auch nur ein einziges Mal zur sechs Kilometer entfernten Schule gefahren hätten.« Er durfte frei wählen, ob er zu Fuß oder mit dem Fahrrad zur Schule kam. Egal bei welchem Wetter. »Ich war glücklich und genoss es, schon früh selbstständig zu sein und mit mir allein klarzukommen.« Eine Fähigkeit, die ihm später bei der Realisierung seiner Träume von großem Nutzen sein würde.

Eines Tages, in einer Vorbereitungsstunde zur heiligen Kommunion, verlor André, damals elfjährig, das Bewusstsein und sackte in der Kirche zusammen. Es war nicht das erste Mal, dass das passierte. Der Arzt diagnostizierte bei der Untersuchung einen zu geringen Blutdruck und verordnete André, regelmäßig Sport zu treiben, was dazu führte, dass seine Mutter ihn in einem Schwimmverein anmeldete, wo er sich mit viel Leidenschaft dem regelmäßigen Training und später auch Wettkämpfen widmete. Parallel schloss er die Regelschulzeit mit der Mittleren Reife ab, fügte das Fachabitur an, absolvierte anschließend eine Ausbildung zum Einkaufsassistenten und arbeitete als Einkäufer eines großen Einzelhändlers. 1995 begann André noch ein BWL-Studium, das er allerdings drei Jahre später abbrach, als ihm ein gutes Jobangebot in der IT-Branche gemacht wurde.

Angetriggert durch einen Freund und seine Fähigkeit, richtig schnell Rad fahren zu können, entdeckte André irgendwann den Triathlon für sich. Wie zunächst fast jede*r Athlet*in begann er auf der olympischen Distanz und wechselte später auf die Langstrecke. 2002 qualifizierte er sich für den Hawaii Triathlon – der Traum jedes Triathleten – und schloss den Wettkampf, obwohl er aufgrund seines Körpergewichts ein eher mäßiger Läufer war und ist, mit einem hervorragenden 186. Platz ab.

André war schon als Kind vom Meer extrem fasziniert, und wenn er im Sommerurlaub war, verbrachte er die Tage am liebsten von morgens bis abends im Wasser. Und da bei vielen Triathlonwettkämpfen der Schwimmpart ja auch im Freiwasser absolviert wird, war André mit dem Freiwasserschwimmen bestens vertraut. So dachte er jedenfalls, als er bei einem Besuch im Februar auf Ibiza zu der 300 Meter entfernten Boje schwimmen wollte, auf der er im Sommer, wie er selbst sagt, »gern abhängt, um das Treiben am Strand zu beobachten«. Also ab in die Badehose und schnell rein ins Wasser. Aber: »Schock! Ich war schneller wieder draußen als drinnen.« Das Wasser hatte ca. 13 °C. »Das kann doch kein Hindernis sein«, dachte sich der erfahrene Schwimmer und versuchte es gleich noch mal. Aber weiter als bis zum Hals kam er nicht. Nichts zu machen. Er schaffte es einfach nicht, diese »läppischen« 300 Meter zu seiner Boje zu schwimmen. Ein Erlebnis, das Konsequenzen hatte und eines jener lebensverändernden Schlüsselmomente war, die wir alle irgendwie erleben, jedoch meist erst später als solche erkennen. Für André brachte es die Erkenntnis, dass er dieses Scheitern nicht akzeptieren wollte. Es ließ ihn einfach nicht mehr los. »Ich komme wieder«, dachte er sich und brachte damit den sprichwörtlichen Ball ins Rollen, der ihn bis heute bewegt.

Angestachelt vom eigenen Willen, begann André alles darüber zu lesen, wie man es schafft, mit der Kälte im Wasser klarzukommen. Er las über die Kanalschwimmer, die den Ärmelkanal durchschwammen, stundenlang bei Temperaturen um die 15 °C im Wasser waren und unglaubliche Distanzen zurücklegten. »Da wusste ich, ich kann mich an die Kälte gewöhnen und dann zur Boje schwimmen.« Er begann damit, morgens 20 Sekunden lang eiskalt zu duschen. »Nur 20 Sekunden, aber das tat so weh«, lacht André. Dann steigerte er die Zeremonie und duschte am Ende jahrelang nur noch kalt. Ob Haarewaschen oder Rasieren – egal, es musste kalt sein. André berichtet, dass man sich nie wirklich an die Kälte gewöhnt und dass er manchmal minutenlang vor der Dusche stand, bis er sich überwinden konnte und sich in den Wasserstahl stellte. Auch war er sich nicht sicher, ob das Abhärtungstraining für seine private 300-Meter-Challenge ausreichen würde. Also kaufte er sich zusätzlich eine Wassertonne, die er im Carport aufstellte und mit Wasser füllte. Als es richtig kalt wurde, legte er eine Styroporplatte aufs Wasser, um das Gefrieren zu verhindern, was nicht immer gelang, sodass er ab und zu das Eis aufschlagen musste, damit er in seine Tonne steigen konnte. Die Strategie lautete fortan: morgens kalt duschen, abends ab in die Tonne. »Wenn andere aufs Sofa gingen, ging ich in die Tonne.« Ein Jahr ging das so, dann stand er wieder am Strand von Ibiza, und da war sie, die Boje. Also Badehose, Brille, Kappe an, ab ins Wasser und schwimmen.

Mit der Erfahrung des Erfolgs im Gepäck entwickelte André eine immer größere Faszination für das Langstreckenschwimmen. »Wie können Menschen Meerengen und Kanäle durchschwimmen bei Wassertemperaturen, bei denen die meisten von uns nicht mal fünf Minuten die Zehen reinstrecken? Wie kann man stundenlang ohne jeden Schutz durch den Ozean schwimmen, vorbei an Haien, Quallen, und sich diesen für Menschen unwirklichen Elementen aussetzen?«, das waren Fragen, die ihn bewegten und gleichzeitig anspornten.

Und dann war es so weit. Im September 2014 durchschwamm André den Ärmelkanal von England nach Frankreich, knapp 34 Kilometer auf offener See, in nicht mal zehn Stunden. Danach folgten weitere sechs Kanäle, um die Ocean's Seven vollzumachen. Ocean's Seven ist ein Wettbewerb, den der Amerikaner Steven Munatones 2009 ins Leben gerufen hat. Er orientierte sich damit an dem Wettbewerb Seven Summits, der Besteigung der höchsten Berge der sieben Kontinente. Apropos Bergsteigen. Eines der großen Vorbilder Andrés ist Reinhold Messner, den er gerne mal treffen und sprechen würde. »Reinhold hat der Welt gezeigt, was möglich ist. Hat als erster Mensch die Achttausender ohne Sauerstoff bestiegen. Reinhold hat seine Neugierde nicht mit der Erfahrung derjenigen, die wissen, was alles nicht geht, begraben lassen«, so André.

Zudem hat er eine Prämisse verfolgt, die auch für André Leitlinie geworden ist: »Wenn wir der Natur ohne technische Hilfsmittel nicht gewachsen sind, dann sollten wir das voller Respekt anerkennen und da wegbleiben. Ich meine, würden nur die Menschen die Giganten des Himalajas besteigen, die es ohne Sauerstoff aus der Flasche draufhaben, dann hätten wir dort oben nicht solche Müllhaufen.« Was für die Berge gilt, postuliert er auch für sich

---

»Wie soll man sich vorstellen, dass Jahr für Jahr zig Millionen Tonnen an Plastikmüll in die Meere fließen? Wie soll man sich vorstellen, dass Milliarden Tonnen Polareis schmelzen, Meeresströmungen und das Wetter beeinflussen? Wie soll man sich vorstellen, dass Thunfische, Haie und andere Tiere nahezu vom Aussterben bedroht sind? Wie kann man etwas, das Milliarden Jahre alt und so groß und tief ist, aus dem alles Leben entspringt, wie kann man so etwas Wunderbares so schlecht behandeln und zurichten?«

Quelle: Nachts alleine im Ozean von André Wiersig

und seinen Sport. »Wenn ich in den Ozean steige, um die Meerengen zu durchschwimmen, so habe ich mich seinen Gesetzen und Regeln anzupassen. Nicht andersherum.« Das ist der Grund, warum André nur mit Badehose, Schwimmbrille und Kappe ausgestattet ohne technischen Schutz vor Haien oder Quallen schwimmt. Sein bis zum Interviewzeitpunkt letztes Abenteuer war die Bewältigung der Strecke von St. Peter-Ording nach Helgoland. Das hatte vor ihm noch keine*r geschafft.

Nach all den Erfolgen ist es mittlerweile nicht mehr nur die körperliche Herausforderung, die ihn antreibt. Ausgelöst durch bedrückende Erlebnisse, die er während der vielen Stunden, die er in den Ozeanen und Meeren dieser Welt verbracht hat, hatte, betätigt sich André heute als Botschafter der Meere für die Deutsche Meeresstiftung. »Es macht was mit dir, wenn du nachts mitten im Ozean in eine Plastikplane schwimmst oder mit dem Kopf gegen eine Europalette knallst. Wenn du dich fast in Tauen verheddest oder Massen an Quallen begegnest, die sich nur so vermehren können, weil wir Menschen deren natürlichen Fressfeinde ausgerottet

---

Die Weltmeere bedecken ca. 70 Prozent der Erdoberfläche. Ihre Stabilität sichert das Leben auf der Erde. Sie speichern rund 90 Prozent der Wärme und rund 25 Prozent des CO_2, produzieren 70 Prozent unseres Sauerstoffs und transportieren über ihre Ströme wie ein Heizungssystem Wärme dorthin, wo sie zum Leben benötigt wird. Sie dienen uns als Nahrungsquelle und Rohstofflieferanten. Dieses und vieles mehr leisten die Meere für uns.
Doch was tun wir? Wir beuten sie aus – permanent und erbarmungslos. Wir nutzen die Meere als Müllhalde. In unserem unstillbaren Hunger nach Rohstoffen industrialisieren wir die Tiefsee. Unsere Landwirtschaft flutet die Meere mit Stickstoff und Phosphor. Wir entziehen nicht nur den wunderbaren Meeresbewohnern die Lebensgrundlagen, sondern auch uns selbst.
Daher fordern Wissenschaftler*innen, bis 2030 mindestens 30 Prozent der Weltmeere umfassend zu schützen, und Ziel 14 der SDGs der Vereinten Nationen lautet: Ozeane, Meere und Meeresressourcen in Sinne nachhaltiger Entwicklung erhalten und nachhaltig nutzen.

haben. Als Freiwasserschwimmer bist du all dem unmittelbar und schutzlos ausgeliefert. Wie mag es da erst den Meeresbewohnern, die seit Jahrmillionen die Ozeane bewohnen, ergehen? Den Haien, den Thunfischen und den Millionen anderen Tierarten, die auch das Recht haben, hier zu sein, und deren Lebensgrundlagen wir zuerst zerstören und damit dann natürlich auch unsere eigenen?«

André nutzt seine Erlebnisse und seine Popularität, um auf diese verhängnisvollen Missstände aufmerksam zu machen. Es ist sein Ziel, die Auswirkungen der Menschen auf die Meere in Sachen Vermüllung, Überfischung und Klimawandel, aber auch den nachhaltigen Umgang mit den Meeren in unser Bewusstsein zu rücken. »Ich möchte das, was ich liebe, beschützen und bewahren. Ich sehe mich als Botschafter der Meere und möchte jeden einladen und mitnehmen zu erkennen, wie schön und wie wichtig die Meere für unser eigenes Überleben sind«, sagt André.

Ist es nicht traumhaft, wenn wir unsere Leidenschaft und die Bereitschaft, Grenzen zu überwinden, nutzen, um auf das Zerstörungspotenzial und den Erhalt unserer Lebensbedingungen hinzuweisen? Und dafür müssen wir keine Meerengen durchschwimmen, sondern einfach nur über das sprechen, was für uns, unsere Mitmenschen und die Erde wichtig ist. Danke, André, für diese Inspiration.

WEITERFÜHRENDE INFORMATIONEN

Literaturempfehlungen:
- Das Ozeanbuch. Über die Bedrohung der Meere von Esther Gonstalla, oekom verlag
- Meeratlas. Daten und Fakten über unseren Umgang mit dem Ozean von der Heinrich-Böll-Stiftung. Online: https://www.boell.de/de/2017/04/25/meeresatlas-daten-und-fakten-ueber-unseren-umgang-mit-dem-ozean

Internet:
- http://www.meeresstiftung.de/
- https://www.awi.de/
- https://www.greenpeace.de/biodiversitaet/meere/meeresschutz
- https://www.nationalgeographic.de/umwelt/was-unsere-meere-bedroht
- https://www.umweltbundesamt.de/themen/wasser/meere/meeresschutz-geht-uns-alle-an#gemeinsam-fur-den-meeresschutz

Der direkte Draht zu André:
- https://www.andre-wiersig.com/
- Literatur: Nachts allein im Ozean. Mein Weg durch die Ocean's Seven von Andrè Wiersig, Eriks Buchregal
- Hörbuch: Ein Mann des Meeres. André Wiersig erzählt sein Schwimmen durch die Ocean's Seven

ALEXANDER VOGT
HERZENSWÄRME UND GLEICHMUT

*Teilen, um zu wachsen. Der Weg zum eigenen Glück geht nur
über das Glück anderer*

Vor mir sitzt ein Mensch, der dem Klischee eines buddhistischen Lehrers exakt entspricht. Alexander strahlt eine tiefe Ruhe, Herzenswärme und einen Gleichmut aus, dass ich mich direkt wohl- und geborgen fühle. Er ist ein Bär von einem Mann, hat dunkle gräuliche Haare, buschige Augenbrauen, hell leuchtende Augen, und sein Gesicht zeigt ein zufriedenes Lächeln. Die sonore Stimme zieht einen förmlich in den Bann. Gleichzeitig sitzt da ein Mensch ohne jeglichen Dogmatismus, dafür voller Humor und mit einem guten Schuss Selbstironie ausgestattet. Jemand, der spürbar mit sich im Reinen ist, der in sich ruht und gleichzeitig hellwach sein Umfeld reflektiert.

Manche Menschen schlagen morgens die Augen auf und wissen plötzlich, dass etwas anders ist, dass sie die Welt verändern wollen. Andere wiederum lesen ein Buch, schauen eine Dokumentation, oder Freund*innen bewegen sie dazu, sich für die Welt oder für andere Menschen einzusetzen. Und dann gibt es die, die beabsichtigen einfach, ihren eigenen Weg zu suchen und zu gehen, um sich selbst zu finden – Menschen wie Alexander. Menschen, die auf dem Weg sind und beim Gehen feststellen, dass sie sich nur finden und retten, wenn sie anderen helfen, sich selbst zu retten.

Alexanders Mutter Giesela wurde viel zu früh Mutter. Mit 17 Jahren schwanger, 18, als ihr Sohn das Licht der Welt erblickte. Wie so oft bei jungen Eltern stellten auch Alexanders schnell fest, dass ihre Beziehung nicht für die Ewigkeit geschaffen war, und trennten sich. Alexander war zu dem Zeitpunkt gerade drei Jahre alt. Mit der Trennung verlor er seinen Vater aus den Augen, und die Mutter wusste kaum, wie sie den Jungen durchbringen sollte. In Deutschland – besser gesagt, im geteilten Berlin der 1950er-Jahre – gab es nur wenig Unterstützung für alleinerziehende Mütter. Das ist noch geschmeichelt, denn eigentlich wurden alleinerziehende Frauen geächtet, als »ruchlose« Personen angesehen und dementsprechend behandelt. Diese – aus heutiger Sicht – völlig absurde Einstellung führte zum Beispiel dazu, dass die schwangere Giesela zunächst auf dem Land versteckt wurde.

Die Trennung und die mangelnde gesellschaftliche Unterstützung brachten es mit sich, dass Alexander als Kind hin und her geschoben wurde. Mal war er bei den Großeltern, mal bei der Tante, dann wieder bei der Mama. Mit dem Tod des Opas verlor Alexander früh die zweite Vaterfigur, fühlte sich weiter herumgereicht, fremdbestimmt und heimatlos, was dazu führte, dass der Haltlose Halt in sich suchte. Alexander sagt: »Ich hatte keine schöne Kindheit.« Aber er hatte Bücher, und die las er eifrig. Er lacht, wenn er erzählt, wie seine Oma ihn rausgeworfen hat, damit er endlich mal weg vom Buch, hin zum Spielen kam. »Dann stand ich mit meinen elf Jahren und einem Buch in der Hand im Hausflur, las an die Wand gelehnt, klingelte alle zehn Minuten bei der Oma und nervte damit, dass ich fragte, wann ich denn wieder in mein Zimmer dürfe.« Bereits in jungen Teenagerjahren las Alexander anspruchsvolle Bücher über Politik, Naturwissenschaften und Spiritualität. Etwa im selben Alter besuchte er auch seinen Vater, der kurz nach der Trennung von der Familie nach Amerika ausgewandert war, in Kalifornien. »Das war traumhaft, und ich wäre gerne geblieben. Doch er wollte oder konnte mich damals nicht aufnehmen.« Nach dem Wiedersehen verloren sie sich wieder für viele Jahre aus den Augen. Erst 1981, nach langer Suche, begegneten sie sich noch einmal. »Das war unglaublich wichtig und gut.« Leider starb der Vater drei Tage nach diesem jahrelang herbeigesehnten Wiedersehen im Alter von 59 Jahren. Der nächste Schlag für Alexander.

Während seines Besuchs beim Vater in Amerika beschloss die Mutter, wieder zu heiraten und Alexander zu sich zu holen. Der Stiefvater betrieb in der geteilten Stadt zwei kleine Tankstellen, besaß drei Taxen und entwickelte sich im Laufe der Jahre mehr und mehr zu Alexanders Mentor. »Er hat mich gehalten und angetrieben, das Abitur zu machen, wofür ich ihm sehr dankbar bin. Alternativ hatte er mir eine Ausbildung zum Tankwart angeboten«, sagt Alexander mit einem Augenzwinkern. »Das war damals tatsächlich ein Ausbildungsberuf, allerdings bereits ein aussterbender.«

Wenn Alexander vom Berlin seiner Kindheit und Jugend erzählt, kommt er regelrecht ins Schwärmen. »Wir waren abgeschottet, aber sie kamen alle zu uns und zeigten uns, dass wir nicht allein sind.« Alexander kam früh mit politischen, künstlerischen und spirituellen Führer*innen der damaligen Zeit in Berührung. Ein herausragendes Ereignis, das sich tief in das Gedächtnis des damals Zehnjährigen eingebrannt hat, war die Rede von John F. Kennedy vor dem Rathaus Schöneberg. Legendär sein Satz »Ich bin ein Berliner«. Für Alexander ein Moment, der in ihm ein starkes Gefühl der Verbundenheit weckte. Westberlin wurde in den Folgejahren zum kulturellen und politischen Kondensationspunkt.

1968 war Alexander noch zu jung, um den damaligen Umbruch, die neue Freiheit und Willy Brandts »Mehr Demokratie wagen« sowie die Entnazifizierung richtig tief zu erleben. Doch dieser Aufbruch, dieser Mut, der hinterließ enormen Eindruck auf den Jugendlichen und blieb nicht ohne Einfluss auf sein weiteres Denken und Leben.

Alexanders Neigung zu den Naturwissenschaften ließen ihn zunächst Physik studieren. Doch irgendwie fühlte sich das für ihn nicht stimmig an, und so wechselte er zu den Studienfächern Literatur und Psychologie. Besonders begeisterten ihn die Lehren des Freud-Widersachers Carl Gustav Jung, Begründer der analytischen Psychologie. Auf die Frage an Alexander, warum er sich der Psychologie zugewandt habe, antwortet er, ohne zu zögern, in seiner liebenswerten selbstironischen Art: »Das war Selbstheilung.«

Um die mangelnden Bindungen in der Kindheit und das schwach ausgeprägte Zugehörigkeitsgefühls zu kompensieren, suchte Alexander den Halt in seinem Inneren. Aber dorthin kommt man gar nicht so leicht, darum brach er schon in jungen Jahren auf, seine spirituelle Heimat zu finden. Auf diesem Weg beeinflusste ihn vor allem der Buddhismus. Als ehemaligen Physikstudenten fesselte ihn die wissenschaftliche Orientierung des Buddhismus. Er musste an nichts glauben, schon gar nicht an eine Gottheit. Nach Auffassung der Buddhisten, entsteht wirkliches Wissen durch Erfahrung, nicht durch Glauben. Zudem empfand er die Praxis der Meditation als heilsam und seine frühen Erleuchtungserfahrungen als tief bewegend.

Alexander kam somit früh in Kontakt mit Zen und besuchte bereits mit 21 Jahren sein erstes Retreat. Das mit der Erleuchtungserfahrung verbundene Glücksempfinden ließ ihn mehr und mehr Zazen (Sitzmeditation) praktizieren. So sehr, dass er sich immer tiefer in sein Inneres und von der Außenwelt zurückzog. »Eigentlich wollte ich nur noch auf dem Meditationskissen sitzen und die reale Welt außen vor lassen.« Er entwickelte eine regelrechte Angst vor anderen Menschen, was das Zurückziehen verstärkte und in einer Depression endete, welche langwierig und auch medikamentös therapiert werden musste. Nicht dass Zen die Ursache der Depression gewesen sei, jedoch habe es sie vergrößert. »Es muss prüfen, wer sich auf das Kissen setzt, denn die Meditation ist keine Therapie.« Wird sie als solche angesehen, ist die Gefahr groß, das spirituelle vom echten Leben abzuspalten und somit Leiden zu vergrößern. In uns schlummernde Traumata können aufbrechen oder sich vergrößern und manifestieren. Daher sollte nach Alexanders Ansicht jede*r Meditationslehrer*in psychologisches Grundwissen besitzen und bei Fehlentwicklungen reagieren. In einer Gesellschaft, in der sich quasi jede*r als Buddhistischer Lehrer bezeichnen kann, der oder die lediglich ein Wochenendseminar besucht hat, ist das eine wichtige Forderung, will man verhindern, dass Menschen durch etwas, das eigentlich gut ist, zu Schaden kommen.

Als Alexander 1980 noch einmal für ein halbes Jahr in die USA ging, um seinen Vater zu finden und um neue Wege des Buddhismus zu ergründen, verschlug es ihn für einige Zeit in den Norden Kaliforniens, unter anderem in das bekannte Zenkloster Shasta Abbey. Später begegnete er Joseph Goldstein, der sich gemeinsam mit Sharon Sonntag und Jack Kornfield darum bemühte, die spirituellen Lehren des Ostens in einer verständlichen Form in die westliche Kultur zu tragen. Dieser sogenannte westliche Buddhismus entstand bereits nach 1945 aus der Verbindung von Theravāda-Buddhismus und anderen buddhistischen Richtungen mit westlicher Psychologie und ist mittlerweile, nicht zuletzt durch die Genannten, in Europa und in den USA weit verbreitet. Das war dann auch der Weg, der Alexander überzeugte und den er gerne weitergeben wollte. Als ihn zudem in frühen Jahren sein langjährigen Lehrer Bhikku Vimalo einlud, eigene Kurse zu leiten, und Jahre später Joseph Goldstein diese Einladung wiederholte, machte Alexander sich auf den Weg, den Buddhismus zu lehren.

Unter diesen Lehrern wechselte Alexander auch vom Zen zur Vipassana-Meditation, welche auf den Lehren des Theravāda fußt. Der Theravāda ist als die älteste Form des Buddhismus anerkannt und wird auf die direkten Lehren des Buddha zurückgeführt. Ausschlag hierfür war, dass die liebende Güte (Metta) im Zentrum der Lehren steht. Das aktive Leben von Güte, Freundlichkeit, aufrichtigem Interesse am Wohl der anderen sowie Freundschaft und

INFOBOX

Vipassana-Meditation: *Vipassana* bedeutet im Altindischen Einsicht. Es ist somit eine uralte Einsichtsmeditation, die direkt auf die Lehren Siddharta Gautamas, des Buddha, zurückgeht und weitergegeben wurde. Einsicht bedeutet so viel wie: die Dinge so zu sehen, wie sie sind.

Vipassana zeigt einen Weg zu Zufriedenheit und Glück durch das Erkennen der Wahrheit sowie durch den edlen achtfachen Pfad. Ein Wegweiser zu Mitgefühl, Gleichmut und rechtem Handeln.

Liebe schien für Alexander nicht nur das zu sein, was er für sich entwickeln, sondern auch das, was er nach außen tragen wollte.

Alexander verfügt neben seinem Master in Psychologie und Literatur über viele psychologische Zusatzausbildungen und über langjährige Praxis bei verschiedenen buddhistischen Lehrer*innen, was es ihm heute ermöglicht, Lernende und Schüler*innen sicher auf ihrem Weg zu begleiten. Das Vermitteln und Weitertragen des von Buddha gelehrten achtfachen Pfades, der neben der Meditation im Zentrum des Theravāda steht, ist eines von Alexanders zentralen Anliegen. Der Pfad dient als Hilfestellung und Anleitung zu einem glücklichen, selbstbestimmten Leben und somit zu einem guten, friedlichen Umgang mit den Mitmenschen, allen Mitgeschöpfen sowie unserer Erde. Was will man mehr?

Alexander hat es sich zur Aufgabe gemacht, seine Erfahrungen, diese Lehre und die damit verbundene Meditation in die Welt zu tragen und somit anderen Menschen auf dem Weg zum eigenen Glück und beim Finden der eigenen Ressourcen zu helfen. Haben wir nicht alle kraftvolle Ressourcen in uns, und wäre es nicht wunderbar, würden wir diese teilen? Denn das Schöne an den persönlichen Ressourcen ist, dass sie unendlich teilbar sind und durch das Teilen nicht weniger werden. Im Gegenteil – sie wachsen in gleichem Maße, wie wir davon abgeben.

Der edle achtfache Pfad

Die acht Komponenten des Pfades sind in drei Bereiche untergliedert: Weisheit (1+2), Sittlichkeit (3, 4, 5), Vertiefung (6, 7, 8), und setzen sich zusammen aus:

1. Rechte Anschauung, Erkenntnis
2. Rechte Gesinnung / rechtes Denken
3. Rechte Rede
4. Rechtes Handeln
5. Rechter Lebenserwerb
6. Rechtes Bemühen
7. Rechte Achtsamkeit
8. Rechte Versenkung

WEITERFÜHRENDE INFORMATIONEN

Literaturempfehlungen:
- Acht Schritte zum Glück von Bhante Henepola, Werner Kristkeitz Verlag
- Das weise Herz von Jack Kornfield, arkana Verlag
- Die Kunst des Lebens. Vipassana-Meditation nach S. N. Goenka von William Hart, dtv Verlag

Internet:
- https://de.wikipedia.org/wiki/Vipassana
- https://wiki.yoga-vidya.de/Achtfacher_Pfad

Link zu Kursangeboten oder direkt zu Alexander:
- https://www.benediktushof-holzkirchen.de/
- https://www.leere-des-buddha.de/

UTE WOLFANGEL
EINE SCHWÄBIN AUF LESBOS

»Ich konnte diesem Elend nicht weiter tatenlos zusehen.«
Alle Menschen sind gleich

»Wir gucken uns an, was passiert. Und das Schlimmste ist, dass wir uns daran gewöhnen. ›Ah‹, wird gesagt, ›heute ist ein Boot gesunken, viele Vermisste.‹ Dieses Sich-daran-Gewöhnen ist eine schlimme Krankheit! Es ist eine sehr schlimme Krankheit!«, sagte Papst Franziskus im Dezember 2021 bei seinem Besuch in Nicosia auf Zypern, um fortzufahren: »Wirkliche Lager. Wo die Frauen verkauft werden. Die Männer werden gefoltert und versklavt. Wir beschweren uns, wenn wir die Geschichten der Lager des vergangenen Jahrhunderts lesen, die der Nazis und die von Stalin. Und wir beklagen, wie das passieren konnte. Brüder und Schwestern, das passiert heute an den nahe gelegenen Küsten.«

2015 war die Hilfsbereitschaft riesig. Jetzt, sieben Jahre später, ist sie abgeebbt und fast unsichtbar. Doch es gibt sie noch – Menschen, die das grausame Geschehen an den Außengrenzen des reichen, christlichen Europa nicht einfach hinnehmen. Die sich nicht daran gewöhnen, dass sich Zehntausende Menschen auf der Flucht befinden, um dem Hunger, der Versklavung und der Perspektivlosigkeit zu entkommen. Die sich nicht an die Bilder von sinkenden Booten im Mittelmeer oder von gestrandeten Menschen an europäischen Stacheldrahtzäunen gewöhnen. Ute ist so ein Mensch. Ich, Jeannette, habe sie kennengelernt, als ich selbst mehrere Male auf Lesbos war und dort half. Und bis heute ist unsere Verbindung geblieben, aktivieren wir unsere Netzwerke, wenn es darum geht, Geflüchtete zu unterstützen. Ute ist keine

Christin, sie ist nicht religiös, und doch hilft sie, wo sie kann – sei es auf Lesbos, in Athen, sei es auf dem Amt in Weil der Stadt, in ihrer eigenen Küche oder als Vorsitzende des Arbeitskreises Asyl. Ute ist stets »auf Posten«, wenn es darum geht, Menschen beim Überleben oder auf dem Weg durchs Leben zu helfen.

Geboren wurde sie 1964 in Stuttgart, aufgewachsen ist sie in Schöckingen in einer Unternehmerfamilie und bei lebensfrohen und weltoffenen Eltern. Ute lernte früh, was Gastfreundschaft bedeutet, dass sie im Grunde gelebte Nächstenliebe ist. »Zu Hause standen die Türen immer offen«, sagt sie. »Es waren immer Gäste bei uns.« Überhaupt war der Vater sehr prägend für Ute. Er gründete und führte ein kleines Maschinenbauunternehmen, war ein fairer und sozial eingestellter Arbeitgeber, dem das Ausbeuten von Menschen fernlag. Ute erinnert sich noch gut an eine Geschäftsreise mit ihrem Vater in den frühen 1990er-Jahren in die damals neuen Bundesländer zu einem kleinen, neu gegründeten Unternehmen. Dort sollte eine Maschine aufgebaut werden, die das besagte Unternehmen beim Vater bestellt hatte. »Mein Vater begutachtete den Betrieb und sagte zur Überraschung aller, dass sie die Maschine wieder einpacken und mitnehmen würden.« Er war davon überzeugt, dass diese für den Betrieb zu groß und somit unnötig teuer sei. Er sprach mit den beiden Unternehmensgründern und suchte mit ihnen die passende Maschine beim Mitbewerber aus und fuhr wieder nach Hause.

Das Rückgrat für das Unternehmen, vor allem aber für den Vater und heute noch für Ute ist Mutter Hedda. Sie ist die gute Seele im Haus, eine Frau, die voller Zuversicht und Optimismus hinter Ute steht und sie, wenn auch manchmal ein bisschen sorgenvoll, immer unterstützt, ihr gut zuredet und sich unglaublich freut, wenn Projekte erfolgreich verlaufen.

Nach dem Abitur wollte Ute schnell unabhängig werden, begann daher eine Lehre in einem kaufmännischen Beruf. Nach der Lehre hatte sie das Gefühl, ihren Horizont erweitern zu müssen. Also ging sie 1988 für ein Jahr nach New Jersey, arbeitete dort als Logistikerin in einer Spedition und freute sich, die nahe gelegene

Weltmetropole New York kennenzulernen. Sie liebte die Stadt mit ihrem Kulturangebot und vor allem die vielen Clubs mit der Livemusik und genoss es, wenn sie Besucher aus Deutschland durch Big Apple führen durfte. Trotz aller Begeisterung stand für Ute fest, dass sie nicht in den USA bleiben wollte. Als sie zurückkam, unterstützte sie ihren Vater im Betrieb, übernahm dort die schriftliche Korrespondenz und die Pressearbeit.

Dann kam die Liebe. Ute schenkte zwei Söhne das Leben, dann zog die Familie in die Nähe von Göppingen, und Ute arbeitete in der Schreinerei ihres Mannes mit. »Ich war eine richtige Handwerkerfrau.« Als die Liebe verging und eine Trennung folgte, kehrte Ute mit ihren Söhnen zurück in die Heimat. Dort arbeitete sie ab 2003 als Marketingleiterin in der Solarbranche, wechselte aber nach zehn Jahren zu einem Filmemacher, der hauptsächlich Filme über die Energiewende produzierte. Das war wieder eine andere, schnelle und aufregende Welt für Ute.

Als 2015 eine der größten menschlichen Tragödien jüngster Zeit ihren Lauf nahm und sich Tausende Menschen auf den Weg nach Europa machten, überzeugte Ute ihren damaligen Chef, dieses Thema mit aufzunehmen und über die Flucht zu berichten. Flucht hat schließlich auch viel mit den Klimaveränderungen, also auch mit der Energiewende zu tun. Ihr Chef zog mit. Ute stieß auf Michael Räber, den Gründer des Hilfswerks Schwizerchrüz, und es wurden vier Sendungen mit Michael gedreht. Während der Dreharbeiten wurde Ute klar, dass auch sie sich stärker einbringen musste. »Ich konnte diesem Elend nicht weiter tatenlos zusehen.« Kurz entschlossen rief Ute den Schweizer an und fragte: »Kann ich helfen?« Michel fragte nur: »Kannst du Auto fahren und mit wenig Schlaf auskommen?« »Kann ich«, sagte Ute. Und so packte sie im Winter 2015/16 ihre Tasche mit dem Wichtigsten und startete zu ihrem ersten Hilfseinsatz nach Lesbos, dem noch viele weitere an verschiedenen Standorten folgen sollten.

Warum sollte sie gut Auto fahren und mit wenig Schlaf auskommen können? Weil das Überqueren der Insel nachts auf rutschigen, unbefestigten Straßen ein Albtraum ist. Lesbos ist in manchen Teilen sehr hügelig, es gibt teilweise richtige Serpentinen. »Wenn wir übermüdet nach 24 Stunden Einsatz zurück zu unserem Camp fuhren, und außer dem Fahrer alle schliefen, dann waren wir manches Mal in Lebensgefahr.«

Wenn Ute erzählt, lässt sich die Realität nicht mehr verdrängen. Und wenn ich, Jeannette, ihre Sätze hier lese, dann muss ich feststellen, dass ich dieselben Worte benutze, wenn ich über die Zeit in Griechenland spreche. Aber lassen wir Ute berichten: »Ich habe auf Lesbos Dinge gesehen, die ich mir zuvor nicht vorstellen konnte. Die im Fernsehen so ganz anders wirken. Verzweifelte Menschen, die um ihre Angehörigen trauern. Menschen, auch Kinder, die unvorstellbare Gewalt und Willkür erlebten und erleben. Wenn wir an Griechenland denken, denken wir an Sonne, Sand und griechischen Wein. Wir denken nicht an einen Ort, an dem Menschen ohne Dach im Schlamm sitzen, erfrieren oder im Sommer wegen der Hitze austrocknen und sterben. Wir denken nicht an Regen und Sturm. Nicht an traumatisierte Kinder. Doch auch das ist Griechenland.«

Ute erinnert sich gut an den Morgen, an dem sie am Strand Treibholz und Reste eines Bootes wegräumten. Sie erinnert sich an die Kinderschuhe und an die Teddybären, die zwischen den Trümmern lagen, und an die panische Angst, ein totes Kind zwischen den Überresten zu finden. »Das blieb mir zum Glück erspart«, sagt sie und geht gleich zur nächsten Paniksituation über. Erzählt, wie sie am späten Morgen aufwacht. Es war kalt im Schlafsack, die durchwachte Nacht hing ihr noch in den Knochen,

INFOBOX

Ertrunkene Menschen auf der Flucht im Mittelmeer
2016 über 5.000
2017 über 3.100
2018 über 2.200
2019 über 1.335
2020 über 1.401
2021 über 1.589.

Die Zahl der Toten und Vermissten sind Schätzungen. Die genaue Zahl der Opfer wird für immer im Dunkeln bleiben.

https://www.uno-fluechtlingshilfe.de/hilfe-weltweit/mittelmeer

und sie fühlte sich müde, wie gerädert. Dann die Nachricht: Während der Nacht war kurz vor Lesbos ein Boot gekentert, es gab 70 Tote. An Bord waren vier Kinder. Ute hatte Nachtschicht gehabt und Ausschau nach Booten gehalten. »Ich habe sie übersehen, es ist meine Schuld, dass diese Menschen starben«, dachte sie. Dann kam die traurige Entwarnung, die trotz allen Elends Erleichterung verschaffte: Das Boot war auf der anderen Seite der Insel gesunken. Erleichterung, nicht selbst das Boot übersehen zu haben. Vielleicht sogar ein kleines Glücksgefühl, nicht versagt zu haben, doch im gleichen Moment sofort ein schlechtes Gewissen wegen der eigenen Erleichterung. »Das ist eines der großen Helferprobleme. Wir haben immer ein schlechtes Gewissen. Wir fragen uns immer und immer wieder, ob wir nicht mehr hätten tun können, denn es ist nie genug.«

Ganz schwierig war es, nach dem ersten Einsatz wieder in der Normalität anzukommen. Das Leiden von Lesbos im Kopf und die Banalitäten des Alltags vor Augen. »Diese Einsätze machen was mit uns.« Ute hatte wochenlang keine Freude mehr an den Dingen, die sie vorher geliebt hatte: Konzerte besuchen, tanzen gehen, Freunde treffen. »Doch ich habe gelernt, mir meinen physischen und emotionalen Freiraum zu schaffen, und kann mittlerweile gut abschalten.« Das geht nicht allen so. Manch einer verliert sich selbst und irgendwann den Boden unter den Füßen, daher

---

»Wo beginnen die universellen Menschenrechte? An den kleinen Orten nahe dem eigenen Zuhause. So nah und so klein, dass diese Orte auf keiner Weltkarte zu finden sind. Die Nachbarschaft, in der wir leben, die Schule oder die Universität, die wir besuchen, die Fabrik, der Bauernhof oder das Büro, in dem wir arbeiten. Das sind die Orte, wo jeder Mann, jede Frau und jedes Kind gleiche Rechte, gleiche Chancen und gleiche Würde ohne Diskriminierung sucht. Wenn diese Rechte hier nicht gelten, dann gelten sie nirgendwo.« – Eleanor Roosevelt, Vorsitzende der Menschenrechtskommission, die die allgemeine Erklärung der Menschenrechte verfasste

Quelle: Deine Rechte auf einen Blick von Amnesty International

sind Selbstrespekt und Achtsamkeit für das eigene Wohlempfinden unabdingbar, will man dauerhaft unterstützen.

Zwischen den Aufenthalten in Griechenland ist Ute vor Ort in Weil der Stadt aktiv. Um diese Aktivitäten umzusetzen und jederzeit zu einem Einsatz nach Griechenland aufbrechen zu können, hat sich Ute als Texterin und Autorin selbstständig gemacht. Sie verzichtet zwar monatlich auf einen nennenswerten Geldbetrag, doch nun hat sie Zeit für die Dinge, die sie für wertvoll hält, zum Beispiel für den 1. Vorsitz des Arbeitskreises Asyl in Weil der Stadt. Der Arbeitskreis kümmert sich um Menschen in Not, vor allem um Geflüchtete, hilft den Menschen beim Erlernen der deutschen Sprache, vermittelt Wohnungen, leistet Fahrdienste, sorgt sich um berufliche Integration und um die Einhaltung der Menschenwürde und der Rechte für jeden Menschen.

Ein Projekt, auf das Ute besonders stolz ist, ist die im Juni 2021 ins Leben gerufene Herzküche. Über geflüchtete Menschen, die unter anderem in Obdachlosenunterkünften untergebracht sind, kam Ute auch mit Obdachlosen in Kontakt. Ute fiel auf, wie einseitig sie sich ernährten. Manchmal kochten dann die Geflüchteten für die Obdachlosen. Das sprang Ute regelrecht an, und sie wollte dieses Füreinander und die gesunde, schmackhafte Ernährung der Menschen unterstützen. Sie konnte ein Team Ehrenamtlicher gewinnen, die viermal in der Woche frische Lebensmittel in der Unterkunft anliefern. Diese werden großzügig von den Weil der Städter Tafel und weiteren Bürgern gespendet. Nun wird mehrmals wöchentlich von den Geflüchteten für die Obdachlosen gekocht. Das hat den wunderbaren Nebeneffekt, dass beide Seiten dichter zusammenrücken, und vor allem fühlen sich die Obdachlosen von der Gesellschaft wahrgenommen und unterstützt, was wiederum ihr Selbstwertgefühl stärkt.

Was in der Herzküche geschieht, das wünscht sich Ute auf gesamtgesellschaftlicher Ebene. Sie wünscht sich so sehr, dass wir aufeinander zugehen, miteinan-

Artikel 1 des Deutschen Grundgesetztes
Abs. 1: Die Würde des Menschen ist unantastbar. Sie zu achten und zu schützen ist Verpflichtung aller staatlichen Gewalt.
Abs. 2: Das deutsche Volk bekennt sich darum zu unveräußerlichen Menschenrechten als Grundlage jeder menschlichen Gemeinschaft, des Friedens und der Gerechtigkeit in der Welt.

der sprechen und die Vorurteile abbauen. Sie erlebt es immer wieder, wenn die Menschen aufeinander zugehen, dann ändert sich ganz schnell die Meinung über »den Flüchtling«, »den Obdachlosen«. Auf einmal entsteht Hilfe, wo vorher Missgunst war. Es entstehen Freundschaften, wo vorher Ablehnung war.

Und Ute wünscht sich nichts mehr, als dass diese menschenverachtende, fürchterliche Politik ein Ende hat. Dass diese Politik der Abschreckung, die die Menschen in tiefes Leid stößt, endlich der Vergangenheit angehört. Dass Politiker*innen endlich Verantwortung für die Menschen übernehmen und sich ihres eigenen Menschseins bewusst werden, anstatt menschenverachtende Praktiken nicht nur zu tolerieren, sondern gar zu fördern. Dass die Politiker*innen aufhören, fehlendes Handeln der EU als Entschuldigung für Nichtstun vorzuschieben. Wenn es zu unserem Vorteil ist, dann nehmen wir keine Rücksicht auf andere Menschen, egal wie sehr sie uns brauchen.

Im Grunde wünscht sie sich das Selbstverständlichste: dass die Worte, die im Artikel 1 des deutschen Grundgesetzes oder im Artikel 1 der allgemeinen Erklärung der Menschenrechte der Vereinten Nationen verankert sind – »Alle Menschen sind frei und gleich an Würde und Rechten geboren« – umgesetzt werden.

Nicht mehr, aber unter keinen Umständen weniger!

WEITERFÜHRENDE INFORMATIONEN

Internet:
- https://ak-asyl-wds.de/
- https://xn--schwizerchrz-nlb.ch/de
- https://www.uno-fluechtlingshilfe.de/hilfe-weltweit/mittelmeer
- https://www.amnesty.de/sites/default/files/2021-08/Amnesty-International-Broschuere-Allgemeine-Erklaerung-der-Menschenrechte-barrierefrei.pdf

Literaturempfehlungen:
- Die leblose Gesellschaft. Warum wir nicht mehr fühlen können von Jeannette Hagen, Europa Verlag
- Calypsos Irrfahrt. Eine Flucht übers Mittelmeer, aus Kindersicht erzählt, von Cornelia Franz, Carlsen Verlag

© Stephan Münnich

KATJA MEYER (GENANNT KASHA)
»MACH GELD ZU DEINEM GOTT, UND ES WIRD DICH PLAGEN WIE DER TEUFEL.«

Wegen der Mutter in die große Bank, wegen der Menschen in die sozial-ethische Bank

»Mit Geld kann man vieles verändern!« Klar, denkt man, der Satz passt zu einer Frau, die eine Bankkarriere gemacht hat. Dass Kasha das anders meint, merkt man erst, wenn die Bankerin im nächsten Satz sagt: »Geld ist nicht alles.«

Geld ist nicht dafür da, um Reiche reicher zu machen ...
Henry Fielding

Kasha, die als Kind einer Bankangestellten in Dortmund aufwuchs und bisher ihr berufliches Leben im Bankenumfeld verbracht hat, vertritt die Meinung, dass Geld zum Wohle der gesamten Menschheit und der Natur eingesetzt werden muss. »Geld ist nicht dafür da, Reiche immer reicher zu machen und die geschädigte Umwelt immer weiter zu schädigen.« Und weil man mit dieser Einstellung wahrscheinlich nicht, ohne ernsthaft krank zu werden, in einer Bank arbeiten kann, beendete Kasha ihre Karriere bei der Deutschen Bank nach 21 Jahren.

Aber gehen wir ein paar Schritte zurück, um die Motivation zu verstehen, warum ein junger Mensch mit dieser – ja eher nichtkapitalistischen Einstellung – dennoch den Berufseinstieg bei der Bank sucht. Katja wurde 1972 geboren – einem Jahr, in dem der FC Bayern München Deutscher Fußballmeister wurde und die SPD den Bundeskanzler stellte. Es war das Jahr der 20. Olympischen Spiele, bei denen Mitglieder der palästinensischen Terrororganisation Schwarzer September elf Sportler der israelischen Mannschaft als Geisel nahmen und töteten. In den USA tobte die Watergate-Affäre. »Ich war kein Wunsch-, sondern ein Bindekind.« Damit sei gemeint, dass Kasha auf die Welt kam, um die kaum zu rettende Ehe zwischen einem fünfzigjährigen Englischlehrer und seiner Schülerin zu kitten. Doch das Vorhaben scheiterte, und Kasha kam im Alter von zwei Jahren zu ihrer Großmutter, wo sie bis zum sechsten Jahr lebte. Dass sie anschließend wieder zur alleinerziehenden Mutter kam, änderte nichts daran, dass ihr Herz bei der Oma blieb und sie auch weiterhin den größten Teil ihrer Kindheit und Jugend bei dieser verbrachte.

»Obwohl ich als Kind meinen Vater liebte, kam es zu einem Bruch.« So verloren sich Vater und Tochter aus den Augen, und der Kontakt kam komplett zum Erliegen. Doch mit Mitte 20 wollte Kasha es wissen und mit dem verlorenen Vater sprechen. Aufgrund von Aufregung und Angst ließ Kasha das anvisierte Wochenende ohne Aussprache verstreichen. »Nächste Woche, nächstes Wochenende, da treffen wir uns und sprechen. Ganz bestimmt!« Dann geschah das Unvorstellbare. Der geliebte und doch so ferne Vater verstarb in jener Woche. »Ich habe daraus gelernt, dass Aufschieben Folgen haben kann, mit denen man dann leben muss. Das Leben gibt uns ganz viele Chancen, die vor uns liegen, doch ist eine davon die letzte, und sie wird es uns nicht verraten, dass sie die letzte ist.« Das Wörtchen »demnächst« sollte aus dem Wortschatz gestrichen werden, denn aus »demnächst« kann ganz schnell »zu spät« werden.

Um die Aufmerksamkeit der Mutter zu gewinnen, suchte sich Kasha eine Ausbildung, die der Muttern gefallen musste – sie begann nach dem Abitur eine Banklehre, weil ja auch ihre Mutter in einer Bank beschäftigt war. »Lieber hätte ich Germanistik oder Forstwirtschaft studiert.« Doch was tut man nicht alles, um anderen Menschen, insbesondere den Eltern, zu gefallen? Oft vergeblich, und auch Kasha hat die gewünschte Beachtung und Anerkennung durch die Mutter nicht erfahren.

Allerdings zog sie der Beruf dann doch in seinen Bann. In den 1990er-Jahren – zu Zeiten des »Peanuts-Vorsitzenden« Hilmar Kopper – kam Kasha zur Deutschen Bank. Nachdem sie sich im Besonderen mit den Themen Kredit und Finanzierungsgestaltung auseinandergesetzt hatte, arbeitete sie bald im Bereich der Unternehmensbetreuung und Finanzierung. Der Umgang mit Unternehmer*innen, die etwas bewegen und gestalten wollen, das war und ist auch noch heute ihr Ding – fast eine Herzensangelegenheit: Unternehmen, vor allem den Menschen dahinter, durch die Bereitstellung finanzieller Mittel bei der Umsetzung ihrer Vorhaben zu helfen.

Leider können Banken mit Herzensangelegenheiten oft wenig anfangen. Dort sah man die finanziellen Mittel nicht als Hilfe zum Wachstum von Unternehmen, eher dienten die Unternehmen und Menschen als dankbares Vehikel zur Vermehrung der finanziellen Mittel der Bank. Dass der Mensch Katja Meyer mit ihren Beobachtungen und Empfindungen es dort 21 Jahre aushielt, zeugt von einem enormen Beharrungsvermögen. Das ganze System mit den darin handelnden Personen war so schwer zu ertragen, dass sie heute nur noch den Kopf schüttelt, wenn sie auf diese Zeit zurückschaut. »Ein Haus voller testosterongesteuerter, status- und selbstverliebter Alphamännchen.« Was zählte, waren die Größe des Büros, die Anzahl der maßgeschneiderten Anzüge und das Vehikel in der Tiefgarage. Die meisten der vor allem männlichen Kollegen waren ihrer Ansicht nach leere Hüllen, die irgendwie funktionierten und sich über ihr Einkommen und das Außen definierten. »Das Maß an Frauenfeindlichkeit und Sexismus, einhergehend mit der Verordnung zum Hirnabschalten, habe ich am Ende einfach nicht mehr ertragen.«

Die Verlogenheit des Geldhauses ist bis in die heutige Zeit offensichtlich. Die Deutsche Bank, die sich mit ihrer Nachhaltigkeitsstrategie rühmt, schämt sich nicht, Unternehmen, die rücksichtslos die Natur ausbeuten und Menschen Schaden zufügen, zu unterstützen. So wurde zum Beispiel im Oktober 2021 der CEO Christian Sewing von Greenpeace aufgefordert, die Waldzerstörung durch die Finanzierung des Kautschukproduzenten Halycyon Agri zu unterlassen, was jedoch in der Frankfurter Zentrale vermutlich nur ein Achselzucken auslöste. Bleibt zu hoffen, dass die Ermittlungen bei der Tochtergesellschaft DWS wegen Etikettenschwindels bei nachhaltigen Fonds für mehr Furore sorgt.

Kasha war jedenfalls klar, dass das beste Einkommen nichts nützt, wenn man krank wird. Sie wagte den Absprung, der ihr nicht leichtfiel, weil sie gleichzeitig eine Trennung von ihrem langjährigen Lebenspartner zu verdauen hatte. »Das war alles ein bisschen viel auf einmal, und vor allem wollte ich ja nicht vom Regen in die Traufe.« Die Frage hieß also: »Wie kann ich als Frau der Finanzwirtschaft dem dienen, was mir wichtig ist, also der Natur? Schließlich ist sie die Grundlage, auf der alles aufbaut.« Leider hat sie keine Lobby und eine zu schwache Stimme. Was also tun?

Die Lösung war die GLS Bank. Kasha fuhr regelmäßig auf dem Weg ins Büro an der Zentrale der GLS vorbei. Und wie der Zufall es wollte, wurde sie auf eine Veranstaltung mit Attac und der GLS Bank aufmerksam, und nachdem sie diese besucht hatte, war klar: »Da will ich hin!« Sie schickte eine Initiativbewerbung und wurde eingestellt.

Mach Geld zu deinem Gott, und es wird dich plagen wie der Teufel

Die GLS Bank, die Gemeinschaftsbank für Leihen und Schenken, 1974 zur Finanzierung einer Waldorfschule gegründet, stellt anders als die üblichen Geschäftsbanken Natur und Menschen in den Mittelpunkt. Die GLS Bank versteht sich als Öko- und Ethikbank. Wie man dort zum Thema Geld steht, kann man an der Fassade an deren Hauptsitz in Bochum ablesen. Dort steht unter anderem auf einem Banner ein Zitat von Henry Fielding: »Mach Geld zu deinem Gott, und es wird dich plagen wie der Teufel.«

INFOBOX

Ethische oder ökosoziale Banken pflegen einen verantwortungsvollen Umgang mit Geld in Bezug auf Umwelt, Klima und Sozialstandards. Investitionen in Waffen, Nahrungsmittelspekulationen, fossile Energieträger oder in Branchen und Unternehmen, die im Ruf stehen Kinderarbeit nicht auszuschließen, werden abgelehnt. Gefördert werden Projekte, Unternehmen und Branchen, die für das Gemeinwohl einsetzen. Sei es z. B. im Bereich der Energiewende, Bildung, Biolandwirtschaft oder Kunst. Somit bieten die ethischen Banken jedem*er die Möglichkeit, sein Geld nachhaltig einzusetzen.

Zu Beginn ihrer Zeit bei der GLS Bank durfte sich Kasha viele dumme Sprüche aus dem Bekanntenkreis anhören. So wurde sie gefragt, ob sie nun verpflichtend Veganerin sein, Birkenstock-Latschen anziehen oder ihren Namen tanzen müsse. Heute lacht sie darüber und erzählt, dass das Einzige, was sie tun »musste«, war, ihren Kleiderschrank auszumisten. »Hier wurden Menschen mit Hirn, eigenem Charakter und nicht mit dem kleinen Schwarzen gesucht.«

Kasha war beruflich angekommen, spätestens in dem Moment, als man ihr einen Posten gab, wo sie dort agieren konnte, wo ihr Herz schlägt: in der Biolandwirtschaft. Sie wusste schon lange, dass es in dem System Landwirtschaft fast nur Verlierer gab. Gewinner waren und sind die Agroindustrie und Großgrundbesitzer, die durch die GAP (Gemeinsame Europäische Agrarpolitik) und deren flächenbezogene, milliardenschwere Subventionen gefüttert werden, dazu der Lebensmitteleinzelhandel und die Großschlachtereien. Die Natur, also unsere Lebensgrundlage, wird durch sie systematisch zugrunde gerichtet. Insekten und andere Tiere verschwinden aus unserer Welt, die Degradation der Böden – also die Verschlechterung der Ökosystemdienstleistungen des Bodens – schreitet unaufhaltsam voran, unser Wasser ist nitratbelastet und mit weiteren Nährstoffen überfrachtet, das Tierleid ist unerträglich, und die moderne Landwirtschaft ist zugleich einer der stärksten Antreiber, aber auch Opfer des Klimawandels. Gleichzeitig leiden die meisten Landwirte unter enormem wirtschaftlichen Druck und sind dem System ›Wachsen oder Weichen‹ auf Gedeih und Verderb ausgeliefert. »Daher brauchen wir eine Ökologisierung der Landwirtschaft, und es tut gut, daran mitzuwirken.« Kasha, die viel unterwegs ist, um Vögel in der Natur zu beobachten und zu betrachten, weiß, wovon sie spricht. Die Veränderungen sind mittlerweile nicht mehr zu übersehen.

Motiviert durch den freien und progressiven Geist innerhalb der GLS Bank und dem Nichtvorhandensein einer ökologischen Partei in Kashas Wohnort Olfen im Regierungsbezirk Münster, schloss sie sich kurzerhand mit vier Gleichgesinnten zusammen und belebte den Ortsverband von Bündnis 90/Die Grünen OV Olfen wieder. »Als ich seinerzeit die Wahlkabine betrat und mein Kreuz bei den Grünen machen wollte, dachte ich, mein Wahlzettel sei kaputt.« Es war für Kasha nicht vorstellbar, dass die Grünen nicht auf einem Wahlzettel stehen. So machte sie sich voller Idealismus und Naivität in die Politik auf, um Politik für die Menschen und die Umwelt zu machen. Was sie dort erlebte, schockierte sie – zwar auf eine andere Art, jedoch ebenso stark wie die Erlebnisse bei ihrem früheren Arbeitgeber.

Die Herrschaften der hauptsächlich männerdominierten CDU, die seit Jahrzehnten alleine im Ort bestimmten, wo es langging, waren *not amused*, dass die Grünen nach der Wahl vom 13.09.2020 als stärkste Opposition in den Stadtrat einzogen. Der ihnen entgegengebrachte Respekt könnte wohl kaum besser auf den Punkt gebracht werden als in dem Ausspruch eines CDU-Ratsmitgliedes: »Da kommt die grüne Pest.«

Da in dem durch Schweinezucht geprägten Olfen Klimapolitik beiseite geschoben und im Rat blockiert wurde, gründete der grüne Ortsverband kurzerhand die Bürgerinitiative Forum für Klima, in der sich alle Bürger*innen der Stadt einbringen und engagieren können. Zudem beschlossen Kasha und ihre Fraktion, sich nicht mehr über dieses »Kindergartengehabe« im Stadtrat aufzuregen, sondern stattdessen die Bürger*innen darüber zu informieren, sodass diese sich ein eigenes Bild machen und bei den nächsten Wahlen informiert entscheiden können. So geht Demokratie.

»Tue das, was du kannst, da, wo du bist, mit dem, was du hast.« Dieser Satz hat Kasha die letzten Jahre oder gar Jahrzehnte geprägt. Der Satz hat sie motiviert, einen guten und sicheren Job aufzugeben, und er motiviert sie, durch die Mühlen der Politik zu gehen, um am Ende Gutes für Menschen und Umwelt zu erreichen. Und das alles so selbstverständlich, dass sie meint, keine Heldin des Alltags zu sein. Aber unterliegen diesem Irrtum nicht alle in diesem Buch?

Tue das, was du kannst, da, wo du bist, mit dem, was du hast.

WEITERFÜHRENDE INFORMATIONEN

Internet:
- https://utopia.de/ratgeber/alternative-gruene-bank/

Literaturempfehlungen:
- Nachhaltig Geld anlegen. Für Privatanleger – alles über Fonds, ETF. Rendite, Banken, Investments und mehr. Ökologisch, sozial und ethisch investieren von Wolfgang Mulke, Stiftung Warentest
- Good Bank. Das Modell der GLS Bank von Caspar Dohmen, Verlag: orange-press

© Sophia Artmann

LENA MAURER
VON SÜDTIROL NACH MÜNCHEN, VON DER MODE IN DEN UMWELTSCHUTZ

»Ich muss mein Leben umgestalten, um selbst Veränderung von anderen erwarten zu dürfen.«

Südtirol. Jene Region in Mitteleuropa, die 1919 infolge des Ersten Weltkrieges von Italien annektiert wurde und seit dieser Zeit wiederholt als Spielball der Großmächte diente. Unter Mussolinis Faschisten sollten den »Übrigen«, wie es noch heute auf der Siegessäule in Bozen zu lesen ist, Sprache, Gesetz und Künste gebracht werden. Die »Übrigen« steht abgewandelt für »Barbaren«. Bis in die 1960er-Jahre hinein bemühte sich die italienische Regierung, die deutsche Sprache in Südtirol verstummen zu lassen, und verbot unter anderem den Deutschunterricht an den Schulen und deutschsprachige Zeitungen. Allerdings erkämpften sich die widerborstigen Südtiroler in zum Teil gewalttätigen und blutigen Auseinandersetzungen eine weitgehende Autonomie von Rom. Vielleicht ist diese Widerborstig- und Dickköpfigkeit der Heimat die Erklärung für Lenas Durchsetzungskraft bei gleichzeitiger Empathie.

Dort in Südtirol, genauer gesagt, in Luttach – einer 1.000-Seelen-Gemeinde im nördlichen Südtirol – wuchs Lena in dem wunderschönen, auf fast 1.000 Meter Höhe gelegenen Ahrntal zwischen vielen Dreitausendern auf. Man kann sagen, dort, wo schon seit dem frühen zwanzigsten Jahrhundert Menschen Urlaub machen. In einem Dreigenerationenhaus mit ihren Eltern, Großeltern und ihrer Schwester.

Lena erlebte eine wunderbare Kindheit, wie sie in dieser unbeschwerten Form vielleicht nur in einem abgeschiedenen Tal, umgeben von hohen Bergen und Natur, zu haben ist. »Wir waren immer draußen, waren im Wald und bauten Höhlen und Geheimquartiere. Wir verbrachten viel Zeit bei den Pferden einer Freundin und kümmerten uns um die Tiere im Wald.« Es gab enge Freundschaften und tiefe Verbundenheit. Besonders zur drei Jahre jüngeren Schwester Alex bestand und besteht noch immer ein ganz besonderes Band. Die Abgeschiedenheit und die langen Winter trugen dazu bei, dass man sich aufeinander einließ und Freundschaften pflegte, sich verbunden mit den nahestehenden Menschen fühlte und um den Erhalt von Beziehungen kämpfte.

Mit dem Übergang in die frühe Jugend veränderte sich bei Lena allerdings der Fokus. Plötzlich standen die Berge und das Tal für ein Gefühl des Eingesperrtseins und der Enge. »Ich wollte Weitblick, der zwischen den Bergen nicht gegeben ist, und ich wollte keine Autostunde bis zur nächsten Autobahnauffahrt in Kauf nehmen«, sagt Lena. »Ich wollte Urlaub am Meer machen, andere Menschen kennenlernen.« Lena strebte nach einer progressiven Denkweise und haderte immer stärker mit dem Konservatismus ihrer Heimat. Zudem erschütterte sie die Trennung ihrer Eltern.

Das zusammengenommen, führte dazu, dass Lena sich im Alter von 17 Jahren dazu entschloss, für ein halbes Jahr für ein Auslandssemester nach Kalifornien gehen. Untergebracht bei einer Gastfamilie, die zwischen Los Angeles und San Diego lebte, beeindruckten sie das offene, weite Land, die ungewöhnliche Hitze sowie die Nähe zum Pazifik. Am stärksten beeindruckte sie die spürbare Liebe in der Gastfamilie, die Zuneigung der Gasteltern zueinander, die vor Jahrzehnten aus Italien eingewandert waren, sowie die Familienzusammenkünfte an den Wochenenden. »Aufgrund verschiedenster Familienerlebnisse im Freundeskreis hatte ich den Glauben an die Liebe zwischen Mann und Frau fast verloren und dort wiedergefunden.« Was ihr allerdings unangenehm war, war die amerikanische freundliche Oberflächlichkeit, das geschminkte, maskenhafte *Honey smile*, da Lena selbst eine zutiefst ehrliche und unverstellte Frau ist, der man die Gefühle im Gesicht und an der Körperhaltung ablesen kann.

Auch sonst waren die Monate in Amerika eine sehr ambivalente Zeit. Denn obwohl Lena vieles von dem fand, wonach sie sich gesehnt hatte, fehlten ihr nun die Heimat und die vertrauten Menschen, vor allem ihre Mama. Sie bekam so starkes Heimweh, das eine – zuvor bereits vorhandene – Essstörung wieder aufbrach. »Es ging mir psychisch nicht gut in dieser Zeit«, sagt Lena, oder wie sie es ausdrückt: »this was not the peak of my life«. Dennoch blieb an die Zeit in Amerika eine gute Erinnerung, und zu den Gasteltern hält Lena bis heute den Kontakt.

Zurück in der Heimat, machte Lena ihr Abitur mit einem Notendurchschnitt von 1,0, bewarb sich um einen Studienplatz für Modedesign in Wien, wurde allerdings nicht angenommen. Das war ein Rückschlag, der Lena traurig machte. Sie begann ein Medizinstudium in München, was sie allerdings nach dem ersten Semester abbrach, weil es ihr nicht möglich war, beim Sezieren abzuschalten. Sie fragte sich ständig, was das für ein Mensch gewesen war, an dem sie herumschnitt, oder wie es wohl den Hinterbliebenen gehen möchte, warum er oder sie gestorben war. Da war zu viel Empathie und zu wenig professioneller Abstand.

Sich einen Fehler einzugestehen, das Studium abzubrechen und wieder nach Hause zu gehen fiel Lena nicht leicht. Sie hatte das Gefühl, gescheitert zu sein und sich rechtfertigen zu müssen. Heute sieht sie die Dinge allerdings ein bisschen anders als damals. Wenn sie zum Beispiel an die negativen Auswirkungen auf die Umwelt und die Menschen denkt, die das Modebusiness mit sich bringt, dann ist sie froh darüber, nicht direkt in diesem Kernbereich zu arbeiten, sondern über einen anderen Weg der Branche treu zu bleiben.

Nach einer Zeit in Luttach ging sie wieder zurück nach München und studierte Kommunikationswissenschaften, absolvierte ein Praktikum bei der *Cosmopolitan* und bei *InStyle,* zudem arbeitete sie längere Zeit bei einem Modeunternehmen im Social-Media-Bereich. Dort durfte sie sogar ein Projekt starten, das das Ziel verfolgte, das Unternehmen nachhaltiger auszurichten. Allerdings war zu der Zeit weder die Branche noch das Unternehmen so weit, tiefgreifende Veränderungen vorzunehmen. Es hätte wesentlich mehr Ressourcen gebraucht, um etwas Wirksames umzusetzen, als zu diesem Zeitpunkt zur Verfügung standen. Das war dann einer der Gründe, warum Lena den gut bezahlten Studentenjob fallen ließ.

Viel entscheidender waren allerdings zwei andere Ereignisse. Greta Thunberg tauchte auf der Bildfläche auf, und mit Greta kam eine globale Umweltbewegung in Gang, wie es sie noch nie zuvor gegeben hatte. »Das hat mich zunächst neugierig gemacht, und ich wollte verstehen, was die Fridays genau fordern. Zudem hatten wir 2018 einen Hitzesommer, der mich wütend machte. Die Hitze laugte mich aus, ich sah die Folgen in der Landwirtschaft und wie vor allem alte Menschen zu leiden hatten.« So fing Lena an, sich mit der Erderhitzung zu beschäftigen. Sie schaute sich zunächst Videos von Harald Lesch an, dann begann sie, mehr und mehr zu dem Thema zu lesen. Als Lena erkannte, wie es um die Lebensbedingungen auf dem Planeten steht, dachte sie: »Boah, krass, das sieht ja mal richtig scheiße aus!« So scheiße, dass Lena mit ihrem Freund darüber sprach, auch über das Thema Kinder und dass sie unsicher seien, ob sie noch Kinder in diese Welt setzen wollen. »Welchen Lebensbedingungen würde ich meine Kinder aussetzen?« Es macht sie wütend, dass sie überhaupt über so ein Thema nachdenken müssen. »Was haben uns die vorherigen Generationen hinterlassen, und was hinterlassen wir den folgenden Generationen?« Es ist schlimm, an dem Grundlegendsten des Menschseins zweifeln zu müssen.

Mit dieser Erkenntnis veränderte sie ihr Leben mit bewundernswerter Konsequenz. »Ich musste mein Leben umgestalten, um selbst Veränderung von anderen erwarten zu dürfen.« Es war Lena klar, dass sie die Modebranche verändern oder komplett aussteigen musste. Auszusteigen und ihre Energie woanders einzusetzen erschien ihr sinnvoller, als eine Veränderung in einer ziemlich resistenten Branche zu erwarten. Als Nächstes stellte sie sofort das Fliegen ein, obwohl sie zuvor gerne und häufig geflogen war. Sie stieg von einem geringen Fleischkonsum auf vegane Ernährung um. Ein eigenes Auto fand sie sowieso schon unnötig, und die Wohnung, die sie mit ihrem Freund bezog, wurde mit Secondhandmöbeln eingerichtet. Lena stellte in dieser Zeit der Umstellung fest, wie schwer es war, Freund*innen mitzunehmen, und dass ihr der Austausch mit Gleichgesinnten fehlte. »Irgendwie wurde ich müde, immer erklären zu müssen und mich nie austauschen zu können«, sagt sie. Die Lösung war, Kontakt zu Umweltorganisationen zu suchen, und da ihr Greenpeace aus der Presse bekannt war und sie »cool« fand, was die so machten, schloss sie sich kurzerhand der regionalen Greenpeace-Gruppe an. Hier konnte Lena viel lernen und fand Menschen, die sie nicht nur verstanden, sondern die sie in ihrem Tun unterstützten.

Zur Zeit des Interviews arbeitet Lena an ihrem Master und wird anschließend promovieren. Ihr Ziel ist es, Wissenschaft so verständlich zu machen, dass Menschen verstehen, wie es um unseren Planeten steht, und über das Verstehen ins Handeln kommen. Nach Lenas Ansicht bietet Wissen nur einen Mehrwert, wenn wir beginnen, dieses auch in Handlung umzusetzen. Bis dahin bleibt Wissen ohne praktischen Nutzen im Elfenbeinturm der Wissenschaft gefangen. An der Stelle setzt für Lena die Kommunikationswissenschaft an, deren Aufgabe es ist, wissenschaftliche Erkenntnisse zu transportieren und zu kommunizieren, damit Wissen zur Handlung werden kann. Und um das noch effektiver zu nutzen,

INFOBOX

Students for Future
Wir sind Studierende unterschiedlicher Hochschulen und Universitäten im deutschsprachigen Raum. Auf Basis der wissenschaftlichen Erkenntnisse erkennen wir die Klimakrise als existenzielle und global massiv ungerechte Bedrohung für Menschen und Gesellschaften weltweit. Wir streiten für eine lebenswerte Zukunft für alle und für Klimagerechtigkeit. Deshalb sind wir Teil von Fridays for Future und ebenso international, überparteilich, autonom und dezentral organisiert. Mach mit und werde Teil unserer Bewegung!

https://www.studentsforfuture-muc.de/#demands

studiert Lena neben der Kommunikationswissenschaft noch Umweltwissenschaft.

Darüber hinaus engagiert sie sich bei den Students for Future in München. Die Students for Future fordern, dass das Wissen und die Handlungsoptionen zur Klimakrise an Schulen und Universitäten vermittelt werden. Professor*innen und Lehrer*innen sollen animiert werden, die Klimazusammenhänge in ihren Unterricht einzuflechten. Zudem stellen die Students Forderungen an die Politik, mit der Klimapolitik endlich ernst zu machen. Es wird erwartet, dass sich die Hochschulen zum 1,5-C°-Ziel von Paris bekennen. Originalauszug aus dem Positionspapier zur Novellierung des Bayerischen Hochschulgesetztes: »Für den laufenden Betrieb der Hochschulen bedeutet das, dass diese bis spätestens zum Jahr 2030 Klimaneutralität erlangt haben müssen.«

Zweimal im Jahr veranstalten die Students bundesweit die Public Climate School, wo Wissen über die Klimakrise, deren Hintergründe und Zusammenhänge mit dem Ziel vermittelt wird, zu sensibilisieren und weitere Auseinandersetzungen mit dem Thema anzustoßen. Im November 2021 fanden über 100 Veranstaltungen, u. a. mit renommierten Wissenschaftler*innen, statt. Lena war für diese PCS die hauptverantwortliche Projektumsetzerin, ein sogenannter Hutmensch. Damit fielen in der Summe 15 bis 20 Arbeitsstunden zusätzlich pro Woche an, die Lena über Monate vor der PCS leistete. Und das kurz vor ihren Prüfungen zum Master.

Natürlich fragen wir uns, wie Lena Studium, Nebenjob, Greenpeace und sonstige Aktivitäten unter einen Hut bringt. Woher sie diese Kraft, diese Energie nimmt. Sie sagt: aus dem Wissen, dass wir für eine bessere Welt kämpfen müssen, wenn wir unseren Kindern und den nächsten Generationen eine lebenswerte Welt hinterlassen wollen.

Ein Vorbild und wahrlich eine Heldin des Alltags!

WEITERFÜHRENDE INFORMATIONEN

Literaturempfehlungen:
- Machste dreckig – Machste sauber. Die Klimalösung von David Nelles und Christian Serrer, Herausgeber KlimaWandel Verlag
- Die Menschheit schafft sich ab. Die Erde im Griff des Anthropozän von Harald Lesch, Knaur TB Verlag
- 3 Grad mehr von Klaus Wiegandt, oekom Verlag

Internet:
- https://studentsforfuture.info/
- https://fridaysforfuture.de/

© Ronald D. Vogel

MARTIN WEBER
NICHT MEHR TEIL DIESES SYSTEMS

*Der andere Karrierist und Selbstversorger, in Übereinstimmung
mit seinen Werten und dem Umweltschutz*

Es muss im Jahr 2012 gewesen sein, als ich, Stefan, ihm zum ersten Mal begegnete. Ich stand in der Empfangshalle eines Kunden und sah Martin auf das Gebäude zukommen. Er hatte die Aufgabe, eine Dienstleistung, die wir für den Kunden erbrachten, auf Energieeffizienz zu überprüfen. Martin fiel sofort auf, nicht nur aufgrund seiner Körpergröße, sondern auch durch seine freundliche Ausstrahlung. Nach dem gemeinsamen Meeting wusste ich, dass ich ihn in unserem Team haben wollte. Wenn ich auch noch nicht so ganz genau wusste, warum.

Und in der Tat, ein paar Monate später wurde er mein Kollege, und er ist es bis heute. Was ich damals noch nicht ahnte, war, welchen Einfluss Martin auf meine weitere Lebensgestaltung und auf unsere Unternehmensführung haben würde.

Martin wuchs mit einer sechs Jahre älteren Schwester wohlbehütet in der hessischen Provinz bei Braunatal nahe Kassel auf. Mit 19 begann er eine dreijährige Ausbildung zum IT-System-Elektroniker, und mit 24 zog es ihn nach Mannheim, wo er Informationstechnik studierte. Mit dem Abschluss in der Tasche ging es für ihn weiter nach Frankfurt am Main, wo er als Presales Consultant bei einem IT-Service-Provider seinen ersten Job annahm. Schnell merkte er, dass ihn die Arbeit nicht wirklich befriedigte, wollte er doch eigentlich die Welt verbessern. Aber gleich den ersten Job kündigen? Auf das erste nennenswerte Geld, das er verdiente, verzichten? Martin schob den Weltverbesserungsgedanken aufs Abstellgleis. Allerdings nur kurzzeitig.

Denn dann geschah das Unglaubliche, und noch heute ist Martins Erregung in der Stimme zu hören, wenn er darüber spricht. 2009 entschied sich die damalige schwarz-gelbe Bundesregierung unter Angela Merkel zum Ausstieg aus dem Atomausstieg. Sie verlängerte die Laufzeit der bestehenden Atomreaktoren. »Da war mir klar, ich werde zum Aktivisten. Was soll ich denn meinen Kindern und Enkeln sagen, wenn die mich eines Tages fragen, was ich gegen die Zerstörung der Welt unternommen habe? Ich möchte ihnen mit geradem Blick in die Augen schauen und mitteilen können, dass es mir nicht egal war und ich nicht zugeschaut habe, wie unsere Lebensgrundlagen zerstört wurden.«

Für Martin gab es drei Ebenen, auf denen er handeln konnte, wollte oder gar musste: Konsequente Reduktion des Konsums und wenn konsumieren, dann unter sozialökologischen Gesichtspunkten; als Aktivist in Gorleben und bei weiteren Gelegenheiten Flagge zeigen; und einen Job suchen, in dem er der Umwelt dienen kann. »Ich verbringe einen Großteil meines Lebens bei der Arbeit, da kann ich nicht gegen meine Überzeugung handeln.« Für Martin steht fest, dass es nichts Befriedigenderes gibt, als nach seinen Überzeugungen zu leben, und er ist davon überzeugt, dass Zwiespalt nicht nur unzufrieden, sondern auf Dauer auch krank macht.

»Aber Martin, du arbeitest in der Rechenzentrumsbranche, einer Branche, die nicht gerade für Nachhaltigkeit ausgezeichnet wird.« Martin sieht das anders. Genau aus diesem Grund arbeitet Martin nämlich seit ca. zehn Jahren in dieser Branche, denn gerade dort ist es besonders wichtig umzudenken. Dort, wo es noch große Energieeinsparpotenziale gibt. Gerade dort, wo es wehtut, dort sind seiner Ansicht nach die Hebel am größten.

So verschlug es ihn 2011 zu einem kleinen Unternehmen nach Bremen, welches sich auf die Effizienzberatung von Rechenzentren konzentriert hatte. Ziel war es, Unternehmen zu helfen, den damals noch neuen, jedoch anspruchsvollen Blauen Engel für Re-

INFOBOX

Wir alle nutzen Rechenzentren, mit jedem Stream, mit jeder Onlinebestellung, jeder Überweisung oder Recherche im Netz. Hinter jeder dieser Nutzungen arbeiten energieintensive Serverfarmen, untergebracht in Rechenzentren. In Deutschland gibt es nach Angaben des Branchenverbandes Bitkom e.V. ca. 50.000 nennenswerte IT-Installationen. Der CO_2-Footprint deutscher Rechenzentren liegt nach Bitkom bei rund 6 Mio. Tonnen pro Jahr. Allerdings schreibt das Umweltbundesamt zum Thema Energieverbrauch: »Obwohl die Rechenzentren in der Digitalisierung eine zentrale Rolle einnehmen, liegen belastbare Informationen zum Energieverbrauch der Rechenzentren nicht vor.«

In den letzten Jahren wurde viel an der Effizienz von Rechenzentren gearbeitet, jedoch findet z. B. die Nutzung der anfallenden Abwärme nach Angaben der Bitkom gerade mal in fünf Prozent befragter Unternehmen statt.

Aus diesem Grunde entwickelte das Umweltbundesamt schon vor Jahren einen Blauen Engel für Rechenzentren, dessen Einführung bisher jedoch von den Rechenzentrumsbetreibern weitestgehend ignoriert wird.

---

chenzentren zu erhalten und das Rechenzentrum gemäß deren Vorgaben energetisch zu managen.

Bereits ein Jahr später lernten wir uns kennen und wurden Kollegen. Ich erinnere mich noch gut an unser Vorstellungsgespräch in einem Bremer Straßenkaffee. Nie zuvor hatte jemand vor mir gesessen, der sich um einen neuen Job bewarb und auf meine Frage, welches der möglichen Dienstfahrzeuge ihm zusagen würde, antwortete: »Keines. Ich möchte kein Auto. Geben Sie mir lieber eine BahnCard 100.« Okay, machen wir. »Seltsamer Kauz«, dachte ich. Doch es ging weiter. Neben dem Handy erhalten Mitarbeitende in der Regel ein iPad. »Brauche ich nicht, ich komme auch mit dem Handy klar!«, so seine Reaktion. Jetzt geriet meine Vorstellung, was man Mitarbeitenden bieten muss, ins Wanken. Tief beeindruckt und mit einer Zusage seinerseits machte ich mich anschließend auf den Heimweg.

Von dem Zeitpunkt an arbeitete Martin unentwegt an dem Ziel, Rechenzentren hocheffizient zu gestalten, Nutzer*innen in diese Richtung zu beraten und beim energiesparenden Betrieb zu unterstützen. Seine große Vision reicht jedoch viel weiter. Er denkt in Energie- und Stoffkreisläufen, fragt sich, wie Rechenzentren am jeweiligen Standort als Wärmequelle für Abnehmer wie Gewächshäuser, Hotels oder andere Energieverbraucher eingebunden werden können. Wie wird das Rechenzentrum vom Teil des Problems zum Teil der Lösung?

Um darauf eine Antwort zu geben, gründete er 2019 gemeinsam mit drei weiteren Gesellschaftern, die Konseq GmbH und führte die Geschäfte über ca. zwei Jahre. Die Konseq hatte das Ziel, absolut konsequent auf nachhaltige Rechenzentren zu setzen. Hier sollten nur Kunden bedient werden, die selbst konsequent nachhaltig ausgerichtet sind. Unternehmen wie Bayer, RWE oder Volkswagen wurden von Konseq nicht bedient. Zudem sollten die Lösungen der Konseq die maximal erreichbaren Nachhaltigkeitsgesichtspunkte erfüllen. Alles, aber auch wirklich alles wurde bezüglich des ökologischen Rucksacks geprüft.

Hier zeigte sich dann sehr schnell, dass in der Wirtschaft zwar viel über Nachhaltigkeit gesprochen, diese aber kaum gelebt wird. Zwar kam das junge Unternehmen gut über die Runden, doch eine wirkliche Geschäftsentwicklung war nicht zu erkennen. Gleichzeitig wurde die zeitliche Belastung immer größer, sodass Martins Work-Life-Balance in Schieflage geriet. Nun wäre Martin nicht Martin, wenn er für sich daraus keine Konsequenzen gezogen und die Führung des Unternehmens niedergelegt hätte.

Was an Martin so ansteckend ist? Sein konsequentes Handeln. Mir ist kaum jemand bekannt, der so konsequent sagt, was er tut, und tut, was er sagt. Aus dem Grund wurde er seinerzeit schnell zum Nachhaltigkeitsbeauftragten, der dafür sorgen sollte, dass unsere Firma ein bisschen sauberer, ein bisschen grüner, ein bisschen nachhaltiger wird.

Dieses »bisschen« hat am Ende die Firma und teilweise sogar die Mitarbeiter*innen verändert. Im Grunde hat Martin jeden

Stein, jedes Blatt umgedreht. Woher kommt unser Büromaterial, woher der Kaffee? Welches Papier setzen wir ein? Können wir nicht grundsätzlich doppelseitig drucken? Müssen wir es so warm haben in den Büros, und welche Elektrogeräte werden angeschafft? Der größte Dorn in seinem Auge war und ist die Firmenmobilität. Brauchen wir noch Autos? Wenn ja, dann doch nicht so große? Warum müssen wir innerdeutsch fliegen?

Durch sein unablässliches Bohren hat Martin erreicht, dass die Firma ein am Treibstoffverbrauch orientiertes Mobilitätskonzept erstellt hat und Anreize schafft, das Auto gegen eine BahnCard 100 oder zumindest gegen ein kleineres Modell auszutauschen. Er sorgte dafür, dass selbst die, die ein Auto haben, die Bahnfahrten prämiert bekommen. Letztlich arbeitete er so lange daran, bis der Chef sein Auto abgab und komplett auf die Bahn umstieg. Geflogen ist in dieser Firma schon lange niemand mehr.

Ganz massiv war sein Einfluss auf die Entscheidung, dass Unternehmen in die Gemeinwohl-Ökonomie zu überführen. Martin war klar, dass damit ein ganzheitlich nachhaltiges Konzept entste-

INFOBOX

Als Selbstversorger werden Menschen und Gemeinschaften beschrieben, die sich weitestgehend autonom mit Energie, Kleidung und vor allem Nahrung versorgen.

Ein 100-prozentiger Selbstversorgungsgrad hieße absolute Unabhängigkeit von Staat und Gesellschaft, was in der Realität kaum umsetzbar ist. Spricht man hierzulande von Selbstversorgern, ist damit i. d. R. die weitestgehend eigene Versorgung mit Lebensmitteln und möglicherweise mit Energie gemeint.

Es gibt keine eindeutigen Zahlen zur Anzahl von Selbstversorgern in Deutschland. Es scheinen jedoch in zunehmender Zahl Menschen dieses Ideal anzustreben und Stück für Stück den Selbstversorgungsgrad zu erhöhen. Motive sind neben dem Ausstieg aus gesellschaftlichen Strukturen oftmals der Ausstieg aus der Konsumorientierung und dem Verbrauch industriell produzierter Lebensmittel.

hen würde, welches auf nahezu alle Unternehmensbelange Einfluss nimmt.

Und all das stemmt er neben seiner Arbeit auf dem 2,5 Hektar umfassenden Selbstversorgerhof, der mitten im niedersächsischen Nirgendwo liegt. Dort lebt er gemeinsam mit seinen Eltern, seiner Frau und seinem Sohn in einer Dreigenerationengemeinschaft.

Bernadette, seine Frau, bietet in der Abgeschiedenheit Yogakurse an, wodurch immer wieder andere Menschen zu Gast sind.

Für ihn ist der Hof die ideale Ergänzung – hier Hightech und Business am Rechner, da Arbeiten mit den Händen in der Erde. Martin sagt: »Es gibt einfach nichts Befriedigenderes, als seine Lebensmittel selbst anzubauen und gleichzeitig nach eigenen Überzeugungen zu leben.« Diese Zufriedenheit überkommt ihn voll und ganz, wenn er seinen Vater mit seinem siebenjährigen Sohn beim Spielen oder beim Handwerkeln zusieht.

Am Ende des Interviews frage ich Martin, was er verändern würde, wenn er für einen Tag König von Deutschland wäre. »Die intensive Landwirtschaft und vor allem die fürchterliche Massentierhaltung würden schnellstens um- und langsam abgebaut. Ich bin zutiefst berührt, wenn ich darüber nachdenke, welches Leid in diesen Ställen produziert wird, nur damit billiges Fleisch auf den Tisch kommt.«

Das ist auch der Grund, warum er und seine ganze Familie seit einigen Jahren vegan leben. Sie wollen nicht mehr Teil eines Systems sein, welches auf dem Leid anderer Lebewesen aufgebaut ist. So kenne ich Martin!

WEITERFÜHRENDE INFORMATIONEN ZU RECHENZENTREN

Internet:
- https://www.umweltbundesamt.de/themen/wirtschaft-konsum/gruene-informationstechnik-green-it/rechenzentren#undefined
- https://www.bitkom.org/sites/main/files/2022-02/10.02.22-studie-rechenzentren.pdf

WEITERFÜHRENDE INFORMATIONEN ZU SELBSTVERSORGUNG

Literaturempfehlungen:
- Selbstversorgung aus dem Garten von John Seymour, Verlag Urania Freiburg
- Der Biogarten von Marie-Luise Kreuter, BLV Buchverlag
- Der Selbstversorger. Mein Gartenwissen von Wolf-Dieter Storl, Gräfe und Unzer

Internet:
- https://wohnglueck.de/artikel/leben-als-selbstversorger-10-tipps-9837

KATHARINA PARTYKA
WO SICH DIE INUIT KÜSSEN

Nachhaltige Mode, denn Fast-Fashion zerstört Mensch und Natur

Am 1. Juli 2011 eröffnete Katharina in Köln ihr erstes Ladenlokal für nachhaltige Mode: kiss the inuit. Mode für eiskalte Tage, könnte man denken, aber die Geschichte hinter dem Namen ist eine andere: Als Katharina mit ihrem einjährigen Sohn Nase an Näschen rieb, dachte sie an das Küssen der Inuit. Sie dachte an die nachhaltige Lebensweise des indigenen Volkes, welches Mutter Erde und die Natur achtet. Und sie wusste sofort, dass so das Konzept ihres Unternehmens sein sollte – weg von den sozialen Verwerfungen und Umweltzerstörungen, die gängige konventionelle Mode nach sich zieht.

Katharina wurde in Berlin-Neukölln geboren, wo sie die ersten 13 Jahre ihres Lebens mit ihrer Mutter verbrachte. Die Mutter war im Jahr vor Katharinas Geburt aus Polen nach Berlin gekommen und verdiente als Dolmetscherin den Lebensunterhalt für sich und ihre Tochter. Einen Vater gab es auch, doch zu ihm hat Katharina kaum Kontakt. »Er war ein Eremit, der nie wirklich Interesse an mir zeigte.« Dafür war die Zuneigung zur Mutter umso größer und die Beziehung innig. Bis ein neuer Mann in das Leben der kleinen Familie kam und Katharina feststellen musste, dass sie mit diesem Mann nicht unter einem Dach leben konnte. Dazu kam, dass sich Katharina in Berlin-Neukölln nie richtig wohlgefühlt hatte. Die von vielen gewürdigte Berliner Schnoddrigkeit missfiel Katharina schon in frühen Jahren.

Die Lösung für Katharinas Dilemma war damals, dass sie im Alter von 13 Jahren ins Internat nach St. Peter-Ording ging. Obwohl ihr die Mutter fehlte, hatte sie dort eine gute Zeit. Das Internat war ein kleines Haus, zwölf Schüler*innen wurden dort unterrichtet. Tagsüber lernten sie gemeinsam für das Abitur, und abends gab es heimliche Strandpartys. Sie kletterten über den Zaun, saßen am Lagerfeuer am Strand, tranken Alkohol, und es gab auch den einen oder anderen Kuss? Internatsleben eben – genau, wie man es sich in der Fantasie ausmalt.

Nach der Schule wollte Katharina Psychologie studieren, wofür ihr allerdings der erforderliche Notendurchschnitt fehlte. Da sie sich – neben der Psyche der Menschen – auch für Ökonomie interessierte, fiel die Wahl auf Betriebswirtschaftslehre, Schwerpunkt Handel und Logistik, was Katharina in Marburg studierte. Mit dem Abschluss in der Tasche entdeckte sie ein zartes Interesse am Vertrieb. Das sie aber gleich wieder verwarf, nachdem sie bei einem Assessment-Center allen Ernstes vorführen sollte, wie sie einem Eskimo in Grönland einen Kühlschrank verkauft.

Katharina ging also stattdessen zu einer PR-Agentur nach Stuttgart, arbeitete dort im Bereich Radio, bildete sich nebenher weiter zur Werbetexterin, und weil es sie ins Rheinland zog, wechselte sie nach zwei Jahren nach Düsseldorf in eine andere Agentur. Dort arbeitete sie als Campaignerin, was nicht nur ein spannender Job war, sondern ihr auch die Möglichkeit bot, redaktionell zu arbeiten und als Projektkoordinatorin sehr umfangreiche Projekte eigenverantwortlich zu stemmen. Bevor ihre Tochter auf die Welt kam, managte sie mit einem zwölfköpfigen Projektteam eine Kampagne für den Sänger Robbie Williams, und eigentlich wollte sie nach der Geburt so schnell wie möglich die Arbeit wieder aufnehmen. Doch das ließ sich nicht vereinen. Kind und Agentur waren zu viel.

Dafür tat sich eine andere Option auf. Katharina machte sich selbstständig, was es ihr ermöglichte, zeitreduziert zu arbeiten. Einer ihrer Kunden war das Nachhaltigkeitsmagazin *Natürlich Köln*, für das sie über nachhaltige Mode schrieb. »Bei der Recherche wurde mir bewusst, welchen Schaden die konventionelle Modeindustrie auf dieser Erde anrichtete, und gleichzeitig sah ich, dass es total coole, nachhaltige Mode gibt. Großartige Labels, schicke Mode mit richtig innovativen Ideen. Die Menschen hatten zu dem Zeitpunkt ja noch das Gefühl, nachhaltige Mode müsse grau und trist sein, eher so im 68er-Ökostil.«

Je tiefer Katharina in das Thema nachhaltige Mode eintauchte, umso mehr reifte in ihr die Idee, einen eigenen Laden für Ökofashion zu eröffnen. »Das gab es damals selbst in einer Stadt wie Köln nicht.« Und wie es manchmal so ist – hat man eine Idee, einen Wunsch, den man verwirklichen will, dann laufen einem die Chancen über den Weg. In Katharinas Fall war es ein kleines Ladenlokal in der Nähe der Wohnung, das zu vermieten war. »Das war es«, sagt Katharina. »Ich wusste, da kommt mein Laden rein.«

Katharina bekam recht schnell zu spüren, wie aufreibend es sein kann, Träume zu verwirklichen. Inzwischen war ihr zweites Kind geboren. »Zudem hatte ich kaum Kapital, und wer würde denn einer selbstständigen Redakteurin schon Geld leihen?« Im Glauben daran, dass alles gut wird, nahm Katharina privat einen Kredit in Höhe von 30.000 Euro auf. »Das war natürlich viel zu wenig, doch das Gute war, dass ich das zu diesem Zeitpunkt noch nicht wusste.« Katharina bekam viel Unterstützung von allen Seiten, der Bruder ihres Mannes baute die Inneneinrichtung aus gebrauchten Teilen. Alles reused, also wiederverwendete Einrichtungsgegenstände. So konnte der Kredit in die Warenbeschaffung fließen. Allerdings nutzte das anfangs nicht viel, denn es gab Zeiten, da kam den ganzen Tag über kein einziger Kunde in den Laden. »Zudem war es mir wichtig, den Laden von 10 bis 18:30 Uhr geöffnet zu haben. Und dazu musste ich ja auch die zwei Kinder versorgen.« Ohne die Unterstützung von Freund*innen und vor allem von ihrem Mann wäre das nicht möglich gewesen.

Katharina ist ein gutes Beispiel dafür, wie einzelne Lebenspuzzleteile zusammengesetzt plötzlich ein Ganzes ergeben. Statt darüber zu jammern, dass der Laden leer war, schrieb sie einen Presseartikel nach dem anderen, platzierte diese geschickt, bis sie eines Tages mit dem Glück der Tüchtigen belohnt wurde: Ein Journalist der *New York Times* besuchte kiss the inuit und berichtete darüber. Er nahm den Laden unter der Rubrik »Was du sehen musst, wenn du 24 Stunden in Köln bist« in einen digitalen Reiseführer auf, und das brachte den Durchbruch. Die Berichterstattung wurde von anderen Medien, z. B. vom *Stadtanzeiger,* aufgegriffen. »Was richtig cool war, ich hörte, wie Menschen in der Straßenbahn über meinen Laden sprachen. Da hatte ich das Gefühl, jetzt geht's ab.«

Um kiss the inuit rundum nachhaltig auszurichten, schloss sich Katharina vor Jahren der Gemeinwohl-Ökonomie (GWÖ) an. Durch die Veröffentlichung der GWÖ-Bilanzierung auf der Internetseite wird transparent über ihr Wirtschaften und Handeln informiert. »In der GWÖ wird das vereint, was uns ausmacht«, so Katharina. »Fairer Umgang mit allen Stakeholdern, eine ökologische und soziale Ausrichtung des Unternehmens und eine Orientierung am Gemeinwohl.«

Gerne spricht sie öffentlich über ihr gemeinwohlorientiertes Wirtschaften und über die GWÖ im Grundsätzlichen. Daher und weil ihre offene, mitreißende Art Menschen begeistert, wird Katharina gerne als Vortragsrednerin oder Diskussionsteilnehmerin eingeladen. Bei einer solchen Veranstaltung 2013 in Bonn wurde sie aus dem Publikum heraus gefragt, warum sie keinen Laden in Bonn eröffnet. Da bereits viele ihrer Kunden aus Bonn kamen und zum Einkaufen nach Köln fuhren, spielte Katharina in der Tat schon länger mit diesem Gedanken. Als nun auch noch eine Freundin zusagte mitzumachen, stand fest, dass kiss the inuit nach Bonn kommt. Und auch wenn die Realisierung mit Hürden verbunden war, war Aufgeben keine Option für Katharina. Ökosoziale Mode ist einfach ihr Herzensthema. Warum? Weil die konventionelle Mode ökologischer und sozialer Wahnsinn ist.

Das Thema ist so groß und komplex, dass es hier nur angeschnitten werden kann. Allerdings zeigen schon ein paar nackte Zahlen und Fakten, dass es dringend notwendig ist, Verbraucher*innen zu sensibilisieren.

- Zwischen 2000 und 2014 hat sich die Produktionskapazität von Kleidung verdoppelt.
- Je nach Berechnungs- oder Einrechnungsumfang liegen die durch Mode verursachten klimawirksamen Treibhausgasemissionen zwischen 10 und 25 Prozent der weltweit ausgestoßenen Emissionen.
- Etwa 25 Prozent der weltweit eingesetzten Pestizide gehen auf das Konto der Textilindustrie.
- Die Textilindustrie gehört zu den größten Trinkwasserverbrauchern und Umweltverschmutzern.
- Ca. 20.000 verschiedene Chemikalien kommen in der Branche zum Einsatz.

Durch den hohen Anteil an Chemiefasern gehört die Textilindustrie zu den größten Kunststoffverschmutzern auf dem Planeten.

Die sozialen Umstände in den Textilfabriken, in denen unsere Mode produziert wird, sind vielerorts noch immer grausam und inakzeptabel. Für kurze Zeit trat diese Tatsache in unser Bewusstsein, als am 24. April 2013 das Rana Plaza, eine Textilfabrik in Bangladesch, infolge eines Brandes einstürzte. 1.134 Menschen verloren damals ihr Leben, und über 2.000 Menschen wur-

INFOBOX

Nachhaltige Mode ist nicht nur chic, sondern schont die Umwelt und vermeidet die mit Fast-Fashion einhergehenden sozialen und ethischen Verwerfungen. An den folgenden Kriterien kann bewertet werden, ob ein Kleidungsstück nachhaltig hergestellt wurde: Einsatz natürlicher Rohstoffe, umwelt- und ressourcenschonende Produktion, Recyclingfähigkeit der Produkte, soziale Arbeitsbedingungen, frei von Plastikverpackung und geringe Transportwege.

Da diese Kriterien kaum für Verbraucher prüfbar sind, helfen Gütesiegel: z. B. Grüner Knopf, GOTS, Fair Wear Foundation, IVN. Weitere Informationen hierzu unter https://www.verbraucherzentrale.de/wissen/umwelt-haushalt/nachhaltigkeit/faire-kleidung-das-bedeuten-die-siegel-7072

den schwer verletzt. Produziert haben hier unter anderem Labels wie NKD, KiK, Primark und Benetton. Obwohl die Branche Besserung schwor, kommt es in den Textilfabriken immer wieder zu tödlichen Unfällen.

Die Liste an Umwelt- und Sozialverstößen ließe sich endlos weiterführen, und es lohnt sich, sich weiter zu informieren. Katharina ist der Meinung, dass jede*r mit seinen Konsumentscheidungen zum Wohl oder Unwohl des Planeten und der Menschen beiträgt. »Allerdings sollte man nicht die einzelnen Menschen verurteilen, sondern politische Rahmenbedingungen verlangen, die sich am Wohl der Menschen orientieren«, sagt Katharina und führt fort: »Die Branche sollte einfach für faire Löhne und sichere Arbeitsplätze sorgen, zudem für Umweltschäden verantwortlich gemacht werden.«

Um den Gedanken der Nachhaltigkeit weiter voranzutreiben, hat Katharina das IGLU gegründet und damit einen Ort geschaffen, in dem Kleidung abgegeben und recycelt wird. Einen Ort, wo ökofaire Kleidung verbilligt verkauft wird und an dem man sich zu und über das Thema Fashion und Nachhaltigkeit umfassend informieren kann. Hier werden Mode und Nachhaltigkeit zu Ende gedacht. Katharina sagt: »Egal aus welchem Bereich du kommst, auch du hast die Möglichkeit, die Welt zu verbessern.« Sei es durch deinen gezielten Konsum oder durch den Mut, Neues, Fremdes zu wagen. Oder wie Katharina lachend hinzufügt: »Wenn du von etwas überzeugt und bereit bist zu handeln, dann tue es, es wird funktionieren.«

WEITERFÜHRENDE INFORMATIONEN

Internet:
- https://kisstheinuit.de/oekofair-shoppen-in-koeln-und-bonn
- https://www.verbraucherzentrale.de/wissen/umwelt-haushalt/nachhaltigkeit/faire-kleidung-das-bedeuten-die-siegel-7072
- https://www.bpb.de/lernen/kulturelle-bildung/223869/fashion-society-mode-trifft-moral/

Literaturempfehlungen:
- Unfair Fashion. Der hohe Preis der billigen Mode von Dana Thomas, Riva Verlag
- Handbuch Nachhaltigkeit – Kleidung. Textilindustrie, Tauschparties, Upcycling, Qualitätssiegel und mehr von Isabella Theil, Independently published
- Fluter, Heft 78, https://www.fluter.de/heft76

KATJA DIEHL
SHE DRIVES MOBILITY

*Mobilität für statt gegen die Menschen. In einem Land,
in dem die Menschen ihre Autos liebkosen*

»Ich weiß, dass ich ein guter Mensch bin.« Dieser Satz, ausgesprochen von Katja kurz vor dem Ende des Interviews, hat mich aufhorchen lassen. »Da sitzt eine Frau vor mir, die mit sich selbst im Reinen ist«, ging es mir durch den Kopf. Es war nicht das erste Mal, dass Katja mich überraschte. Bei der Vorbesprechung zum Interview, die wir via Zoom abwickelten, lag sie unter einer dicken Decke im Bett. Eine Interviewpartnerin, die im Bett liegt – das war neu. Nun muss man wissen, dass Katja kurz zuvor an Corona erkrankt war und noch immer mit den Folgen zu kämpfen hatte. Dennoch nahm sie sich die Zeit. Gut so, denn obwohl sie selbst in diesem Moment alles andere als mobil war, hat Katja unglaublich viel darüber zu erzählen, was uns in den kommenden Jahren bewegen wird: die Mobilität der Zukunft.

Katja wurde in Braunschweig geboren und zog schon bald mit ihren Eltern in eine 4.000-Seelen-Gemeinde ins Emsland. Sie genoss die Kindheit dort sehr, sagt, dass es ein Ort gewesen sei, wo Kinder noch Kinder sein konnten. »Wir hatten eine richtige Kinderbande, durften durch die Wälder ziehen, auf Bäume klettern und dreckig nach Hause kommen.« Heute sieht sie kaum noch Kinder, die so unbeschwert im Freien spielen. Heute sei vieles reglementiert, und die Kleinsten stünden bereits unter Erfolgsdruck, ein Druck, der eine wirkliche Kindheit kaum noch zulasse.

Schon früh entwickelte Katja Freude an Sprache und Kommunikation, schrieb und arbeitete bereits auf dem Gymnasium für die Schülerzeitung. Da war es nur konsequent, dass sie einen Magisterstudiengang der Literaturwissenschaften belegte und mit sehr gut bestand. Wenige Jahre später legte sie nebenberuflich an der Westfälischen Wilhelms-Universität Münster ihre Prüfung zum Executive Marketing MBA ab. Ab der Jahrtausendwende arbeitete und engagierte sich Katja in verschiedenen Unternehmen und Organisationen: im Bereich der öffentlichen Hand, im Mittelstand, in Konzernen sowie in Umweltorganisationen.

2017 gründete sie SHE DRIVES MOBILITY, dazu arbeitete sie in Teilzeit in einem Start-up, welches sich ebenfalls mit Fragen der grünen Mobilität beschäftigte. Das war zwar kein Job, bei dem man reich wurde, aber Katja war Zeitsouveränität wichtiger als ein hohes Monatsgehalt. »Vor allem wollte ich für keinen Konzern mehr einen 50-Stunden-Ballaballa-Job machen, sondern mich um Menschen und Dinge kümmern, die mir wichtig sind.«

Dass Katja sich so intensiv mit der Verkehrs- und Mobilitätswende auseinandersetzt, hat nichts damit zu tun, dass ihr als kleines Mädchen im orangefarbenen VW Käfer der Eltern immer übel wurde, sondern damit, dass sie das heutige autozentrierte Mobilitätssystem als zutiefst unfair und menschenfeindlich empfindet. Angetrieben durch einen starken Gerechtigkeitssinn, ist ihr früh klar geworden, dass heutige Mobilitätssysteme die Schwachen vernachlässigen – man könnte sagen, diskriminieren und schädigen. »Mobil ist, wer stark ist und möglichst viele Pferdestärken unter der Haube hat.« Doch was ist mit den Alten, mit den Jüngsten, mit denen, die finanziell schlecht aufgestellt sind, und mit den Menschen mit Behinderungen oder denen, die einfach die Umwelt nicht unnötig durch Abgase belasten wollen? Und was ist mit den massiven Umwelt- sowie Gesundheitsschäden, die durch den motorisierten Individualverkehr verursacht werden und unter denen die Hauptverursacher und größten Nutznießer des Systems am wenigsten leiden? »Oder hast du schon mal einen Automobilkonzernmanager getroffen, der an der Autobahn oder direkt an einer Bundesstraße lebt?«

Viele werfen Katja vor, dass sie das Auto verbieten wolle. Dabei fordert sie das überhaupt nicht, sondern primär eine neutra-

lere Betrachtung der heute gelebten, autogestützten Individualmobilität. So stellt sie einige Fragen, mit denen wir uns beschäftigen können und sollten:
- Wie kann es sein, dass die Autos unser Stadtbild dominieren und sich alles diesem goldenen Kalb unterordnet?
- Wie kann es sein, dass vor allem stehende Autos einfach so den öffentlichen Raum belegen? Wir dürfen doch auch nicht unser Sofa auf die Straße stellen.
- Wie kann es sein, dass wir heute auf dem Land fast gezwungen werden, mit dem Auto zu fahren, da der öffentliche Nahverkehr abgebaut wurde und daher kaum noch existent ist?
- Wie kann es sein, dass ausgerechnet die ärmeren Bevölkerungsschichten, die sich kaum ein Auto leisten können, an den verkehrsstarken, lauten und abgasgeschwängerten Straßen, also mit dem Lärm und Schmutz der Automobilität leben müssen?
- Wie kann es sein, dass die durch das Auto verursachten Umwelt- und Gesundheitsschäden von der Allgemeinheit und nicht von den Verursachern bezahlt werden?

Neben diesen exemplarischen Fragen, die unendlich weitergeführt werden könnten, stellt Katja auch schmerzhafte Vergleiche an und belegt diese mit konkreten Zahlen und Quellen. So sterben laut WHO ca. 1,2 Millionen Menschen jährlich durch Verkehrsunfälle. 40 Millionen Menschen werden in diesem Zeitraum teilweise schwer verletzt. Über die Jahre addiert, sind das Zahlen, die an die Opferzahlen der letzten Weltkriege erinnern. Städte und Landschaft werden seit Jahrzehnten autogerecht gestaltet, dabei werden, ohne mit der Wimper zu zucken, Natur und Kulturdenkmäler zerstört, Lebensräume vernichtet und Menschen – besonders die Alten, die Schwachen und die Kinder – an die Seite gedrängt.

Für das Aufzeigen wissenschaftlich belegter Fakten wurde und wird Katja von undifferenzierten Autoliebhaber*innen, aber auch von rechten Randgruppen und der Boulevardpresse regelmäßig massiv angegangen, persönlich beleidigt und angegriffen. Das führte so weit, dass sie es 2021 sogar mit dem Staatsschutz zu tun bekam. In den sozialen Netzwerken uferten die Beschimpfungen, Beleidigungen und Bedrohungen teilweise derart aus, dass Katja immer mal wieder ihren Twitter-Account abstellen musste. In welcher Welt leben wir eigentlich, in der Menschen, die sich für das Gemeinwohl einsetzen, bedroht und beschimpft werden?

Und warum ist das Auto vor allem für die Deutschen so wichtig und unverzichtbar? Wie kann es sein, dass wir uns mit viel Blech und einer veralteten Technologie so identifizieren? Nach Katjas Ansicht sind große, schicke, schnelle und teure Autos nach wie vor Statussymbole, weil unsere Gesellschaft noch keine Alternativen zu bieten hat. Zudem werden wir von klein an hin zum Auto erzogen: Kinderfilme mit vermenschlichten Autos, großen Augen und Kindergesichtern, Spielzimmer, die mit Spielzeugautos gefüllt sind, und wer es auf die Spitze treibt, schenkt dem kleinen vierjährigen Racker seinen elektrisch betriebenen Mercedes ML 350 mit Soft-Start-Funktion. Das nennt man Zielgruppenmarketing und frühzeitige Konditionierung. Und vor allem diese Konditionierung erklärt, warum ein ressourcenfressendes Fortbewegungsmittel derart polarisiert.

In einer Umfrage von Mobil.de kam heraus, dass 61 Prozent der Deutschen mit ihrem Auto sprechen. Manche bedanken sich bei ihrem Auto, andere beschimpfen es, vertrauen ihm persönliche Dinge an oder liebkosen es wie ein Haustier. Dagegen kommt man schwer an.

Aber Katja lässt sich nicht entmutigen. Sie entwickelt konsequent ihre Vorstellung davon weiter, wie Mobilität gestaltet werden kann. Dazu schlägt sie vor, Mobilität nicht mehr isoliert zu betrachten, sondern im Kontext mit Diversität und neuen Arbeitsformen. Konzepte zu entwickeln, damit sich Menschen mit Behinderung und mit kleiner Brieftasche ebenso bewegen können wie Menschen bei voller Gesundheit und guten finanziellen Möglichkeiten. Zudem sollten Arbeitsformen so gestaltet sein, dass unnötiger Individualverkehr vermieden wird. Wir alle haben im ersten Corona-Lockdown erleben dürfen, wie die Arbeitswelt trotz leerer Straßen funktioniert hat und wie angenehm das war. »Es kann doch nicht sein, dass im digitalen Zeitalter und in der Arbeitswelt des New Work genauso viele Menschen auf dem Weg zum Arbeitsplatz die Straßen verstopfen wie vor 20 Jahren«, meint Katja. In der Tat ist die Frage berechtigt, wo der Sinn zu finden ist, wenn Menschen ins Büro pendeln, dort den Rechner hochfahren, acht Stunden in den Monitor starren, um diesen am Abend wieder runter- und sich selbst nach Hause zu fahren.

Katja ist der Meinung, dass wir weiterhin Autos benötigen, trotzdem mutet es in ihren Augen seltsam an, dass in einem Land mit rund 80 Millionen Menschen und 41,5 Millionen Haushalten fast 50 Millionen Autos auf den Straßen herumstehen und nur manchmal fahren. Wir benötigen intelligente Systeme, die es uns ermöglichen, Autos zu teilen, die es uns ermöglichen, Autos zu nutzen, anstatt sie zu besitzen und als Statussymbole vor die Türen zu stellen. Was es braucht, ist die Stärkung des öffentlichen Nahverkehrs, vor allem auf dem Land. Aber gezielt. Es macht nämlich wenig Sinn – weder für die Betreiber noch für die Fahrgäste und schon gar nicht für unsere Umwelt –, samstags oder sonntags zweimal am Tag einen 30 Tonnen schweren Bus mit 50 Sitzplätzen zu festen Fahrzeiten leer durch die Gegend fahren zu lassen. Stattdessen sollte es engere Taktungen geben, die jederzeit per App ge-

INFOBOX

Der Verkehrs-, also Mobilitätssektor belastet Mensch und Umwelt auf verschiedenste Art und Weise. Der Verkehrssektor verbraucht ca. 25 Prozent der Primärenergie und ist in etwa mit dem gleichen Prozentsatz für die Treibhausgasemissionen verantwortlich. Der Ausstoß der Stickstoffoxide (40 Prozent durch Verkehr) belastet unsere Atemwege, macht krank und tötet. Zudem ist der verkehrsverursachte Lärm für gesundheitliche Beeinträchtigungen (Herz-Kreislauf-Erkrankungen etc.) verantwortlich, und der Straßenverkehr beansprucht ca. 5,5 Prozent der bundesdeutschen Fläche.

Quelle: Umweltbundesamt

rufen werden können. »Würde das auch noch mit behindertengerechten Zustiegsmöglichkeiten versehen, wäre das ein Schritt hin zur echten und fairen Mobilität für alle.« Und Katja ergänzt: »Die Möglichkeiten, Mobilität für statt gegen die Menschen zu machen, sind unendlich. Doch wir kommen nicht weiter, wenn wir nach immer neuen Ausreden anstatt nach Lösungen suchen.«

Katja lebt ihre Passion, eine gerechte Welt zu schaffen, und ist dafür auch bereit, auf die übliche Karriere zu verzichten. Sie ist bereit, sich beschimpfen und beleidigen zu lassen. Sie ist bereit, ohne finanzielle Sicherheiten zu leben, und damit zufrieden, dass sie über die Runden kommt. Durch ihr beharrliches und mutiges Tun findet Katja mittlerweile auch öffentlich Gehör. Sie war Gast bei Böhmermanns *ZDF Royale,* diskutierte zur besten Sendezeit mit Automobilisten *Auf der Couch* von Dr. Leon Windscheid, wird als Mobilitätsexpertin von der Politik und auf die IAA geladen und gibt somit einem Thema, das die meisten von uns betrifft, eine öffentliche Stimme. Lohnenswert ist ein Blick in ihr Buch *Autokorrektur – Mobilität für eine lebenswerte Welt.* Es regt explizit dazu an, uns zu fragen, wie selbstbestimmt wir Mobilität leben und überhaupt leben wollen. Ob wir damit einverstanden sind, wenn ein Autolobbyist, auf der oben genannten Couch im ZDF sitzend, sagt: »Wir haben kein Problem, denn es gibt im Schnitt nicht mal einen Toten pro Tag auf deutschen Autobahnen.« Katja ist es nicht.

WEITERFÜHRENDE INFORMATIONEN

Internet:
- https://katja-diehl.de/
- https://www.umweltbundesamt.de/daten/verkehr/umweltbelastungen-durch-verkehr

Literaturempfehlungen:
- Autokorrektur – Mobilität für eine lebenswerte Welt von Katja Diehl, Fischer Verlag
- Mobilität für alle: … auf Knopfdruck von Andreas Herrmann, Johan Jungwirth und Frank Huber, Campus Verlag
- Aktionsbuch Verkehrswende. Acker, Wiese & Wald statt Asphalt von C. Tompson, T. Rosswog, J. Sundermann, J. Bergstedt, oekom verlag

STEFAN BECKER
HUMANIST UND PHILOSOPH

Dessen steiniger Weg zur Hilfe für Helfende führte

Stefans Geschichte aufzuschreiben fällt nicht leicht. Gleichzeitig ist sie ein Sinnbild dafür, wie Menschen über das erlebte Leid ihrer Kindheit hinauswachsen und anderen damit Vorbild sein können. Aber fangen wir von vorne an.

Stefan wurde in Trier im ehemaligen Kloster-Krankenhaus geboren. Trier, zu Beginn unserer Zeitrechnung von Kaiser Augustus gegründet, ist eine malerische, im Moseltal zwischen den Weinbergen in der früheren Provinz Gallia Belgica gelegene Stadt. Vater Konrad war Maurer, Opa Nikolaus Küfer, also Fassbinder – so lernte Stefan früh anzupacken. Die Kindheit verbrachte er gemeinsam mit seiner drei Jahre älteren Schwester und dem drei Jahre jüngeren Bruder in materieller Einfachheit und in großer seelischer Armut, ausgelöst unter anderem durch den Krebstod seiner Mutter, als er vier Jahre alt war. »Ich spielte bei sonnigem Juliwetter in einem gelben Sandhaufen beim Nachbarn. Da kam mein Onkel und rief mich in aufmunterndem Ton ins Haus, ans Bett meiner Mutter. Da stand ich dann, ein Knirps, der gerade über die Bettkante schauen konnte, und blickte ins Gesicht meiner toten Mutter. Sah den Vater, der tief versunken vor dem Bett kniete.« Ein Bild, eine Situation, die Stefan nie mehr ganz losließ.

Aber das Leben musste weitergehen. Der Vater hatte »drei Mäuler zu stopfen«. So blieben die drei kleinen Beckers zunächst bei der geliebten Oma und dem stoisch weisen Opa. Dem Opa, der nie viel sprach und trotzdem immer die richtigen Worte fand. Der es verstand, sich sanftmütig und in Bildern auszudrücken. Der Opa, der Stefan lebenslang als Vorbild diente und dient. Die gütige Oma, die nie den Tod ihrer einzigen Tochter überwand. Eine Frau, die in Stefans Erinnerung enorme Liebe ausstrahlte und gleichzeitig eine tiefe Trauer. Es gab und gibt vieles zu betrauern in Stefans Leben. Er selbst sagt: »Trauer ist ein Kern meines Lebens« und fügt hinzu, dass er diese Trauer heute annehme, um aus seinen Erfragungen heraus anderen Beistand zu leisten.

In Stefans achtem Lebensjahr lernte der Vater eine neue Frau kennen, heiratete sie, und sie zogen als Familie zusammen. Stefan freute sich riesig. Ohne lange zu zögern, nannte er sie Mama, doch die Freude und das empfundene Glück hielten nicht lange an. Stefan litt, vermutlich durch den Verlust der Mutter, unter Hospitalismus – einer Krankheit, die häufig bei vernachlässigten, sich nicht geliebt fühlenden Kindern auftritt. Gründe, sich ungeliebt zu fühlen, gab es ausreichend: Nachts wurde Stefan oft wach gerüttelt, erhielt Vorhaltungen und Kopfnüsse. Um dem auszuweichen, legte er sich zum Schlafen oft in den Keller. Das, gepaart mit häufigen Schlägen des Vaters, führte dazu, dass Stefans schulische Leistungen absackten. Ein Teufelskreis der Demütigung, der einen Höhepunkt darin fand, dass der gepackte Koffer für das Heim vor seiner Erstkommunion wochenlang als Mahnung im Flur stand. Es verwundert nicht, dass Stefan infolge dieser Erfahrungen von Scham und Aggression erfüllt war. So verließ er die Schule, ohne eine richtige Perspektive zu haben, mit einem Hauptschulabschluss, arbeitete ungelernt bei der Bundesbahn und am Wochenende mit dem Vater auf dem Bau. Eine gemeinsame Zeit, die trotz der erlittenen seelischen Verletzungen auch Versöhnung in sich trug.

Was hartnäckig blieb, war die Scham. Auch darüber, dass er sich als ungelernter Arbeiter herumschlug. Also begann er, neben seinem Job über die Abendschule den Realschulabschluss und dann das Abitur nachzuholen, schloss ein Architekturstudium an und ging anschließend für drei Jahre in ein Architekturbüro nach Wien. In der Architektur konnte er seine handwerklichen, bodenständigen Erfahrungen mit der Fragestellung zusammenbringen, wie Gemeinschaften funktionieren – eine ganz grundsätzliche Frage, nicht nur für Architekten. Mit seiner Diplomarbeit, die den Titel *Lusthaus im Augarten* trug, trieb er es auf die Spitze, indem er sich den Entwurf eines Bordells als Aufgabe stellte. »Ich wollte wissen, was da geschieht und wie das funktioniert«, so Stefan. Natürlich hat das polarisiert, sodass sich die prüfenden Professoren über die Beurteilung seiner Arbeit ordentlich in die Haare bekamen. Doch Stefan hatte sich entschieden, weiter zu fragen und zu erforschen, was in den Gebäuden passiert, die von Architekten und Ingenieuren für Gesellschaften gebaut wurden, und wie sie die Menschen prägen, die darin arbeiten oder gezwungen sind, darin zu leben. Egal, ob es Bordelle oder Heime für »Schwererziehbare« oder Senioren waren.

Nach seiner Zeit in Wien, die ihn wegen des enormen Arbeitsumfangs aufzuzehren drohte, ging er mit seiner damaligen Freundin und heutigen Ehefrau auf eine Jahresreise. Besucht haben sie Neuseeland, China, Indien und angrenzende Regionen. Gereist wurde mit der Bahn, dem Bus und zu Fuß. »Das waren die stärksten Einschnitte in meinem Leben«, sagt Stefan. Nie zuvor oder danach sah er Arm und Reich, Tod und Leben so nah beieinander wie in Indien. In Jaipur kam er mit Vipassana, der Einsichtsmeditation (s. Kapitel über Alexander Vogt), in Berührung. Er besuchte daraufhin sein erstes Retreat, aus dem er mit dem Entschluss, Philosophie zu studieren, herausging. Gesagt, getan. Finanziert durch seine Arbeit als Architekt und durch handwerkliche Tätigkeiten auf dem Bau, schloss er das Studium 2002 ab.

In der Zeit darauf beschäftigte sich Stefan mit Gewaltfreier Kommunikation nach Marshall B. Rosenberg. Abgekürzt GFK, hat sie zum Ziel, Menschen darin zu unterrichten, wertschätzend, bedürfnisorientiert und im Besonderen zielstrebig miteinander zu kommunizieren. Wie es Stefan so schön sagt, GFK ist »gelebte Warmherzigkeit ohne Hirnabschaltung«. »Mich faszinierte die Klarheit der GFK und die Tatsache, dass sie mir eine besondere Art von Verantwortung nahelegt. Die GFK erfordert Mut zur Selbstverantwortung.« Stefan machte die Ausbildung zum Trainer und die GFK zu seinem Beruf. Er hilft Organisationen, sich so zu entwickeln, dass sie menschlich und dennoch produktiv sind. Menschen vom Denken ins Tun zu bringen und sie zu ermächtigen, im Kontext eigener und fremder Bedürfnisse schnell und zielstrebig zu kommunizieren ist ihm ein wichtiges Anliegen. Vor allem eine Kommunikation, die eine Sprache spricht, die Menschen nicht herabsetzt oder verletzt.

Ermutigt unter anderem durch die Erfahrungen mit der GFK, ließ sich Stefan zusätzlich zum Hospizbegleiter, zum Musikgeragogen – insbesondere für den Umgang mit dementen Menschen –, und zum Trauerbegleiter für Angehörige und im Besonderen für Kinder und Jugendliche ausbilden.

Verstärkt wurde der Wunsch, auf diesen Feldern aktiv zu werden, natürlich durch die eigenen Kindheitserfahrungen und durch die Pflege seiner Schwiegereltern. Die beiden lebten in den Niederlanden, und Stefan hatte seiner Schwiegermutter versprochen, sie im Alter niemals allein zu lassen. Ein Versprechen, welches ihn später noch sehr fordern sollte, denn sein Schwiegervater litt zunehmend unter den Folgen seiner Parkinsonerkrankung, während die Schwiegermutter überraschend schnell an einer schwerwiegenden Demenz erkrankte. Stefan und seine Frau zögerten nicht

Gewaltfreie Kommunikation nach Marshall B. Rosenberg.
Ein Handlungskonzept, in dem zielgerichtete Sprache und wertschätzender Dialog eine zentrale Rolle spielen. Ursprünglich im therapeutischen Umfeld entstanden und in der Pädagogik weiterentwickelt, gewinnt es heute sowohl in privaten als auch in organisationellen Lebenswelten zunehmend an Bedeutung und Wirksamkeit.

Literaturempfehlung:
Gewaltfreie Kommunikation. Eine Sprache des Lebens von Marshall B. Rosenberg, Junfermann Verlag

lange und entschieden: »Sie kommen zu uns.« Zunächst in die eigenen vier Wände und einige Monate später in ein eigenes Haus.

Die Pflege, die Stefan und Marina leisteten, wurde allerdings immer herausfordernder, da der Schwiegervater krankheitsbedingt zunehmend aggressiv wurde und die Schwiegermutter zusehends die Orientierung verlor. Manchmal schlief – oder besser: durchdöste – Stefan Nacht für Nacht im Zimmer der Schwiegermutter. Die Eheleute waren zunehmend überfordert, und es wäre an der Zeit gewesen, dem entgegenzusteuern und die Schwiegereltern in einem Heim unterzubringen, in dem eine 24-Stunden-Betreuung gesichert war. Doch dagegen sprach das Versprechen: »Ich lasse euch im Alter nie allein.« Stefan sagt heute: »Es steigerte sich bis in die maximale Überforderung, und ich musste erkennen, dass ich mein Versprechen einfach nicht halten konnte.« Die Schwiegereltern kamen ins Seniorenheim, doch auch da ging der Horror weiter, denn auch das Pflegepersonal war komplett überlastet.

Der Umgang mit den alten Menschen war einfach weitab von dem, was Stefan unter Menschenwürde verstand, sodass er weiter, wenn auch unter anderen Bedingungen, in der Verantwortung stand. Bis er selbst merkte, dass er Hilfe brauchte. Er fand eine Therapeutin, die ihn »nicht zu therapieren versuchte«, wie Stefan sagt, sondern einfach begleitete. So begleitete, dass er seine Kräfte wiederfand und darüber hinaus heute die Kraft hat, fremden Menschen beizustehen.

Stefan stellte fest, dass er wie viele andere als Helfender lange keine Hilfe erfuhr. »Helfende Menschen reiben sich auf, gehen aus (vielleicht ›falsch‹ verstandener) Liebe und Fürsorge bis an die Grenzen und darüber hinaus.« Zwar gäbe es eine Vielzahl an guten Hilfsangeboten, doch oft sind die Angehörigen schlicht zu überfordert, um diese annehmen zu können oder Aufgaben ruhigen Gewissens abzugeben. Um das zu ändern und mit seinen Erfahrungen als Sterbebegleiter, den Ausbildungen und seinen GFK-Kenntnisse im Hintergrund gründete Stefan einen Gesprächskreis. In diesem Kreis treffen sich im Abstand von sechs Wochen helfende bzw. pflegende Menschen, um sich auszutauschen. Sie unterstützen sich gegenseitig, bauen einander auf, hören zu und geben Kraft. »Es ist so wichtig, dass sie dort einfach angenommen und verstanden werden«, sagt Stefan, »denn in ihrer helfenden Knochenarbeit werden sie oft von anderen Menschen geschnitten oder verlieren gar jeden Kontakt zum Bekanntenkreis und zur Außenwelt.«

Stefan nennt das, was er tut, übrigens nicht Sterbe- oder Trauerbegleitung, sondern Lebens- und Freudebegleitung. »Der Tod und die Zeit zuvor ist schwer genug, und viele Menschen neigen dazu, nur auf die dunkle Seite zu schauen. Doch das Sterben bietet auch Gelegenheit für Erkenntnis und ist eine Einladung, den Tod anzuerkennen und anzunehmen.« Ihm ist es wichtig, wenn er zu trauernden oder pflegenden Familien kommt, dass neben dem Schmerzlichen an der Trauer auch deren Schönheit Raum bekommt. »Wenn Menschen von uns gehen und wir über ihren Tod lernen, dass wir leben, und erkennen, wie wichtig, schön und wie wenig selbstverständlich jeder Atemzug ist, dann haben wir denen, die gegangen sind, einiges zu verdanken.« Diese Erkenntnis lässt Stefan dorthin gehen, wo andere Abstand nehmen. Auch er findet dadurch Kraft und freut sich, wenn er einen Beitrag zur Normalität leisten kann.

Jeder Mensch kann sein eigenes Leben bereichern, wenn er bereit ist, das Leben anderer zu bereichern, und wenn er bereit ist, Zeit, Zuwendung oder Materielles zu teilen. Stefan ist überzeugt davon, dass jede*r die Welt zu einem besseren Ort machen und dabei über sich selbst hinauswachsen kann, wenn er oder sie es denn will.

INFOBOX

Häusliche Altenpflege
Laut Statistischem Bundesamt waren im Dezember 2019 in Deutschland 4,13 Millionen Menschen pflegebedürftig. Davon werden ca. 80 Prozent zu Hause und 56 Prozent von Angehörigen versorgt.

WEITERFÜHRENDE INFORMATIONEN

Literaturempfehlung:
- Pflege zu Hause planen. Altenpflege richtig organisieren von Marco Döhring: Selbstverlag
- Sorgekunst. Ein Mutbüchlein für das Lebensende von Andreas Heller und Patrick Schuchter, hospizverlag

Internetseiten:
- https://www.altenpflege-hilfe.net/
- https://www.wir-pflegen.net/

BIRGIT SCHULZE
VON PC UND STEUERGESETZBUCH ZUR MISTGABEL UND IN DEN STALL

Ein Leben mit und für die Erdlinge

»Wir sollten vom Lebenshof anstatt vom Gnadenhof sprechen«, sagt Birgit. »Denn Gnade hat etwas mit Begnadigen, sprich mit der Vergebung von Unrecht zu tun. Aber Tiere tun kein Unrecht.« Anders der Mensch. Wie bereits die Bibel Apostel Paulus sagen lässt: »Auf Gnade sei der Mensch angewiesen, weil niemand leben könne, ohne Schuld auf sich zu laden.« Einigen wir uns darauf, vom Lebenshof zu sprechen. Von einem Platz, an dem Tiere in Frieden und weitestgehend artgerecht bis zu ihrem natürlichen Tod mit Menschen und anderen Tieren zusammenleben.

Erdlingshof heißt der Lebenshof, auf dem Birgit in Kollnburg im Herzen des Bayerischen Waldes mit ca. 110 Tieren und einer Handvoll Helfer*innen zusammenlebt. Der Erdlingshof wurde 2014 von Johannes Jung und seinem viel zu früh verstorbenen Partner Dennis als Zeichen gegen das massenhafte Töten von Tieren gegründet. Auf der hofeigenen Internetseite ist zu lesen: »Wir sind alle Erdlinge (Erdenbewohner) und haben das Streben, Freude zu erlangen und zu leben sowie Schmerzen, Ängste und Leiden zu vermeiden.« So ist es nicht das vorrangige Ziel, möglichst viele Tiere durch Aufnahme auf dem Hof zu retten, sondern durch Aufklärung deutlich zu machen, dass Tiere keine Lebensmittel, sondern Lebewesen sind.

Was führte Birgits aus Westfalen und einem Bürojob an den Erdlingshof nach Bayern? Der Vater und ihre Großeltern waren vor dem Bau der Mauer aus der damaligen DDR geflohen und hatten sich nach einer kurzen Zeit im Auffanglager im Münsterland, genauer gesagt, in Velen niedergelassen. Die Familie lebte damals eine andere Beziehung zu Tieren, als Birgit sie später leben sollte: Die Großeltern hatten in der DDR einen eigenen landwirtschaftlichen Betrieb, Birgits Mutter war ausgebildete Fleischereifachverkäuferin. Im Westen angekommen, verdiente der Vater den Familienunterhalt auf dem Bau und wurde später Gerätewart und Kraftfahrer beim THW. Tierfürsorge, wie Birgit sie heute lebt, gab es damals nicht. Dennoch unterstützte der Vater Birgit, wenn sie mal wieder hilfsbedürftige Tiere nach Hause brachte, baute auch mal einen Stall für die Kaninchen. Das änderte nichts daran, dass Tiere Nutztiere für ihn waren – so wie für die meisten Menschen noch heute.

Zurückblickend bezeichnet Birgit ihre Kindheit als eine schöne Zeit. Ab dem zehnten Lebensjahr verbrachte sie ihre Zeit hauptsächlich im nahe gelegenen Pferdestall. Die Pferde wurden mehr und mehr zu ihren besten Freunden und zum Mittelpunkt ihrer Jugend. Birgit übernahm immer mehr Aufgaben im Stall, versorgte die Pferde, gab Kindern Reitunterricht. Im Rückblick bezeichnet sich Birgit als sehr schüchterne Jugendliche. Ob das nun der Auslöser für die Zuneigung zu den Pferden oder ob die Zuneigung zu Pferden ein Grund für die Schüchternheit war, lässt sich heute schwer sagen. »Das war auch egal, denn ich wollte dort sein«, sagt Birgit. »Vielleicht wäre ein bisschen mehr Party ganz nett gewesen, doch das Zusammensein mit den Pferden gab mir mehr.«

Es liegt auf der Hand, dass Birgit Tierpflegerin werden wollte. Leider riet ihr die Berufsberatung des Arbeitsamtes davon ab. Angeblich, weil das doch kein Beruf mit Perspektive sei. Stattdessen solle sie lieber Steuerfachangestellte werden. Birgit fügte sich der Empfehlung und blieb dem Beruf 24 Jahre lang treu. »Ich habe das gar nicht ungerne gemacht, doch mein Drang zum Veganismus und zum Schutz der Tiere hat mich später aus dem Beruf ausscheren lassen.« Irgendwann spürte Birgit, dass es ihr immer schwerer fiel, mit Menschen zusammenzuarbeiten, die eine andere Tierethik vertraten. Sie hatte nichts gegen die Mandanten, die Metzger waren,

»*Solange Menschen denken, dass Tiere nicht fühlen, so lange fühlen Tiere, dass Menschen nicht denken.*«
Unbekannter Herkunft

sie mochte sie, doch gleichzeitig konnte sie nicht mehr verstehen, wieso diese Menschen kein Mitgefühl mit den Tieren hatten. »Ich fragte mich immer und tue es heute noch, wieso sehen andere das Leiden der Tiere nicht, oder warum können sie so darüber hinweggehen? Macht das denn nichts mit ihnen?« Diese Frage stellt Birgit ganz ohne anklagenden Unterton. Eher mit Erstaunen vor der Ignoranz und manchmal auch Kaltherzigkeit gegenüber den Mitgeschöpfen.

Es ist heute wissenschaftlich bewiesen, und wir alle wissen es, dass Tiere ebenso Empfindungen haben wie wir Menschen. Sie haben Angst, sie lieben, sie spüren und zeigen Zu- oder Abneigung und wollen ihr Leben leben. Zudem wissen wir mittlerweile alle, dass der Konsum tierischer Produkte massiv die Umwelt belastet, die Erderhitzung beschleunigt und maßgebliche Mitschuld an den Zivilisationskrankheiten und vor allem am Hunger auf dieser Erde hat. So ist unser Fleischkonsum mit dafür verantwortlich, dass an anderen Orten Menschen mangel- oder unterernährt sind, denn wir benötigen – je nach Tierart – vier bis 16 pflanzliche Kalorien zur Herstellung einer tierischen Kalorie.

Dennoch ist uns unsere Geschmackspräferenz wichtiger als all diese Themen und ebenso das weltweite milliardenfache Tierleid. So war es nur konsequent, dass Birgit 1997 im Alter von 25 Jahren Vegetarierin und 2007 Veganerin wurde. Sogar die Mutter und die Schwester essen heute vegetarisch, nur der Vater ist noch nicht ganz davon überzeugt, dass fleischlos zu leben eine gute Alternative ist.

2011 zog Birgit nach Münster. Sie hatte sich entschlossen, aktiv für ihre Überzeugungen einzutreten, und da bot sich eine quirlige Studentenstadt als Versuchsterrain wunderbar an. Im Umwelthaus fand sie auch gleich eine Gesinnungsheimat, dort sind verschiedenste Umwelt- und Klimagruppen, Gruppen aus dem Tierschutz oder der Lebensmittelrettung unter einem Dach vereint. Birgit engagierte sich unter anderem in der Lebensmittelrettung, indem sie Lebensmittel vom Markt holte und diese zubereitete, kochte und verteilte. Denn was auch heute nur wenigen bewusst ist: Die Vermeidung von Lebensmittelabfällen ist einer der größten Hebel im Kampf gegen die Erderhitzung.

2014 las sie einen Post auf Facebook, auf den sie unbewusst schon lange gewartet hatte und der ihr Leben veränderte. Ein Post von Johannes, der nach dem Verlust von Dennis dringend Unterstützung in der Verwaltung und bei den täglichen Verrichtungen auf dem Erdlingshof brauchte. Birgit bewarb sich sofort, bekam die Stelle, und seitdem wohnt sie im Bayerischen Wald auf dem Erdlingshof in Gemeinschaft mit Tier und Mensch.

Es mutet fast paradiesisch an, wenn man sieht, wie und in welcher Vielzahl die Tiere friedlich und in Koexistenz zusammenleben. Auf dem Erdlingshof leben Hunde, Katzen, Rinder, Hausschweine, Wildschweine, Hühner, Puten, Pferde, Gänse, Schafe und Esel nebeneinander ohne Aggressivität oder Boshaftigkeit. Warum? Weil sie einfach sein dürfen!

»Man hat nicht ein Herz für Menschen und eines für Tiere. Man hat ein einziges Herz oder gar keines.«
Alphonse de Lamartine

So erzählt Johannes in einem Video auf der eigenen Internetseite, wie sie eine Anfrage bekamen, einen ausgewachsenen Bullen mit einem Gewicht von ca. 500 kg zu übernehmen. Der Bulle, Ben, wurde in seinem kurzen Leben schlecht behandelt und sah Menschen als Feind. »Trauen wir uns zu, einen ausgewachsenen Bullen, der womöglich unberechenbar ist, zu uns zu nehmen und in die Herde zu integrieren?« Da sie es nicht über sich brachten, Ben seinem Schicksal, sprich dem Schlachthof, zu überlassen, holten sie ihn auf den Erdlingshof. Voller Anspannung ließen sie Ben aus dem Tiertransporter auf die Weide zu den anderen Rindern und den Pferden. Nach zehn Minuten war Ben angekommen, war wie ausgewechselt, freundlich und gut im Umgang mit den anderen Tieren. Mittlerweile ist Ben ein richtiger Schmusebulle und freut sich auf die ausgedehnten Spaziergänge mit Johannes und Birgit im Bayerischen Wald.

Eine der schmerzhaften Aufgaben ist es, dass sie fast täglich Anfragen zur Unterbringung von Tieren zurückweisen müssen. »Wir können nur den kleinsten Teil der Tiere annehmen, das heißt, viele Tiere müssen wir zurückweisen. Weder haben wir unbe-

INFOBOX

Menschen sind die einzige Spezies auf der Erde, die Babynahrung einer anderen Spezies zu sich nehmen. Menschen sind die einzige Spezies, die ein Leben lang Babynahrung zu sich nimmt. Dieses mit ungewissen Folgen für die Gesundheit, jedoch mit katastrophalen Folgen für unsere Umwelt und die Tiere. Kühe erreichen ein natürliches Alter von 15 bis 20 Jahren, »Hochleistungsmilchmaschinen« dagegen nur fünf bis sechs Jahre. Danach werden die ausgelaugten und missbrauchten Tiere entsorgt, teilweise auf Qualtransporten durch halb Deutschland zum Schlachthof gekarrt.

Damit Kühe Milch geben, werden sie jährlich geschwängert und dann das Kalb trotz aller Muttertierliebe der Mutterkuh entrissen. Die männlichen Kälber werden im Schnellverfahren gemästet (16 bis 26 Wochen) und dann der Schlachtung zugeführt. So werden in Deutschland ca. 30.000 Kälber pro Monat geschlachtet, quasi als Abfallprodukt der Milchproduktion.

Quelle: Statistisches Bundesamt

---

grenzte Flächen noch unbegrenzte Arbeitszeit oder finanzielle Mittel zur Verfügung, und mehr Tiere bekommen wir auf unserem Hof einfach nicht unter. Was ebenfalls schmerzt, ist, dass wir bei normaler Lebenserwartung alle Tiere sterben sehen. Doch das Sterben gehört zum Leben und somit zum großen Kreislauf. Dann müssen wir uns immer wieder ins Bewusstsein rufen, dass wir mehr Tiere durch Aufklärung als durch Aufnahme auf dem Erdlingshof retten. Wir müssen Aufklärung betreiben und deutlich machen, dass, zumindest in unserem Kulturkreis, heute kein Tier mehr leiden und getötet werden muss, damit wir satt werden. Alleine, wenn wir uns vor Augen führen, welches Leid das Verzehren der ungeheuren Mengen an Milch bedeutet, wird es einem ganz anders.«

Wie finanziert sich der Erdlingshof? All das Futter, die Tierarztrechnungen, die Angestellten, den Hof? Durch Spenden und Tierpatenschaften. Viele, viele Spender*innen und Paten*innen tragen das Konzept des Hofes. Ohne diese Menschen wäre all das nicht möglich.

Was dabei hilft, den Erdlingshof bekannt zu machen, sind unter anderem die regelmäßig stattfindenden Besuchertage. An diesen Tagen werden die Tore geöffnet und so wunderbare Tier-Mensch-Begegnungen ermöglicht. »Es ist großartig zu sehen, wie unterschiedlich sich die Tiere präsentieren. Es gibt die Poser, die auf und ab stolzieren und es genießen, von den Menschen bewundert zu werden. Und es gibt die Schüchternen, die sich lieber ein ruhiges Plätzchen suchen und warten, dass der Hof wieder allein den Tieren gehört.«

Was Birgit immer wieder gleichzeitig erschreckt und überrascht, ist, wenn Menschen eine Pute auf dem Hof nicht als Pute erkennen, weil sie nur das Bild eines gebratenen Etwas, das aus dem Ofen kommt, im Kopf haben. »Haben wir uns so weit von den Mitgeschöpfen entfernt, dass wir sie nur noch auf dem Teller oder eingepackt im Regal erkennen?«, fragt sie dann erstaunt.

Birgit lebt nun seit ca. acht Jahren auf dem Hof, und sie sagt, die Zeit verrinne irrsinnig schnell. Die Tage sind voller geplanter und ungeplanter Ereignisse. Neben dem täglichen Rhythmus des Versorgens gibt es immer wieder Krankheitsfälle, Anfragen, die zu bearbeiten sind, oder der nächste Besuchertag, der zu planen ist. Zudem gibt es einiges an Bürokratie, und die Zusammenarbeit mit den Helfer*innen und Mitarbeiter*innen ist zu organisieren. Eigentlich ist ihr Job ein 24-Stunden-Tag, den sie allerdings nie satthat. Im Gegenteil – sie und Johannes haben keinerlei Sehnsucht nach Urlaub oder längerer Abwesenheit vom Hof. Höchstens fährt Birgit mal für ein paar Tage ins Münsterland zu ihrer Familie. Birgit hat es nie bereut, den gut bezahlten Job und ihre Heimat gegen ein wesentlich geringeres Einkommen und das Leben auf dem Erdlingshof eingetauscht zu haben. Sie vermisst nichts. »Unser Herz hängt an dem, was wir tun, und an den Tieren.«

Wer das von sich sagen kann, muss ein glücklicher, zumindest ein sehr zufriedener Mensch sein.

WEITERFÜHRENDE INFORMATIONEN

Literaturempfehlungen:
- Tiere essen von Jonathan Safran Foer, Fischer Taschenbuch
- Tiere denken. Vom Recht der Tiere und Grenzen des Menschen von Richard David Precht
- Fleischfabrik Deutschland. Wie die Massentierhaltung unsere Lebensgrundlagen zerstört und was wir dagegen tun können von Anton Hofreiter, Goldmann Verlag

Filmtipp:
- Das System Milch von Andreas Pichler

Internet:
- https://www.erdlingshof.de/
- https://utopia.de/milchkuehe-aussortiert-milch-138419/
- https://albert-schweitzer-stiftung.de/massentierhaltung/mastkaelber#:~:text=Derzeit%20leben%20in%20Deutschland%20rund,zur%20achten%20Lebenswoche%20gesetzlich%20erlaubt

CLAUDIA SCHWEGMANN
DAS MÄDCHEN, DAS PAPST WERDEN WOLLTE

Die Frau, die nun die Moore und vieles mehr rettet

Wir sind diesem Phänomen hier im Buch schon ein paarmal begegnet – manchmal sind es zufällige Begegnungen, zufällige Sätze, zufällige Ereignisse, die trotz ihrer Banalität den weiteren Lebenslauf verändern oder ihn zumindest stark beeinflussen. So auch bei Claudia. Nachdem sie sich monatelang über die fehlende Transparenz und die fehlende Koordination in der Entwicklungshilfe beschwert hatte, war ihr Mann es leid, immer dasselbe zu hören: »Dann mach doch was dagegen«, sagte er. Und Claudia machte.

Geboren wurde Claudia 1969 in Schwege im Landkreis Vechta. Dort wuchs sie als einziges Mädchen unter vier Brüdern auf. Die Familie lebte auf einem 400 Jahre alten Bauernhof, den sie auch bewirtschaftete, und so musste Claudia schon früh bei der Arbeit helfen. Schweine, Rinder und Hühner waren an 365 Tagen im Jahr zu versorgen, sodass Hof und Arbeit im Mittelpunkt des Familienlebens standen. Doch irgendwann waren die bürokratischen Anforderungen zu hoch, der Markt zu unruhig, und die Regularien machten es schon damals schwer, einen landwirtschaftlichen Betrieb zu führen, ohne den Hof und die Familie zu überschulden. Darum gab die Familie 1988 schweren Herzens die Landwirtschaft auf. Eine vorausschauende Entscheidung angesichts der Tatsache, dass die meisten Bauern heute um ihr wirtschaftliches Überleben kämpfen.

Claudia hat nur wenige Erinnerungen an ihre Kindheit. Sie genoss das Spielen auf dem Hof und das Spazierengehen mit den Hunden. Und sie erinnert sich, dass sie Priesterin und zeitweise sogar Papst werden wollte, was sie allerdings für sich behielt. Die Region, in der sie aufwuchs, war politisch tiefschwarz und katholisch. »Zu Hause wurde der Rosenkranz gebetet, und für die kleine Claudia waren SPD-Wähler und Protestanten böse Menschen«, lacht Claudia und führt fort: »Und heute bin ich mit einem Protestanten verheiratet.« Religiosität spielt bis heute eine große Rolle in ihrem Leben. Auch wenn sich ihre Beziehung zur Religion verändert hat – Claudias Sehnsucht nach Gott ist geblieben. »Ich bin gotthungrig und suche Transzendenz«, sagt Claudia. Allerdings verlässt sie sich nicht auf den lieben Gott, sondern nimmt das Heft des Handelns gern selbst in die Hand.

Nach dem Abitur studierte Claudia Theologie, ging mit knapp 20 Jahren für fünf Monate als Missionarin auf Zeit zu den Steyler Ordensschwestern nach Argentinien und anschließend drei Monate nach Peru, um dort die Schwestern bei ihren täglichen Verrichtungen zu unterstützen. Hinzu kamen Aufenthalte in Nairobi und Kamerun. Nach einem dreijährigen Traineeship bei Misereor in der Evaluierungsabteilung wechselte Claudia 1999 in die Entwicklungshilfe und ging dafür mit ihrem Mann für drei Jahre nach Kamerun. Afrika faszinierte sie, und doch gewann in dieser Zeit der Gedanke Raum, dass es auch in Deutschland unglaublich viel zu tun gab und dass sie sich dort engagieren sollte.

So verschlug es sie und ihren Mann erst nach Hannover und später in die Wedemark. Dort studierte sie noch Politikwissenschaft mit dem Schwerpunkt Statistik und machte ihr Diplom, als die Kinder schon auf der Welt waren. Seit 2008 arbeitet sie freiberuflich in der staatlichen und privaten Entwicklungsarbeit – evaluiert als Gutachterin für Entwicklungsprojekte vor allem auf dem afrikanischen Kontinent und im Bereich Regierungsführung, Lobbyarbeit und Zivilgesellschaft. Somit erhält Claudia einen recht guten Einblick, was auf dieser Welt im Bereich der Entwicklungshilfe geschieht, und sie sieht, welchen Herausforderungen die Menschen im globalen Süden gegenüberstehen.

Interessant ist, dass Claudia der Entwicklungshilfe selbst gespalten gegenübersteht. Neben vielen guten Projekten stört sie die enorme Bürokratie, und manchmal fragt sie sich auch, ob zum Beispiel die recht hohen Gehälter, die in dem Bereich ausgezahlt werden, gerechtfertigt sind. Die Wirksamkeit der Entwicklungshilfe als Ganzes vermag Claudia kaum einzuschätzen. »Da ist der Blick von meiner Ebene aus nicht so gut und das Thema zu komplex.«

Nach ihren ersten Aufträgen als freie Gutachterin in 2010 kam es zu dem erwähnten Anstoß, dem Satz, der sie antrieb, aktiv zu werden. Claudia merkte schnell, dass sie vor allem eine Netzwerkerin ist und dass es ihre Beharrlichkeit war, die half, etwas in Richtung Transparenz zu bewegen. Rückblickend ist es heute noch für sie erstaunlich, was eine einzelne Person ohne größere Ressourcen kann: Konferenzen in Berlin, Prag und Paris, zahllose Vorträge, Zeitschriftenartikel, Gespräche mit Abgeordneten, mehrfacher Experteninput im Bundestag und mehrere Gespräche mit dem Staatssekretär zur Transparenz in der Entwicklungshilfe. Man muss sich nur trauen und loslegen.

In 2015 verlagerte sich Claudias Interesse dann hin zu der von der Weltgemeinschaft beschlossenen Agenda 2030 mit ihren 17 Nachhaltigkeitszielen – den SDGs (Sustainable Development Goals). »Entwicklungshilfe ist vielleicht gut, aber noch wichtiger ist es, in allen Ländern eine Transformation hin zu mehr Nachhaltigkeit zu erreichen, vor allem in Europa und in Nordamerika, wo die Menschen auf Kosten anderer Menschen leben. Und sollen die für die Welt und die Menschen so wichtigen SDGs nicht nur ein Papiertiger bleiben, dann müssen wir, die Zivilgesellschaft, aktiv werden und mehr ins Handeln kommen«, sagt Claudia. Und das Wort ihres Mannes im Ohr: »Dann mach doch«, entwickelte sie ein Monitoringsystem, mit dem die Umsetzung der SDGs in Deutschland kritisch überwacht werden könnte. So wurde sie nach und nach zu einer Expertin für SDG-Indikatoren und forderte im November 2012 beim Ausschuss für wirtschaftliche Zusammenarbeit und Entwicklung im deutschen Bundestag eine Präzisierung der Ziele und Indikatoren, an denen die Bemühungen der Bundesregierung ausgerichtet und überwacht werden sollen.

2019 drängte sich, ausgelöst durch die Fridays-Bewegung und Greta Thunbergs Buch *Szenen aus dem Herzen,* die zunehmende Erderhitzung immer stärker in Claudias Bewusstsein. »Eigentlich wusste ich natürlich, was es mit dem Klimawandel auf sich hat. Dachte ich jedenfalls. Aber dieses Buch hat mich umgehauen. Was sich mir da erschloss, war schrecklich, nahezu unerträglich, und es beschäftigt mich bis heute.« In der Folge verlagerte sich Claudias Schwerpunkt bei der ehrenamtlichen Arbeit auf die grundsätzliche Überlebensfrage der Menschheit und darauf, wie wir das Fortschreiten der Erderhitzung begrenzen und langfristig gar wieder umwandeln können. Sie schloss sich der Fridays-for-Future-Bewegung an, engagiert sich bei den Parents, den Scientists und den Christians for Future. Sie gründete eine Ortsgruppe der Parents for Future in der Wedemark und mobilisierte Menschen für die Klimastreiks.

Auf der Rückfahrt von einem dieser Streiks traf sie einen Umweltschützer, der meinte, dass Streiken sei ja schön und gut sei. »Aber die Fridays for Future sollten sich mal um die Moore kümmern.« Die Moore? Claudia informierte sich.

Etwas über 95 Prozent der deutschen Moorböden sind hauptsächlich für die land- und forstwirtschaftliche Nutzung entwässert. Auf diesen Landflächen werden ca. 47 Millionen Tonnen an CO_2-Äquivalenten freigesetzt. Das sind ca. vier bis fünf Prozent der gesamtdeutschen Treibhausgase und übertreffen damit die Emissionen aus dem Flugverkehr. Allein in Niedersachsen, Claudias Heimat, emittieren entwässerte Moore und kohlenstoffhaltige Böden mindestens 16,5 Millionen Tonnen CO_2 pro Jahr. In Niedersachsen stellen entwässerte Moore nach dem Energiesektor die größte Quelle klimaschädlicher Emissionen dar. Global betrachtet, bedecken intakte Moore nur etwa drei Prozent der Landfläche. Auf dieser Fläche wird jedoch doppelt so viel Kohlenstoff gebunden wie in allen Wäldern weltweit.

Damit nicht genug. Moore sind für den Erhalt unzähliger Tier-, Insekten- und Pflanzenarten überlebensnotwendig. Moore speichern und reinigen Wasser, indem sie Nährstoffe (Stickstoffe,

Phosphor, Schwermetalle) herausfiltern und einlagern. Nährstoffe, die ansonsten in den schon heute übersäuerten Meeren oder im nitratbelasteten Grundwasser landen. »Obwohl uns das bekannt ist, bauen wir weiterhin Torf ab und importieren ihn zusätzlich aus anderen Ländern, wie zum Beispiel aus dem Baltikum«, empört sich Claudia. »Es ist wichtig, dass unsere Moore viel mehr Aufmerksamkeit in der öffentlichen Debatte finden.«

Claudia konnte die Fridays-for-Future-Bewegung dafür gewinnen, das Thema mit auf die Agenda zu heben. Sie organisierte Demos und sorgte mit ihren Mitstreiter*innen und mit Unterstützung von Moorwissenschaftler*innen immer wieder für den Dialog mit Politiker*innen. Gerade die Gespräche mit den Politiker*innen sind allerdings oftmals sehr frustrierend für sie. So gab es im Herbst 2021 eine größere Runde mit umwelt- und landwirtschaftspolitischen Expert*innen aus den Regierungsparteien und den Ministerien. Der Tenor dieses sehr zähen Gesprächs war: »Wir sind auf einem guten Weg.« Was man auch so übersetzen könnte: »Ist doch alles bestens, und stellt euch mal nicht so an, wir tun ja.«

Dabei ist gar nichts bestens, und von Tun kann man kaum sprechen. Noch immer wird auch in Deutschland und im Besonderen in Niedersachsen Torf für den Gartenbau gestochen, obwohl es Torfersatzstoffe gibt. Es werden weiterhin Moorflächen im großen Umfang landwirtschaftlich genutzt, um Energiepflanzen und Tierfutter anzubauen, anstatt endlich mit der Wiedervernässung der Moore zu beginnen. Noch immer werden Sonntagsreden gehalten, anstatt eine moorfreundliche landwirtschaftliche Nutzung zu entwickeln und zu fördern. Nach einem Papier des Greifswald Moor Centrums zum Moorschutz in Niedersachsen sollte das Bundesland jährlich 20.000 Hektar Moor wiedervernässen, um eine Bund-Länder-Vereinbarung zur Senkung der Emissionen umzusetzen. In den letzten 20 Jahren zusammen sind keine 1.400 Hektar Moor wiedervernässt worden. Wir sind also keineswegs »auf einem guten Weg«, und die Kohlenstoffkonzentration in der Atmosphäre und die Temperaturen nehmen von Jahr zu Jahr zu.

Doch Claudia gibt nicht auf, Menschen zu mobilisieren und zu vernetzen. Sie gibt nicht auf, dieses Thema stärker ins Bewusstsein der Menschen zu bringen. So formulierte und übergab sie gemeinsam mit ihren Mitstreiter*innen bei Christians for Future zwölf Umweltforderungen bezüglich Umweltgerechtigkeit an 38 Bischöfe der katholischen und evangelischen Kirche. Sie suchte und fand Mitstreiter*innen, die einen lokalen Klimabeirat gründeten und sich auf kommunaler Ebene einmischen und noch einiges mehr.

Was würde Claudia umsetzen, wenn sie auch nur einen Tag uneingeschränkte Macht über Deutschland hätte? »Zuerst würden alle Forderungen der Fridays umgesetzt. Dann würden die Landwirte finanziell unterstützt, sodass sie die Moore wiedervernässen und im Einklang mit ihnen bewirtschaften können. Und die Klimakommunikation würde verstärkt, denn noch immer zu wenige Menschen wissen, was da draußen los ist.«

Dass sie das manchmal zur Verzweiflung bringt, ist auch ein Teil von ihr. In solchen Momenten wünscht sie sich sogar, ihre Kinder mögen keine Kinder bekommen. »Es ist besser, sie ersparen sich die Sorgen und Angst um ihre Kinder, die ich heute aushalte. Schaue ich nach draußen, sehe ich, wie sich aufgrund der Erderwärmung die Welt verändert. Wenn ich mit dem Rad durch die Ortschaft fahre, all die großen Autos sehe, Gärten, die mittags gegossen werden, und Menschen, die einfach mal für ein Wochenende nach Malle fliegen, dann macht mich das fassungslos. Im Besonderen, wenn ich zur gleichen Zeit mit Menschen in Indien im Austausch stehe, die unter Temperaturen von nahe 50 °C zu leiden haben, und dort die Vögel vom Himmel fallen.«

Aber aufgeben? Das passt nicht zu Claudia. Statt sich der Verzweiflung hinzugeben, steht sie auf und setzt sich zur Wehr. Dann schlägt das geerbte Machergen vom Vater durch – der unbedingte Wille, die Dinge nicht einfach so stehen zu lassen, wie sie nun mal sind, sich nicht einfach zu ergeben, sondern aufzustehen und zu sagen: Es reicht. Und wenn selbst eine hoffnungslose Claudia so viele hoffnungsvolle Projekte in Gang setzt, anderen so viel Hoffnung schenkt, dann können wir nur erahnen oder befürchten, was erst eine hoffnungsvolle Claudia bewegen würde.

Zum Schluss gibt Claudia uns mit auf den Weg: »Jeder und jede Einzelne kann Einfluss haben. Fangt an, vernetzt euch mit anderen und macht was!« Und im Kontext der Klimabewegung: »Steht auf und werdet laut, bevor man euch, euren Kindern und Enkeln die Zukunft klaut.«

WEITERFÜHRENDE INFORMATIONEN

Literaturempfehlungen:
- Szenen aus dem Herzen von Beata Ernman, Malena Ernman, Greta Thunberg, Svante Thunberg: Fischer Verlag
- Nachhaltige Entwicklung. Der Weg in eine lebenswerte Zukunft von Ulrich Holzbaur: Springer
- Klimaschutz braucht Moorschutz von Cornelie Jäger: oekom verlag

Internetseiten:
- https://www.2030watch.de/
- https://www.bmel.de/DE/themen/landwirtschaft/pflanzenbau/bodenschutz/boden-moor.html
- https://www.greifswaldmoor.de/start.html
- https://www.moorschutz-deutschland.de/

Beispielhafte Möglichkeiten, selbst aktiv zu werden:
- Moorpatenschaften beim NABU: https://www.nabu.de/spenden-und-mitmachen/patenschaften/moor/index.html
- Fünf Dinge, die man tun kann: https://www.greensurance-stiftung.de/moorschutz-oekosystem-moor/moore-schuetzen-aber-wie.html

© Sophia Artmann

GEORG OHMEYER
PROFESSOR IM RUHESTAND

Gemeinwohlorientierung in der Wirtschaft oder Wissensvermittlung für Kinder – der, der keine Ruhe gibt

1948. Isny im Allgäu. Es ist Nachkriegszeit. Georg wird als dritter Sohn geboren, zwei weitere Brüder folgen. Seine Kindheit ist geprägt von Arbeit und ärmlichen Verhältnissen. Während die meisten Kinder in der Schule Schuhe trugen, ging Georg barfuß. »Dafür habe ich mich damals geschämt«, sagt er und lächelt. »Heute würden die Kinder wahrscheinlich gerne öfter barfuß laufen, dürfen es aber nicht.«

Trotz Arbeit und Armut in jungen Jahren schaut Georg gerne auf seine Kindheit zurück. »Wir haben nie hungern müssen.« Einer der Vorteile, wenn man auf einem Bauernhof aufwächst. Ein weiterer Vorteil war, dass der Krieg relativ geräuschlos am abgelegenen Isny vorbeigezogen war und dass der Vater als Landwirt nicht in den Krieg ziehen musste. Dennoch kam er in französische Kriegsgefangenschaft und fehlte in dieser Zeit auf dem Hof. Das war zwar noch vor Georgs Geburt, trotzdem brannten sich die Geschichten des Vaters aus dieser Zeit tief in sein Bewusstsein ein. Eine ganz besonders. Wenn Georg heute Kartoffeln schält, hört er nach all den Jahren immer noch die Worte seines Vaters: »Es gab lediglich Kartoffelschalen zu essen, und wir waren so dankbar, wenn die, die die Kartoffeln schälten, es nicht ganz so genau nahmen und ein wenig an der Schale ließen.«

Georgs Mutter war sehr fromm, und ihr Wunsch an den Sohn war, dass er Pfarrer würde. Zunächst fügte sich auch alles – die schulischen Leistungen waren gut, und so bekam er im Alter von zehn Jahren einen Platz im Knabenseminar bei Leutkirch. Dort erging es ihm allerdings im ersten Jahr überhaupt nicht gut. Mit liebevoller Selbstironie erzählt Georg heute: »Die Pissbecken waren für uns schon niedrig aufgehängt, doch für mich waren sie immer noch zu hoch.« Georg wurde für seine kleine Statur gehänselt, was ihn so verunsicherte, dass es sich negativ in seinem Notendurchschnitt niederschlug. Er erinnert sich noch gut an die Angst, die er damals hatte, als er mit seinem ersten Zeugnis vor den Vater treten musste. Doch überraschenderweise reagierte der ganz gelassen: »Wenn du's nicht mit der Schule packst, macht das nichts, wir haben genug Arbeit.« Da Georg wusste, was das bedeutet, setzte er alles daran, seine Noten zu verbessern. Und siehe da, sie wurden besser, sogar viel besser, am Ende so gut, dass ihm der Weg, Pfarrer zu werden, freigestanden hätte.

Doch das war nicht sein Weg. Weder wollte er sich dem Zölibat unterwerfen, noch glaubte er an den einen allmächtigen und allwissenden Gott, jedenfalls nicht in der geforderten Form. Das war schwierig in einem Umfeld, das eine klare Haltung zu Gott forderte. So war seine Zeit im Knabenseminar und im anschließenden Bischöflichen Konvikt, abgesehen von den Hänseleien zu Beginn, auch durch den seelischen und moralischen Druck geprägt, ins Kirchenamt eintreten zu müssen. Georg erzählt, dass er dem Direktor regelmäßig vorgaukeln musste, dass er noch auf kirchlicher Linie sei und ein mögliches Pfarreramt anstrebe, obwohl er sich doch schon anders entschieden hatte. Sein Verhältnis zu Gott beschreibt er eher so: »Dass da was Göttliches in der Welt ist, das ist für mich klar«, sagt Georg: »Denn all diese Wunder auf der Erde, in jedem Samenkorn und in allem anderen, das kann kein Zufall sein.«

Natürlich war die Mutter enttäuscht darüber, dass sich Georg nicht mit einer Soutane kleiden wollte. Aber das ebbte ab, und im Wintersemester 1967/68 ging Georg nach München, um an der TU sein Studium in Mathematik und im Nebenfach Informatik aufzunehmen. Da seine Ausbildung im Konvent auf ein Theologiestudium ausgerichtet gewesen war, entpuppte sich das erste Semester als große Herausforderung. Griechisch, Latein und Hebräisch waren nicht die allerbeste Voraussetzung für ein Mathematikstudium.

Den in dieser Zeit aufkeimenden Studentenprotesten stand Georg ambivalent gegenüber. Auf der einen Seite faszinierte ihn der neue, offene Zeitgeist, auf der anderen Seite blockierte ihn seine sehr konservative Erziehung. So engagierte er sich kaum, nicht zuletzt auch deshalb, weil er sich seinen Unterhalt verdienen musste. Rückblickend tut ihm das leid. Aus heutiger Sicht hätte er sich gerne stärker eingebracht. Ein bisschen Hippie steckte allerdings doch in ihm, wenn er auch eher der Beatles- statt der Doors-Typ war. Mit zwei Freunden schweißte er einen VW-Bus zusammen, und gemeinsam begaben sie sich damit 1971 auf eine abenteuerliche Reise. Sie durchquerten Länder, die heute zum großen Teil nur noch von Soldat*innen oder Kriegsberichterstatter*innen besucht werden: Iran, Afghanistan, Pakistan. »Die Gastfreundschaft in den Ländern ist unvorstellbar, ebenso das Leid, welches in den folgenden Jahren über die Menschen gebracht wurde.« In Delhi war allerdings Schluss mit der Reise. Nachdem ihnen alle Travellerschecks gestohlen worden waren, fuhren sie mit dem letzten Geld zurück nach Kabul. Dort verkauften sie den Bus und warteten geschlagene drei Wochen, bis die Überweisung eines Freundes eintraf und sie über Moskau zurück nach Deutschland kamen.

Nach dem Wehrdienst, den er im Nachhinein verweigerte, arbeitete er zunächst ein Jahr bei Siemens in der Informatik, wo er schon während des Studiums gutes Geld verdiente. Dann bekam er ein Angebot von IBM und eines aus Weihenstephan für den Posten des Akademischen Rates. »Somit hatte ich die Wahl zwischen voraussichtlich viel Stress und Geld oder Wissenschaft und der Lehre.« Nach langer Bedenkzeit entschied er sich für das Zweitere und wurde 1984 zum Professor berufen. Noch heute bezeichnet Georg diese Entscheidung als Glücksfall. »Es war mir immer eine Freude, mit den Studierenden zusammenzuarbeiten.« Die 30 Jahre als Professor sind vorbeigerauscht. »Das ging so schnell, ich bin immer wieder erstaunt.« Allerdings hält er heute noch einen Lehrauftrag für Experimentelles Arbeiten an der Hochschule Weihenstephan-Triesdorf, und das Lehren ist ihm nach wie vor eine Freude.

Diese Freude drückt sich im Besonderen durch seine ehrenamtliche Tätigkeit in der MINT-Werkstatt Buch am Erlbach aus. Georg ist der Leiter der Werkstatt und Coach für das Mathematikkabinett. Einmal im Monat werden Kinder aus der Gemeinde und aus dem Umland eingeladen, sich mit Mathematik, Informatik, Naturwissenschaften und Technik auseinanderzusetzen. Mit leuchtenden Augen berichtet Georg, wie lernbegierig und offen die Kinder für diese angeblich so sperrigen Themen seien. »Der Schalter wird in ganz jungen Jahren umgelegt«, sagt Georg. »Wenn wir die Kinder mit Freude und Leichtigkeit an die Mathematik heranführen, dann verlieren sie schnell ihre Vorbehalte.«

Besonders spannend für die Kinder sind die technischen Experimente. So wurde 2018 ein Ballon, gefüllt mit Helium, in die Stratosphäre geschickt. Ausgestattet mit modernster Mess- und Kameratechnik, sendete dieser, kurz bevor er zerplatzte, Bilder aus einer Höhe von 33.000 Metern zur Erde, sodass die Erdkrümmung darauf deutlich zu erkennen war.

Noch größere Aufmerksamkeit erhielt die MINT-Werkstatt, als Georg seinerzeit einen 3-D-Schokolagendrucker mit den Kindern programmierte und testete. Ein ganz besonderer Tag für die MINT-Werkstatt war allerdings der 4. September 2015. An diesem Tag besuchte die damalige Bundeskanzlerin Dr. Angela Merkel die Werkstatt, um damit ein Zeichen zu setzen. Die promovierte Physikerin wollte mit ihrem Besuch unterstreichen, wie wichtig es ist, früh das Interesse der Kinder an Technik und Naturwissenschaften zu

INFOBOX

Die MINT-Werkstatt Buch am Erlbach hat das Ziel, Kinder spielerisch an die Fächer Mathematik, Informatik, Naturwissenschaften und Technik heranzuführen, Spaß an den Themen zu entwickeln und somit den Zugang zu den Fächern zu erleichtern. http://die-mint-werkstatt.de/

fördern, denn Kinder sind von Hause aus experimentierfreudig und neugierig. Dieses Zeichen zu setzen war ihr so wichtig, dass sie diesen Besuch einer Einladung der CSU zu den Feierlichkeiten zum 100. Geburtstag von Franz Josef Strauß vorzog.

Neben der MINT-Werkstatt gibt es noch ein weiteres Thema, das Georg seit ein paar Jahren fesselt: die Arbeit an einer gerechten, am Menschen und der Umwelt orientierten Weltwirtschaft, der Gemeinwohl-Ökonomie (GWÖ). »Ich gehöre doch zu der Generation, die immer aus dem Vollen geschöpft hat. Die buchstäblich alles abgefrühstückt hat und unseren Kindern eine ausgelaugte Welt hinterlässt. Es kann nicht richtig sein, dass ein Prozent der Menschheit mehr besitzt als die restlichen 99 Prozent und wir gleichzeitig durch unser Wirtschaften unsere Lebensgrundlagen zerstören.« Aus diesem Grund hat sich Georg, nachdem er 2013 einen Vortrag von Christian Felber gehört hatte, intensiv mit der GWÖ beschäftigt und 2017 gemeinsam mit Rudi Fleischmann eine Regionalgruppe in Landshut gegründet.

Das Ziel der GWÖ und damit auch Georgs Bemühungen ist das gute Leben für alle. »Unser Wirtschaftssystem steht doch kopf. Wir streben bei unserem Wirtschaften nach immer mehr Kapital anstatt nach der Befriedigung von Bedürfnissen.« Dann fährt er fort: »Geld ist zum Zweck unseres Handelns und Wirtschaftens verkommen. Geld kann, darf und soll Mittel sein, nicht Zweck. Mittel zum guten Leben.«

Kern der GWÖ ist eine Matrix mit 20 Themen, an der sich Unternehmen orientieren und ihre unternehmerischen wie auch gemeinnützigen Tätigkeiten bewerten können. Diese Matrix veranschaulicht, wie Werte, Menschenwürde, Solidarität und

INFOBOX

Die Gemeinwohl-Ökonomie etabliert ein ethisches Wirtschaftsmodell, welches 2010 Christian Felber in seinem gleichnamigen Buch vorstellte. Das Wohl von Mensch und Umwelt wird zum obersten Ziel des Wirtschaftens.

Quelle: https://web.ecogood.org/de/

Gerechtigkeit, ökologische Nachhaltigkeit, Transparenz und Mitentscheidung in einem Unternehmen gelebt werden. Georg ist fest davon überzeugt, dass wir nur ein gutes Miteinander erreichen und unseren Kindern eine lebenswerte Welt hinterlassen, wenn wir unser Wirtschaftssystem verändern. Daher wird er nicht müde, Veranstaltungen zu organisieren, Vorträge zu halten, Pressearbeit zu leisten, sich mit Unternehmer*innen auseinanderzusetzen, anstatt seinen Ruhestand zu genießen. So konnte er 2021 sechs Unternehmen aus der Region dazu motivieren und sie dabei unterstützen, das eigene Unternehmen nach GWÖ-Richtlinien zu bilanzieren und nach Gemeinwohlgesichtspunkten weiterzuentwickeln. In fast allen Gesprächen, in denen Georg die GWÖ vorstellt – und das macht er ziemlich oft –, erhält er Zustimmung. Kein Wunder, denn über 80 Prozent der Deutschen wünschen sich ein anderes Wirtschaftssystem.

Dennoch gibt es Erlebnisse, die ihn sprachlos machen. So stellte er beim örtlichen Rotary Club die GWÖ vor. Die anschließende Diskussion wurde vom Vorsitzenden sinngemäß so eröffnet: »Für mich besteht die beste Gemeinwohlbilanz darin, dass meine Mitarbeitenden am Jahresende eine tolle Weihnachtsfeier mit mir zusammen haben.« Auch die anderen Mitglieder klagten hauptsächlich darüber, dass sie eh schon so viel Bürokratie zu bewältigen hätten.

Doch Georg lässt sich von solchen Erfahrungen nicht davon abbringen, sich für eine nachhaltige Wirtschaftsordnung einzusetzen. Die Antwort auf die Frage, was ihn motiviere, den Ruhestand gegen ein Lehramt, die MINT-Werkstatt und die Gemeinwohl-Ökonomie einzutauschen, formuliert er so: »Es ist die Verantwortung gegenüber meinen Enkeln, den nächsten Generationen und gegenüber dieser Erde.« Georg ist überzeugt davon, dass wir kreative Wege finden und uns immer wieder die Frage stellen müssen, wie ein nachhaltiges Leben aussieht. Wie müssen wir heute leben, damit auch die nächste Generation ein gutes Leben führen kann? Fragen, bei denen es sich lohnt, nach Antworten zu suchen.

WEITERFÜHRENDE INFORMATIONEN

Internet:
- https://web.ecogood.org/de/
- https://bayern.ecogood.org/landshut/

Literatur zu nachhaltigem Wirtschaften:
- Gemeinwohl-Ökonomie von Christian Felber, Piper
- Die Donut-Ökonomie. Endlich ein Wirtschaftsmodell, das den Planeten nicht zerstört von Kate Raworth, Hanser
- Wohlstand ohne Wachstum von Tim Jackson, oekom verlag

KATRIN PÜTZ
SOCIAL ENTREPRENEURIN UND EIN BISSCHEN VERRÜCKT

Mit Unternehmertum gegen eine menschenfeindliche Entwicklungshilfe

Mit unserem Interview hier reihen wir uns in eine lange Liste von Medien ein, die bereits über Katrin und ihr Wirken berichtet haben: die Deutsche Welle, der SWR, der WDR, die *Frankfurter Allgemeine Zeitung,* BBC NEWS, selbst Greenpeace sowie viele weitere Medienhäuser.

Als ich Katrin ans Telefon bekomme, um den Interviewtermin für dieses Buch zu vereinbaren, verbringt sie gerade ihren Urlaub auf der Baustelle, wo ihr zukünftiges Strohballenhaus stehen wird. »Gemeinsam mit meinen Schwestern und Freund*innen aus der Solidarischen Bauwirtschaft bauen wir gerade ein zu groß geratenes Tiny House«, lacht Katrin ins Telefon. Cradle to Cradle, alles aus Naturstoffen, die später wieder den natürlichen Stoffkreisläufen zugeführt werden. Sie erzählt, wie faszinierend sie das Prinzip der SoBaWi findet. Dass alles gemeinsam erarbeitet wird, jede*r jeder/m hilft und dass der ökologische Rucksack minimal ist. Ein ähnliches Konzept gibt es in der Landwirtschaft, das kennen viele, während die Solidarische Bauwirtschaft den meisten noch fremd ist. Was ich höre, passt zu Katrin. Sie ist ein Mensch, für den Unabhängigkeit und Gerechtigkeit Leitlinien des Lebens darstellen, die sie kompromisslos lebt. Katrin ist ein Energiepaket auf zwei Beinen, fährt schon mal mit dem Fahrrad von der Ostsee bis in die Alpen und pausiert dabei drei Tage in der Nähe von Berlin, um auf einer Baustelle mitzuarbeiten.

Aufgewachsen ist Katrin im Rheinland und im Westerwald, die Wochenenden hat sie bei ihrer Oma auf dem Bauernhof in der Eifel verbracht. »Das war ein Traum, den ich liebte«, schwärmt Katrin. Die Oma hatte einen kleinen Milchhof mit ca. 25 Kühen, den sie mit der Hilfe vom Großcousin Markus bewirtschaftete. Markus, das war Katrins Held. Einfach weil Markus alles konnte. Egal was es zu reparieren gab: die Scheune, den Traktor oder den Fernseher. Er konnte alles, und »gibt's nicht« gab es bei ihm nicht. Katrin wollte schon früh so sein wie er – wollte alles verstehen, alles können, selbstständig und unabhängig sein.

Also lernte sie nach dem Schulabschluss zunächst einen praktischen Beruf, wurde Schreinerin, nahm dann ihr Studium auf, schloss es mit einem Bachelor in Ecological Impact Assessment ab und absolvierte später noch ihren Master in Agrartechnik. In der Auszeit, die sie sich zwischen Bachelor und Master nahm, kaufte sie sich ein Oneway-Ticket nach Australien. »Dort habe ich zunächst in Tasmanien für einen deutschen Schreiner gearbeitet, habe Touristen auf Ausritte geführt oder auf einer Biofarm geerntet, bis ich endlich auf einer Cattle Station in den Kimberleys ankam und für die Jackeroos als Köchin zuständig war, besser gesagt, als Fleischzubereiterin und Serviererin.« Dann kam der Tag, an dem sie mit dem Bullcatcher rausfuhr. »Nach dem ersten Probetag war ich eingestellt«, und so zog sie eineinhalb Jahre Tag für Tag durchs Outback, um wilde Bullen zu fangen. Dabei hat sie noch viel von Bullcatcher Lockie gelernt, und das war auch nötig. »In der Regel haben wir uns dreimal am Tag irgendwas am Auto abgerissen, aber wir haben es meistens wieder hinbekommen.«

Da war er – der Markus in Katrin. Heute sagt sie selbstbewusst: »Wenn ich mit dem Auto in der Wildnis oder in der Wüste liegen bleibe, mache ich mir keine Sorgen. Ich überlebe.«

Da auf diesen Seiten zu wenig Platz ist, um Katrins vielfältige Aktivitäten auch nur ansatzweise zu streifen, konzentrieren wir uns auf ihre Hauptbetätigungsfelder: die Kritik an deutscher und internationaler Entwicklungshilfe sowie auf ihre Innovation und ihr Unternehmen, die (B)energy GmbH.

Katrin nutzt jede sich ihr bietende Möglichkeit, das heutige Entwicklungshilfesystem und die dahinterstehende Hilfsindustrie lautstark zu kritisieren. »Seit Jahrzehnten pumpen wir Gelder auf den afrikanischen Kontinent. Mit welchem Ergebnis? Korruption, extreme Armut, Menschenhandel, Kriege, die Zahl an Kindersoldaten und hungernden Menschen steigt. Die Idee der angeblichen Hilfe ist gescheitert«, so Katrin.

Für Katrin eine logische Konsequenz. »Wer unkoordiniert Gelder und ›Hilfen‹ aus allen Himmelsrichtungen nach Afrika schickt, erstickt Eigeninitiative und entzieht Verantwortung.« Dies musste Katrin, die unter anderem vier Jahre in Äthiopien lebte, während ihrer Afrikareisen immer wieder erleben. Besonders die Zerstörung von Märkten und die Schaffung von extrem unfairen Bedingungen für Unternehmen, aber auch für die Menschen, denen vermeintlich geholfen wird, ist in ihren Augen ein Skandal. Dennoch wehren sich zu wenige dagegen.

... denn es gibt keine gute Entwicklungshilfe.

Uganda ist ein gutes Beispiel für einen von der Hilfsindustrie zerstörten Biogasmarkt. Lokale Stimmen sagen, dass 70 Prozent der von der Entwicklungshilfe verbreiteten Biogasanlagen nicht funktionieren. Trotzdem versuchen lokale Unternehmer weiterhin, die Technik für die Menschen auf den Markt zu bringen, bauen sich Existenzen auf – und dann? Kommt eine bekannte internationale Hilfsorganisation und verschenkt Biogasanlagen. Dass lokale Biogasbauer damit nicht konkurrieren können, sollte jedem denkenden Menschen eigentlich klar sein, aber offensichtlich hat man, vor allem in Europa, immer noch ein Bild von Afrika, in dem eine lokale Wirtschaft nicht existiert.

Außerdem ist auch nach all den gescheiterten Projekten bekannt: Wenn die Hilfsorganisation weg ist, beginnt der Verfall, denn niemand hat einen langfristigen Kundenservice aufgebaut. Wen anrufen, wenn es ein Problem gibt? »Die Karawane der gut bezahlten Entwicklungshelfer*innen ist längst weitergezogen, mit neuen Spendengeldern beschäftigt sie sich vor allem selbst und setzt mit großer Wahrscheinlichkeit scheiternde Projekte um, für die wieder niemand zur Rechenschaft gezogen wird. Durch dieses

System der internationalen Einmischung mit ›Geschenken‹ findet eine zerstörerische Marktdestabilisierung statt, die die Entwicklung ganzer Generationen behindert.« Das geschieht zu Beginn oft in guter Absicht, jedoch aufgrund der Unprofessionalität der »Helfer« überwiegend mit fürchterlicher Wirkung. Man hält sich aufgrund seiner Hautfarbe und Herkunft für so schlau, dass man mit eigenem Geld Dinge umsetzt, die in der eigenen Welt funktionieren, aber vor Ort völlig unangebracht sind.

Katrin vertritt eine radikale Meinung: »Hört auf zu spenden, denn es gibt keine gute Entwicklungshilfe!« Stattdessen sei es wichtig, dass wir faire und ehrliche Wirtschaftsbeziehungen aufbauen. Es ist wichtig, dass wir die Menschen und ihre Erfahrungen vor Ort einbeziehen und ihnen als Gleichberechtigte auf Augenhöhe begegnen. Diese Ansicht deckt sich mit der von Kurt Gerhardt. Der ehemalige WDR-Journalist war zuletzt Europakorrespondent in Brüssel und hat in den Achtzigerjahren für den früheren DED (Deutschen Entwicklungsdienst) drei Jahre lang als sogenannter Landesbeauftragter im Niger/Westafrika gearbeitet. Er ist außerdem Mitbegründer des Bonner Aufrufs, der eine eindeutige Meinung vertritt: »Afrika braucht nicht mehr Geld, sondern mehr Eigenanstrengung. Diese wird durch mehr Entwicklungshilfe nicht gefördert, sondern verhindert.«

Hört auf zu spenden ...

Da Katrin nicht lange lamentiert, sondern Lösungen sucht, hat sie 2010 kurzerhand den Biogasrucksack entwickelt, der es erlaubt, Biogasanlagen ohne Entwicklungshilfe in Afrika zu etablieren – mit einem Geschäftsmodell für die Kundin / den Kunden. Mit ihrem technischen Konzept und ihrem genialen Unternehmenskonzept für (B)energy bietet Katrin eine anpassbare Lösung zur Umsetzung und zum Kauf an. Katrin hält dabei nicht die selbst entwickelte Biogasanlage für besonders erwähnenswert, eher das Geschäftsmodell, welches den Menschen vor Ort erlaubt zu beweisen, dass es auch anders geht, nämlich unabhängig von Geschenken und Almosen. Mit der Biogasanlage werden Tier- und Speiseabfälle zu Biogas vergoren und der Biogasrucksack zum Transport und Verkauf des Gases und ein Gasbrenner zum Kochen eingesetzt.

Die Investition lohnt sich also, und alle, die in den Gesellschaften die finanzielle Möglichkeit haben, übernehmen Verantwortung für die Ärmeren, die nun Gas anstatt Holz oder Kohle kaufen.

Durch Katrins Biogasanlage …
- werden Treibhausgasemissionen eingespart, da Gas aus organischen Abfällen entsteht und somit kein Holz verbrannt werden muss.
- werden die Menschen nicht weiterhin gesundheitsgefährdendem Rauch und Ruß in ihren eigenen Küchen ausgesetzt.
- müssen die Familien, vor allem Frauen, nicht mehr bis zu sechs Stunden am Tag zum Suchen und Sammeln von Brennholz aufwenden und gewinnen Zeit für Bildung oder produktive Arbeit.
- entwickelt sich eine Einkommensquelle.
- entsteht als Nebeneffekt ein hochwertiger organischer Dünger, der den Einsatz von teurem sowie energieintensivem und umweltschädlichem Mineraldünger unnötig macht.

Das ganze System ist so konzipiert, dass deren Anwendung einfach zu erlernen und die Anlagen leicht und dauerhaft instand zu halten sind. Somit bringt Katrin zusammen, was zusammengehört: umweltfreundliche Technik mit unmittelbarem und mehrfachem Nutzen vor Ort, kombiniert mit einem konkreten und einfachen Businessmodell, welches den Menschen ihre Würde gibt. Eine Heldin des Alltags!

Würde ist wichtiger für den menschlichen Geist als Wohlstand!

    So sah das auch die Neuwieder Johanna-Löwenherz-Stiftung, die besonders engagierte und großartige Frauen auszeichnet. Im Oktober 2021 erhielt Katrin den Ehrenpreis für ihr Wirken, nachdem die Preisverleihung 2020 pandemiebedingt verschoben worden war. Was diesen Preis für Katrin so besonders macht, ist die Tatsache, dass man sich nicht darauf bewirbt, sondern ausgesucht und vorgeschlagen wird. Elizabeth Baumann schrieb, und Katrins Schwester Christina Fries hielt die Laudatio und sagte unter anderem: »Katrin ist für mich ein Vorbild, denn sie ist bodenständig und voller Visionen. Sie vertritt ihre Meinung und geht ihren Weg trotz aller Widerstände. Sie ist leidenschaftlich, ausdauernd, charismatisch, ein ehrlicher, geradliniger und liebenswerter Mensch.« Dem ist nichts hinzuzufügen.

Doch, es gibt noch etwas, was uns, die Autor*innen beschäftigt: Katrins Satz »Hört auf zu spenden!«. Wir sollen also nichts mehr von unserem Geld für die Menschen im globalen Süden abgeben? »Richtig, tauscht es, wie mit allen anderen, lieber gegen einen Wert. Kauft Produkte direkt vor Ort, es gibt so viele Onlineplattformen, wo man direkt afrikanische Produkte kaufen kann. Oder lasst doch gleich eure nächste App oder Website in Afrika programmieren.« Etwas anderes sind Katastrophenfälle. »Sind Menschen in unmittelbarer Not, dann muss kurzfristig und zeitlich begrenzt geholfen werden«, so Katrin.

»Wenn ihr wirklich was Gutes erreichen und euer Geld zum Wohle der Menschen einsetzen wollt, dann achtet auf euren Konsum! Verzichtet auf Billigfashion, vor allem auf billige Lebensmittel, kauft Kaffee und Schokolade, die in den Anbauländern geröstet und hergestellt werden, denn sonst zahlen arme Menschen für

INFOBOX

Entwicklungshilfe in der Kritik
Das *Handelsblatt* berichtete am 16.10.2018, seit 1960 seien ca. 4.000 Mrd. Dollar an Entwicklungshilfe nach Afrika geflossen. Das Verblüffende jedoch, so das Blatt: Den Ländern, denen am stärksten geholfen wurde, geht es heute am schlechtesten. Genannte Ursachen sind u. a. die Korruption in den Empfängerländern, das rasante Bevölkerungswachstum und die anerzogene Unmündigkeit.

Soll dies geändert werden, gilt es, den Bemutterungskomplex abzulegen und die Afrikaner*innen als Partner*innen, statt als Almosenempfänger*innen anzusehen. Es gilt, Afrika nicht länger als Rohstofflieferanten anzusehen, faire Handelsabkommen abzuschließen, Wertschöpfung zu verlagern und in Bildung zu investieren.

euer Billig. Achtet auf wirklich fairen Handel, und hinterfragt die allzu oft gekauften Labels. Und zu guter Letzt: Sorgt für ein gutes, nachhaltiges und gerechtes Weltwirtschaftssystem. Unterstützt eine Wirtschaft, die den Menschen dient, und nicht eine, in der die Menschen der Wirtschaft dienen. Unterstützt die Gemeinwohl-Ökonomie, damit wird am Ende und langfristig allen geholfen und Entwicklungshilfe überflüssig.«

QUELLEN UND WEITERFÜHRENDE INFORMATIONEN

Literaturempfehlung:
- Dead Aid. Warum Entwicklungshilfe nicht funktioniert und was Afrika besser machen kann von Dambisa Moyo, Haffmans & Tolkemitt

Podcast Deutschlandfunk: Teure Almosen für Afrika:
- https://www.deutschlandfunkkultur.de/entwicklungshilfe-in-der-kritik-teure-almosen-fuer-afrika-100.html

Zu Katrin, (B)energy und Biogas:
- https://www.greenpeace-magazin.de/wegweiser/katrin-puetz
- https://www.kreis-neuwied.de/kv_neuwied/Johanna-Loewenherz-Stiftung/
- https://be-nrg.com/dont-donate/
- https://www.youtube.com/channel/UCi9fmPQiffTaUr7-jLo4HSw
- www.biogasunite.org

CARMEN ECKHARDT
MADAME COURAGE

Mit Filmen gegen die Verrohung und die Egoismen in der Gesellschaft

»Mutig ist, wer es trotzdem tut!« Als Kind hatte sie die Wahl, trotz lähmender Angst über den im Dunklen liegenden und unheimlichen Friedhof zu gehen oder den Umweg in Kauf zu nehmen. Sie ging über den Friedhof. So wie Carmen immer ging, wenn Angst sie zurückdrängen oder aufhalten wollte. »Heute habe ich keine Angst mehr, denn ich habe nichts zu verlieren.«

Carmen war als Kind und Jugendliche voller Ängste, konnte anderen Menschen nicht in die Augen schauen oder gar mit ihnen sprechen. Um durch die eigenen Ängste, man könnte sagen, um auf dem direkten Weg durch die Hölle zu gehen, ging Carmen auf die große Bühne. Zehn Jahre arbeitete sie als Schauspielerin, heute ist sie Filmemacherin und tritt Menschen und Situationen unerschrocken entgegen.

Aber zurück zum Anfang. Carmen wuchs mit zwei Brüdern bei Meinerzhagen am westlichen Rand des Sauerlands auf. Sie genoss die Natur und das unbeschwerte Bewegen im Freien. »Wir konnten einfach stromern, Baumhäuser bauen oder angeln. Niemand kontrollierte uns oder passte den ganzen Tag auf uns auf.« Nach der mittleren Reife ging sie zunächst mit 16 Jahren für sechs Monate nach Frankreich, arbeitete dort als Hilfsköchin, Haus- und Kindermädchen.

Obwohl Carmen Teile ihrer Kindheit in guter Erinnerung hat, war das Leben in ihrer Familie alles andere als unbeschwert. Die Eltern waren Kinder von Kriegseltern, die so wie auch schon die

»Mutig ist, wer es trotzdem tut!«

Vorgeneration unter dem Naziregime zu leiden gehabt hatten. Die Mutter war Heimatvertriebene, die Großmutter starb durch die Hand der Gestapo, und der Urgroßvater wurde in der NS-Zeit enthauptet. So saß ein tief verankertes Trauma in der Familie, was dazu führte, dass Carmen in emotionaler Bedürftigkeit heranwuchs. Um dem zu entkommen, nutzte sie die Chance und setzte alles daran, in die nahe gelegene Gesamtschule zu kommen. Rückblickend hat diese ihr die Tür zur Welt aufgestoßen. Hier kam Carmen mit Kultur, Politik und mit der Forderung danach, selbstständig zu denken, in Kontakt. Das war ein Kontrast zu dem damals recht konservativen Sauerland. »Die Türen stehen da nicht gerade offen«, wie Carmen es heute diplomatisch ausdrückt.

Im Alter von 17 Jahren verließ sie ihr Zuhause im Sauerland und begann die Ausbildung an der Schauspielschule in Köln. Dort durfte Carmen alles sein: Heilige und Hure, Mörderin, Liebhaberin, Verräterin, gut und böse. »Durch die Schauspielerei wurde mir klar, dass tief in uns Abgründe, aber auch Gipfel liegen. Licht und Schatten. Ganz dicht beieinander, und wir selbst entscheiden, wohin wir gehen.« Zehn Jahre stand Carmen auf den Bühnen der Schauspielhäuser Köln und Düsseldorf. Doch dann war es genug. Der mit dem Beruf einhergehende Narzissmus, der permanente Konkurrenzdruck und die ständig gespitzten Ellenbogen waren ihr irgendwann zu viel. Sie wollte aus dem Rampenlicht, aus dem Mittelpunkt heraus. So traf es sich gut, dass Carmen in den 1990er-Jahren die Chance bekam, in das Filmemachen hineinzuschnuppern. Das war die Chance, sich von der Darstellerin zur Zuhörerin zu wandeln. Von der Gesehenen hin zur Sehenden.

Neben ARTE, 3sat und dem ZDF arbeitete Carmen vor allem für den WDR. Dort wurde 1999 der damalige Intendant Fritz Pleitgen auf Carmen aufmerksam. Heute ist noch der Respekt in Carmens Stimme zu hören, wenn sie über ihren damaligen Chef spricht. Besonders schätzte sie seine unkonventionelle Art und dass er kein typischer Karrierist, sondern wie sie selbst ein Quereinsteiger war. Schaut Carmen zurück, sagt sie: »Das war eine gute

»... dass tief in uns Abgründe, aber auch Gipfel liegen, ganz dicht beieinander, und wir selbst entscheiden, wohin wir gehen.«

Zeit, wenn auch stressig.« So konnte es passieren, dass Carmen morgens mit der Bitte »Frau Eckhardt, können Sie mir für heute am frühen Abend eine Cessna mit Pilot organisieren. Ich möchte mit dem Kameramann einen Flug an den Kreidefelsen (Rügen) entlang machen« konfrontiert wurde. Mit dem Ausscheiden von Fritz Pleitgen 2007 änderte sich auch Carmens Situation. Ihr fehlten die unterstützende Hausmacht und die Bereitschaft, ihre Selbstbestimmung, die ihr unter Fritz Pleitgen gegeben war, aufzugeben. Zudem war Carmen mittlerweile angewidert davon, wie in den Sendern mit Menschen umgegangen wurde. »Das ist pure Ausbeutung und schlicht unerträglich. Doch ich will nicht meckern, sondern ändern.« So beendete sie nach 18 Jahren ihr Engagement bei den Sendeanstalten, und was tut die Frau, die die Angst vor der eigenen Courage verloren hat? Sie gründete ohne Netz und doppelten Boden eine eigene Produktionsfirma, SeeMoreFilm.

Auf der firmeneigenen Internetseite heißt es: »»*mehr sehen*« *heißt, eindringlicher und anders sehen, unter die Oberfläche schauen.*« Und das tut Carmen, gemeinsam mit ihrem Team schaut sie so genau hin, dass es zuweilen schmerzt.

So stellte sie sich unter anderem auch den Geistern ihrer Kindheit, den Geistern ihrer Familie, oder man könnte sagen, dem Geist, der unsichtbar, aber allgegenwärtig im Raum stand: Georg Viktor Kunz. Viktor, der Urgroßvater, der in den Kriegswirren plötzlich verschwand. Viktor sei verschollen, so die Familiensaga. Doch irgendetwas stimmte an dieser Geschichte nicht, das spürte Carmen. Sie fragte und bohrte nach, bis die traurig grausame Wahrheit ans Licht kam: Viktor wurde in den Morgenstunden des 17. August 1943, Punkt 5:00 Uhr, im Alter von 58 Jahren im Hinterhof des Stuttgarter Landesgerichts enthauptet. Verurteilt wegen Hochverrats durch den berüchtigten Präsidenten des Volksgerichtshofes, Hitlers Blutrichter Roland Freisler, und geköpft durch den staatlich bestellten Scharfrichter Johann Baptist Reichhart. Reichhart tötete in seiner Laufbahn insgesamt 3.165 Menschen, darunter die Geschwister Scholl, die er knapp einen Monat vor Viktor hingerichtet hatte, ebenfalls nach einem Unrechtsurteil von Freisler. Be-

»Doch ich will nicht meckern, sondern ändern.«

kannt für seinen effektiven Umgang mit der Guillotine und seinem »Geschick« beim Töten am Galgen, diente Reichhart nach der Befreiung Deutschlands noch den Amerikanern, für die er bis Ende 1946 156 Nazis, also seine ehemaligen Auftraggeber, hinrichtete.

Viktor wurde enthauptet, weil er sich gegen das Hitlerregime aufgelehnt hatte. Aktiv war er allerdings weit vorher schon gewesen. So engagierte er sich bereits zu Beginn des zwanzigsten Jahrhunderts in der Sozialistischen Arbeiterjugend, beteiligte sich am Spartakusaufstand 1919 und wurde später zum Minister in der Rheinischen Autonomie Pfalz. Ein Mann, dem alle Ehre gebührt, dessen Existenz jedoch in der Familie verschämt verschwiegen wurde. Das schmerzte Carmen, das schmerzt sie noch heute. Noch schwerer wiegt allerdings für sie, dass ihr Urgroßvater von Freisler für »immer ehrlos« erklärt wurde und dieses Unrechtsurteil nach dem Krieg nicht aufgehoben und Viktor nicht posthum rehabilitiert wurde.

In der bewegenden Dokumentation *Viktors Kopf* dokumentiert und zeigt Carmen den vergeblichen Kampf durch die Amtsstuben, um Viktor zu rehabilitieren. Da das 1998 verabschiedete NS-Aufhebungsgesetz alle NS-Urteile aufhob, war eine individuelle Rehabilitation von Viktor nicht mehr möglich. Nach langer Recherchearbeit fand Carmen auch Viktors letzte Ruhestätte: Gräberfeld X auf dem städtischen Stadtfriedhof Tübingen. Ein Massengrab, in dem die sterblichen Überreste des zuvor im Anatomischen Institut der Universität Tübingen für Forschungszwecke zerlegten Körpers verscharrt wurden. Carmen fand ihren Frieden bei der Würdigung der Widerstandskämpfer und somit auch von Viktor in der französischen KZ-Gedenkstätte Natzweiler-Struthof im Elsass. Zudem erfüllte sie mit dem Film den Auftrag ihrer Tochter, endlich die Familiengeschichte aufzuarbeiten.

Annuschka, die Tochter aus Carmens Ehe mit einem Mann jüdischen Glaubens, wuchs bei ihrer Mutter in dem weltoffenen Köln auf. Im Alter von neun Jahren wurde Annuschka in der Grundschule von einem Mitschüler als »Judensau« bezeichnet. Judensau! Carmen war außer sich und wollte reagieren, doch die neunjährige Annuschka sagte: »Ach, lass mal, Mama. Ich habe ihm gleich in die Eier getreten.« Carmen verzichtete auf einen Elterntag. Doch es blieb nicht bei diesem Vorfall. Damit Annuschka eine gute Ausbildung erfahren und sich solche Vorfälle nicht wiederholen sollten, ermöglichte Carmen es ihr, auf eine Eliteschule zu gehen. Doch auch das ging nicht lange gut. Annuschka wurde »Russenhure« und »KZ-Kind« geschimpft. Und das im 21. Jahrhundert in einer Stadt wie Köln an einer Eliteschule. Offensichtlich zeigt sich die Fratze des fiesen Deutschen nicht nur in Springerstiefeln.

Wie geht man damit um? Carmen verarbeitet diesen Wahnsinn, die Verrohung und die Egoismen in der Gesellschaft auf ihre Art: mit ihrer Kunst, mit ihren Filmen. So machte sie sich nach zwei Jahren Vorbereitungszeit 2018 gemeinsam mit ihrem langjährigen Freund und Kameramann Gerardo Milsztein auf, um ihr neuestes Projekt *Homo Communis – wir für alle* zu starten. Auch hier ging Carmen den Weg der Mutigen. Weil sie sich der Wichtigkeit dieses Films bewusst war, startete sie ohne gesicherte Finanzierung in das Projekt. Wie schon bei *Viktors Kopf* finanzierte sie einen Großteil über Crowdfunding. »Da schämte ich mich zunächst«, sagt Carmen. »War das eine Form des Bettelns?« Heute weiß Carmen, dass es das nicht ist. Ganz im Gegenteil, es ist eine Form der Gemeinschaft und des Schenkens. Wir für alle.

Von der Idee bis zur Fertigstellung des Films vergingen vier Jahre, und sie führten Carmen und ihr Team von der rheinischen Braunkohlegrube, über die Greta Thunberg sagte: »Das war mal ein Ökosystem, und jetzt ist es Mordor«, bis nach Venezuela zu Cecosesola, einer solidarisch organisierten Kooperation von ca. 20.000 Familien, die sich seit über 50 Jahren in den Bereichen Landwirtschaft, Wochenmärkte, Gesundheitsdienst und Beerdigung betätigen. Die Kooperative wird geführt und organisiert durch demokratische, hierarchiefreie und konsensorientierte Entscheidungen, in die sogar die Kunden einbezogen werden. Zugleich ist es Cecosesola möglich, den Mitarbeitenden höhere Löhne zu zahlen und Lebensmittel sowie Gesundheitsdienste 30 bis 60 Prozent unter

> »Das war mal ein Ökosystem, und jetzt ist es Mordor.«
> **Greta Thunberg**

den marktüblichen Preisen anzubieten. Also ein echtes Projekt: WIR FÜR ALLE.

Der Film *Homo Communis* stellt kreative und kooperative Wirtschafts-, Handlungs- und Lebensmodelle – von der Solidarischen Landwirtschaft über die Gemeinwohl-Ökonomie und die Utopiastadt aus Wuppertal bis hin zur Graswurzelbewegung Ende Gelände – vor und zeigt, was Carmen wichtig ist: Gemeinschaft, Gleichheit, Kreativität und Friedfertigkeit. »Der Film hat mir so viel gegeben«, sagt Carmen. »Ich schaue noch vertrauensvoller und gelöster in die Zukunft, denn ich habe gesehen, Menschen sind füreinander da.«

Carmen, das einst schüchterne Mädchen aus einer durch die Geschichte belasteten Familie, zeigt uns, was das Überwinden von Angst bedeutet. Sie zeigt uns, dass wir uns aus der Angst befreien und für unsere Werte einstehen und aufstehen können und müssen.

INFOBOX

Gemeinwohlorientierte Unternehmens- und Organisationsformen
Unternehmertum, wie wir es üblicherweise kennen, scheint immer weniger die Grundbedürfnisse der Menschen zu decken. So bilden sich weltweit zunehmend solidarisch, sozialökologisch ausgerichtete Organisations- und Unternehmensformen. Seien es Social Entrepreneurs, solidarische Genossenschaften wie die Solawi (Solidarische Landwirtschaft) oder die SoBaWi (Solidarische Bauwirtschaft), gemeinwohlorientierte Unternehmen wie die venezolanische Kooperation Cecosesola, über die im Film *Homo Communis* von Carmen Eckhardt berichtet wird.

Die Cecosesola versorgt über 300.000 Menschen mit Gemüse, einem Gesundheitszentrum und einem Bestattungsunternehmen, zahlt dabei überdurchschnittliche Löhne an die Mitarbeitenden.

Das Bundeswirtschaftsministerium berichtete 2015 auf eine Anfrage der Bündnis90/Grünen, dass es in Deutschland 70.000 Social Entrepreneurs gibt, für die nicht Gewinnmaximierung, sondern ein positiver Beitrag für die Gesellschaft das Ziel ist.

WEITERFÜHRENDE INFORMATIONEN ZU NEUEM WIRTSCHAFTEN, CECOSESOLA UND CARMENS PROJEKTE

Literaturempfehlungen:
- Gründet Genossenschaften von Stefan Hoffmann, oekom verlag
- Faironomics von Ilona Koglin und Marek Rohde, dtv Verlag

Internet:
- YouTube zu Cecosesola: https://www.youtube.com/watch?v=iM0ti-5Rh7E
- Deutscher Sozial Entrepreneurship Monitor 2020/21: https://www.send-ev.de/wp-content/uploads/2021/03/DSEM-2020-21.pdf

Link zu Kursangeboten oder direkt zu Carmen:
- https://www.seemorefilm.de/?page_id=169
- https://www.homocommunis.de/

Deutschlandfunk zu Viktors Kopf:
- https://www.hoerspielundfeature.de/vom-umgang-mit-einem-ns-unrechtsurteil-viktors-kopf-100.html

© Christoph Mann

CHRISTOPH MANN
VOM MANAGER ZUM SOZIALARBEITER

Nächstenhilfe trägt stärker zum eigenen Glück bei als Karriere und hohes Einkommen

Christoph wurde 1965 in Aachen geboren und wuchs dort gemeinsam mit drei Schwestern auf. Sein Vater war Professor für Baugeschichte an der RWTH Aachen, die Mutter lernte in ihrer Jugend den jahrhundertealten Beruf der Handweberei. Sie erlebte die Bombennächte in Dresden, verließ die Stadt später, lernte ihren Mann kennen, und dann zogen sie gemeinsam über die Stationen Berlin und Köln in den westlichsten Zipfel Deutschlands, nach Aachen. Bedingt durch die vielen Umzüge sowie die Geburten von vier Kindern innerhalb von 16 Jahren, arbeitete sie nie in dem erlernten Beruf. Stattdessen bot sie Töpferkurse in der Kirchengemeinde, im Jugendzentrum und später in Seniorenheimen an. Christoph begleitete sie oft. Ihm gefielen das Töpfern und der Umgang mit den Menschen. Man könnte auch sagen, dass er hier schon sehr früh einen ersten Einblick in die soziale Arbeit bekam, die ihn später erfüllen sollte.

Rückblickend betrachtet, war der gemeinsame Weg von Mutter und Sohn in die Kirchengemeinde und ins Seniorenheim vielleicht auch eine Flucht. Eine Flucht vor dem alkoholkranken und gewalttätigen Vater. Christoph war der Gewalt selbst nicht körperlich ausgesetzt. Das änderte jedoch nichts daran, dass es die Unbeschwertheit der Jugend trübte und dass die Nachwirkungen noch heute, nachdem die Eltern schon lange tot sind, über den Geschwistern schweben und teilweise zwischen ihnen stehen.

Die Zeit, die Christoph auch ohne seine Mutter in der evangelikalen Kirchengemeinde verbrachte, prägte ihn so sehr, dass er erwog, Theologie zu studieren, und sich sogar schon an der Kirchlichen Hochschule zu Wuppertal eingeschrieben hatte, als ihm klar wurde, dass er zur damaligen Zeit als homosexueller Mann nicht unbedingt in der Kirche willkommen war. Christoph hatte seine sexuelle Neigung früh entdeckt, hatte versucht, das »Schwulsein« wegzubeten, so wie es in Teilen der Kirche dringend empfohlen wurde. Nachdem er allerdings hatte einsehen müssen, dass Beten nichts daran änderte, dass er Männer liebte, verabschiedete er sich von dem Gedanken, Theologie zu studieren. »Was für ein Glück«, sagt Christoph heute.

Statt zu studieren, leistete er 20 Monate Zivildienst, den er in einem Brauweiler Jugendzentrum und in einem Kinderheim im Sauerland verbrachte. Eine Ausbildung in diesem Umfeld zu machen und dort weiterzuarbeiten verwarf Christoph, weil er sah, wie sich die Angestellten in dem Beruf aufrieben. »Da gab es keinen Feierabend, denn abends oder am Wochenende saßen die Ehemaligen bei den Betreuern auf dem Sofa.« So schrieb er sich nach dem Zivildienst für ein Biologiestudium ein, welches er nach dem vierten Semester abbrach, um Buchhändler zu werden. Er fand in der Kölner Schwulen Buchhandlung Lavendelschwert den richtigen Ort, um den Beruf zu erlernen und gleichzeitig viele Gleichgesinnte zu treffen.

Zu dieser Zeit, in den 1980er-Jahren, verbreitete sich HIV rasend schnell, wuchs sich besonders unter Homosexuellen zu einer tödlichen Pandemie aus und verbreitete Angst unter den Menschen. Einer Pandemie, die seitdem geschätzte 39 Millionen Menschenleben gefordert hat. Eine Krankheit, die zwar mit einer guten Medikamentierung heute nicht mehr zwingend zum Tode führt, dennoch nach wie vor weit verbreitet ist und Menschenleben kostet, wenn die Betroffenen sich die teuren Medikamente nicht leisten können. Laut Robert Koch Institute waren 2020 weltweit ca. 37,7 Millionen Menschen infiziert. Davon 91.400 Menschen in Deutschland.

Heute haben wir gelernt, mit HIV umzugehen. Damals war das ein großes gesellschaftliches und politisches Thema, welches von populistischen Politiker*innen und konservativen Klerikern für ihre Weltsicht missbraucht wurde. So meinte zum Beispiel Peter Gauweiler, einst Staatssekretär im Bayerischen Staatsministerium des Inneren, 1987 in einem *Stern*-Interview: »Mei, des sind halt Aussätzige« und forderte an anderer Stelle ein Programm gegen die nationale Dekadenz, so wie es Margaret Thatcher formuliert hatte. Ein weiterer, damals noch junger CSU-Abgeordneter namens Horst Seehofer äußerte gegenüber dem *Spiegel,* man müsse Aidskranke in »speziellen Heimen konzentrieren«. Er sagte wirklich »konzentrieren«.

Das Thatcher-Programm, auf das sich Gauweiler bezog, war das sogenannte Section 28 oder Clause 28, welches in Großbritannien jegliche Unterstützung von Homosexualität verbot. Mit Section 28 sollten Ratsuchenden Beratung und Hilfe verweigert werden. Letztlich wurden dadurch Diskriminierung und eine homophobe Stimmung im Lande gefördert, was allerdings zu einer starken Gegenbewegung führte, mit der die Eiserne Lady nicht gerechnet hatte. Unterschiedlichste Gruppen verbanden sich, um gegen die Diskriminierungspolitik Widerstand zu leisten. So zeigten sich unter anderem Teile der britischen Bergbaugewerkschaft oder des Lehrerverbandes mit der Schwulenbewegung solidarisch.

Das war die Zeit, in der sich auch in Deutschland Widerstand gegen jene verqueren Vorstellungen und Äußerungen bildete. Vor allem junge und homosexuelle Menschen begannen, sich laut und in vielfältiger Art zur Wehr zu setzen. Für diese Art des Widerstandes war Köln genau die richtige Stadt – und Christoph war mittendrin. Vor einem Papstbesuch von Johannes Paul II. ließ Christoph mit seinen Mitstreitern im Dom pinkfarbene Luftballons aufsteigen, um damit auf die diskriminierenden Aussagen des damaligen Papstes und der Kirche im Allgemeinen aufmerksam zu machen. Die Domschweizer fanden das wenig lustig, schließlich sollte »Eure Heiligkeit« keinerlei Berührungen mit dieser Form des Protestes haben. Was aber tun, wenn pinkfarbene Ballons unter dem Kirchendach hängen und keine Anstalten machen, von allein herunterzuschweben? Christoph erzählt, dass sie mit Pfeil und Bogen abgeschossen wurden, dass er Hausverbot im Kölner Dom bekam und bis heute bedauert, dass er beim Abschießen der Ballons nicht zusehen durfte.

Die Zeit in Köln war geprägt von Widerstand und politischer Arbeit. Sie endete, weil es Christoph aufgrund der Liebe nach München verschlug, wo er die Chance bekam, ein damals recht neues Thema aufzuziehen: Hörbücher. Zwar gab es damals schon Buchvertonungen, aber es war eben noch kein Medium, das einen breiten Markt ansprach. Das sollte sich schnell ändern, denn Christoph übernahm die Vertriebsleitung, um Hörbücher publik zu machen. »Das war harte Aufbauarbeit«, sagt er heute und fährt fort: »Da ich so unbedarft an das Thema heranging, wurden wir recht schnell erfolgreich.« Christoph ging zum Chefeinkäufer eines der größten Buchhändler Deutschlands und stellte sein Programm vor, und dieser unterschrieb den Auftrag für eine Direktbestellung. »Das war ein Novum, dieser Kunde bestellte sonst fast alles über den Großhandel«, sagte Christophs Chefin. Ihm wurde sein Clou allerdings erst nach der Aussage seiner Chefin bewusst, als diese fast vom Stuhl fiel. »Ich wusste halt nicht, was nicht geht, und habe es deswegen erfolgreich nicht nicht getan«, schmunzelt Christoph. Durch Fleiß, Unbedarftheit und Cleverness wurde innerhalb weniger Jahre aus einem Nischenprodukt ein Geschäft mit einem Jahresumsatz von 21 Millionen – damals noch Mark – und mehreren Mitarbeitenden. »Als wir eine Kooperation mit der ARD in Gang gesetzt hatten, ich Hugendubel und Tchibo als Kunden gewonnen hatte, fragte ich mich: Was jetzt? Weiter 60 Stunden die Woche ranklotzen, um vielleicht mal 30 Millionen Umsatz zu machen, und nun immer und immer wieder dasselbe tun? Nö, dachte ich, das kann es nicht sein.«

Christoph hatte über die Jahre bei den Buchhändlern immer wieder Mitarbeiter*innen geschult und trainiert, damit diese Hörbücher verkauften. Er bemerkte, dass ihm diese Arbeit Spaß machte und dass er gut darin war. Also machte er sich selbstständig und gründete Mann-Consulting – ein Unternehmen, das Trainings, Coaching und Consulting anbot. Und auch das machte er so erfolgreich, dass er nach sieben Jahren wieder vor dem Burn-out stand. »Wie geht das zusammen, als Coach arbeiten und selbst am Burn-out zugrunde gehen?«, fragte sich Christoph. Er stellte fest, dass er Abstand brauchte, und entschied sich, eine lange Auszeit zu nehmen und durch Asien zu reisen.

Sein Weg führte ihn durch große Teile Indiens und Sri Lankas, durch Myanmar, Laos, Vietnam, Kambodscha und über Nepal bis nach Ladakh. »Dort lernte ich, mit wie wenig man durch das Leben kommt und dass Glück sowie Zufriedenheit nicht von materialem Wohlstand abhängig ist.« Als er in Ladakh einen alten, zahnlosen Mann aus seiner Wellblechhütte kriechen sah, über dessen Gesicht sich von einem bis zum anderen Ohr ein Grinsen zog, entschloss sich Christoph, sein Leben umzustellen. »Das war pures Glück und bewegte mich tief«, sagt Christoph. Überhaupt hatte die buddhistische Philosophie enormen Einfluss auf Christoph und das Leben, das er nach seiner Reise führte.

Zurück in Berlin, gründete er eine Praxis für Psychotherapie und Coaching, für die er die Zulassung zum Psychotherapeuten nach dem Heilpraktikergesetz durch das Landesamt für Gesundheit und Soziales des Landes Berlin erhielt. Nun musste er allerdings eine neue Erfahrung machen: Es lief nicht so, wie er sich das vorgestellt hatte, und schon nach kurzer Zeit steuerte er mit Volldampf Richtung Hartz IV. Wie so oft im Leben kam just im richtigen Moment ein interessant klingendes Angebot, das Christoph zunächst wieder nach Köln, ins Verlagsbusiness führte, wo er die Leitung für Neue Medien in einem Konzernverlag übernahm. Eine kleine Rolle rückwärts, die ihm jedoch endgültig bewusst machte, dass er diese Art des Arbeitens nicht mehr ertrug, und so kündigte er trotz seines beachtlichen Einkommens und ging zurück nach Berlin. Ihm war klar geworden, dass er Zufriedenheit im Job nur dann findet, wenn er sich auch um andere Menschen kümmern kann.

Wieder in Berlin, arbeitete er weiter in seiner Praxis, und weil die Einnahmen noch immer nicht reichten, um den Lebensunterhalt zu finanzieren, suchte er sich zusätzliche soziale Jobs, bei denen er Menschen dabei helfen konnte, ihren Weg durchs Leben zu gehen.

So fand er eine Anstellung in einer Geflüchtetenunterkunft, die sich um queere, also homosexuelle, Inter* und Trans*-Menschen kümmerte. Diese Menschen steckten oftmals in besonderen Schwierigkeiten. Sie hatten die Heimat verlassen, mussten eine grausame Flucht hinter sich bringen, verloren mitunter Angehörige, kamen in ein fremdes Land, und überall mussten sie ihre sexuelle Neigung verbergen. Dort, wo sie herkamen, zog ihre Neigung dramatische Folgen nach sich, ebenso auf der Flucht, und dann – endlich angekommen – mussten sie in den regulären Unterkünften ebenfalls mit Gewalt rechnen und damit, verstoßen zu werden. Diese Menschen sind oft schwer traumatisiert. Nicht selten haben sie auf der Flucht Vergewaltigungen erlebt, oder sie mussten sich prostituieren, um zu überleben. Manchmal kommt noch eine Drogenabhängigkeit dazu, die schließlich zu weiterer Prostitution und schnell zur Kleinkriminalität führt.

INFOBOX

Laut Bundesagentur für Arbeit waren 2020 in Deutschland 343.000 Menschen in sozialen Berufen steuerpflichtig angestellt. Es gibt vielfältige Angebote, sich ehrenamtlich zu engagieren, z. B. durch Mitarbeit bei einer Tafel, in der Geflüchteten- oder in der Seniorenhilfe. Mitbringen sollte man Offenheit, Kommunikationsfähigkeit, und man sollte physischen Belastungen standhalten können.

Wer sich ehrenamtlich sozial engagieren möchte, findet Informationen beim Fachverband der Freiwilligenagenturen in Deutschland https://bagfa.de/

Hier der Zugang zu den Tafeln, die es heute in nahezu jeder Stadt gibt: https://www.tafel.de/

Eine nächste berufliche Herausforderung fand Christoph im Frauengefängnis. Hier begegnete er Frauen vieler Nationen, die Straftaten vom Diebstahl über Menschenhandel bis hin zum Mord begangen hatten. Seine Aufgabe bestand darin, mit den Frauen ein Konzept zu erarbeiten, wie sie Konflikte gewaltfrei lösen können. Christoph erzählt von kuriosen Begegnungen und davon, dass ihm die Direktheit der Frauen gefiel. »Bei den Ladys wusste ich immer, woran ich bin. Finden die was gut, sagen sie es. Finden sie was nicht gut, sagen sie es genauso.«

Hier ist nicht genug Raum, um auf alle sozialen Jobs einzugehen, die Christoph ausführt. Worum es jedoch geht, ist zu erkennen, dass Nächstenhilfe mehr zum eigenen Glück beitragen kann als ein gutes Einkommen. Kommt man in den Genuss, die Nähe von Christoph zu erleben, überträgt sich sofort seine kritische, gleichzeitig aber konstruktive Zufriedenheit. Und seine humorvolle Ausgeglichenheit steckt einfach an. Wie sähe die Welt wohl aus, wenn wir alle ab und zu den Run aufs große Geld gegen ein wenig Mitmenschlichkeit tauschen würden?

WEITERFÜHRENDE INFORMATIONEN ZUM THEMA SOZIALARBEIT

Bücher, die Christoph inspirierten:
- Das weise Herz von Jack Kornfield, Arkana Verlag
- Buddhistische Psychologie von Tilmann Borghardt und Wolfgang Erhardt, Arkana Verlag

Internet:
- https://schwulenberatungberlin.de/angebote/queer-refugees/
- https://deutsches-ehrenamt.de/vereinswissen/soziales-engagement/
- https://www.caritas.de/spendeundengagement/engagieren/ehrenamt/ehrenamt

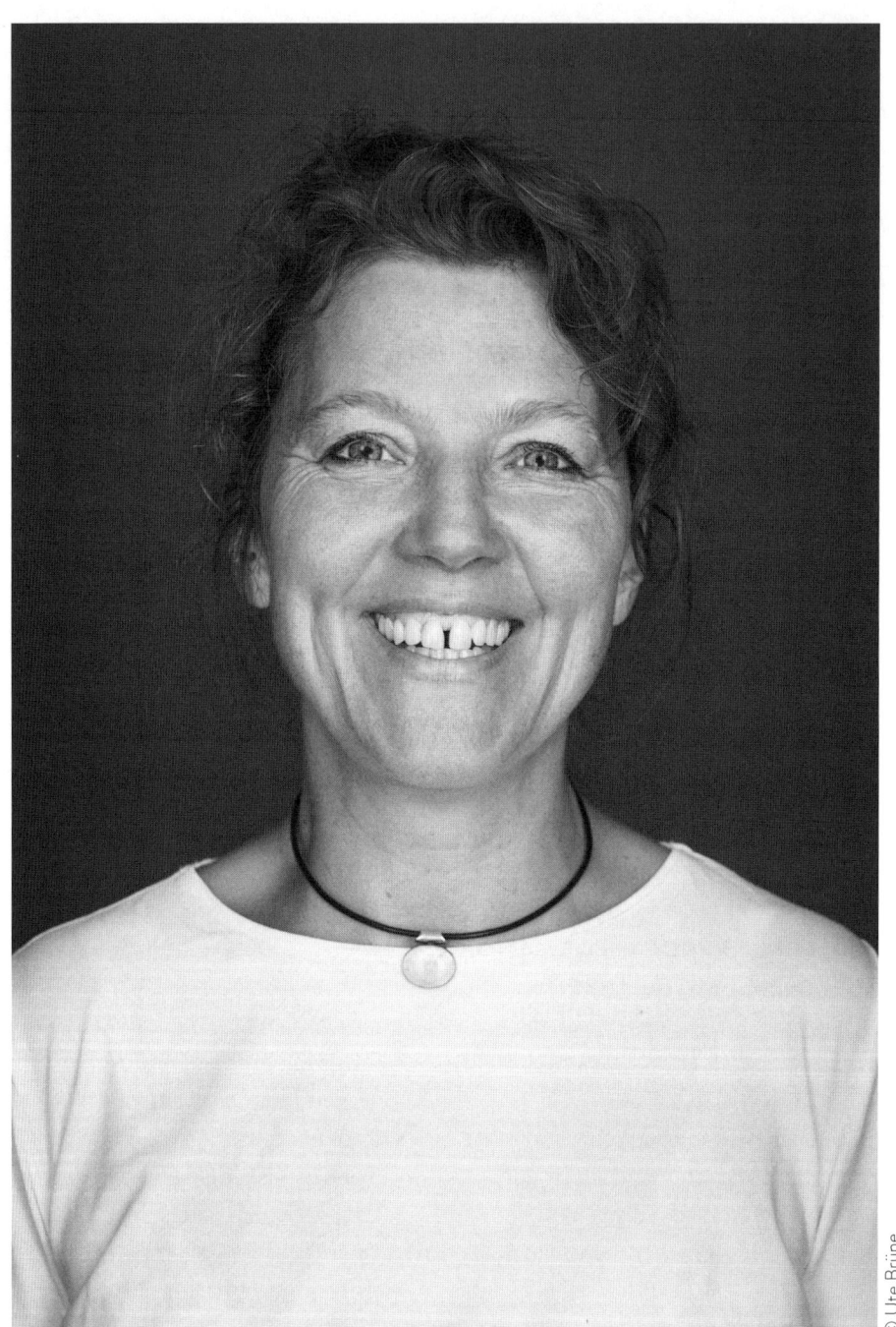
© Ute Brüne

UTE BRÜNE
NACHHALTIGKEIT IM MENSCHSEIN UND IM UNTERNEHMER*INNENTUM

»Wir stellen alles auf den Kopf und sind bereit zu scheitern.«

»Wir planen, auf dem Dach unseres Unternehmens einen Garten anzulegen, den wir den alten Menschen aus dem benachbarten Seniorenheim zur Verfügung stellen.« So oder so ähnlich waren die ersten Worte, die ich auf einer Veranstaltung der Heinrich-Böll-Stiftung von Ute Brüne hörte. »Wow!«, dachte ich. Was für eine starke Frau. Kurz darauf lernte ich sie und ihren Mann Hans im Foyer der Stiftung kennen. Wir kamen ins Gespräch über ihre Worte und über Nachhaltigkeit im Allgemeinen. Mir gefiel Utes angenehme und gleichzeitig äußerst pragmatische Art sofort. »Machen, wir müssen nur machen.« Das klingt mir noch immer in den Ohren. Zudem weiß ich heute, dass sie nicht nur spricht und fordert, sondern dass sie selbst eben auch macht. Ute ist ein Energiebündel. Sie schafft es innerhalb von Minuten, Menschen zu begeistern und andere mit auf die Reise zu nehmen.

Geboren wurde sie in Königs-Wusterhausen in der ehemaligen DDR als drittes Kind und Küken der Familie und reiste 1989 aus Liebeskummer und wegen ungewisser beruflicher Perspektive über die Tschechei aus. »Ich bin ein Ossi-Mädel, und da bin ich heute stolz drauf.« Nicht nur, weil in Königs-Wusterhausen der erste deutsche Radiosendemast aufgestellt wurde, sondern weil es dort einfach viele gute und schöne Aspekte des Lebens gab. Dabei verklärt sie keinesfalls das Regime von Ulbricht und Honecker.

Ute erlebte jedoch eine unbeschwerte Kindheit, welche sie vor allem in den Wäldern verbrachte. Sie beschreibt sich selbst als Waldkind. »Der Wald erdet mich«, sagt die ausgebildete Spurenleserin.

Lange Zeit wollte sie nicht über ihre Herkunft sprechen. Wollte kein Ossi-Mädchen sein. Doch im Laufe der Jahre hat sie erkannt, dass die Kultur des Ostens sie zu dem gemacht hat, was sie heute ist. Die Kindheit in dieser Kultur hat ihr starke innere Werte mitgegeben, zum Beispiel die bereits erwähnte Naturverbundenheit. »Noch heute liebe ich die Uckermark. Zudem weiß ich aus dieser Zeit den Wert einer guten Freundschaft zu würdigen. Zu wissen, dass man füreinander da ist.« »Gleichberechtigung zwischen Mann und Frau? Frauen in Führungspositionen? Das war für uns in der DDR vollkommen normal«, reflektiert Ute. In besonderer Erinnerung ist ihr auch geblieben, dass kaum etwas weggeworfen wurde. In einem Monat wurde lediglich eine halbe Mülltonne gefüllt, die auch noch ein Drittel kleiner war als die heutigen. »Wir haben Milchtüten aufgeschnitten, um Butterbrottüten daraus zu machen«, sagt sie lachend, um im nächsten Augenblick mit ernster Miene auf die heutige Vermüllung der Erde hinzuweisen.

Als sie in »den Westen« kam, hatte sie nichts. Völlig unbedarft, ohne Geld, ohne Kontakte, naiv, jedoch mit viel Mut, einem großen Herzen und ihrer zupackenden Art ausgestattet, strandete sie in der Rheinmetropole Düsseldorf. In der DDR hatte sie bereits mit der Ausbildung zur Krankenschwester begonnen, diese allerdings abgebrochen. Da sie jedoch an, mit und für Menschen arbeiten wollte, war es nur konsequent, dass sie die Ausbildung als Krankenschwester wieder aufnahm und diesmal abschloss.

Nach der Ausbildung arbeitete sie auf der Intensivstation, anschließend auf der Frauenstation und dann zwölf Jahre lang in einer geschlossenen psychiatrischen Anstalt. »Da lernste was fürs Leben, sach ich dir. Nirgendwo schaust du so tief in die menschliche Seele mit all ihren Abgründen und verborgenen Schätzen wie auf so einer Station.« Wir kommen in dem Zusammenhang auf den Klassiker *Einer flog über das Kuckucksnest* mit Jack Nicholson zu sprechen, und Utes Gesicht beginnt zu strahlen. »Jo, bei uns sind auch schon mal die Waschbecken geflogen.« Eine bewegende Zeit mit starken Ausschlägen nach oben und unten.

Eine Freundin nahm Ute mit zu einem Seminar zum Thema Persönlichkeitsentwicklung, wo man sie fragte, was sie von ihrem Leben erwarte. Was für Ziele sie habe. Trotz der Banalität der Frage war Ute baff und wusste keine Antwort. Eine Situation, die sie zutiefst irritierte und die dazu führte, dass sie plötzlich ihre Lebenssituation hinterfragte. »Ja, ich mache meinen Beruf gerne. Bin ich aber so richtig mit dem Herzen dabei? Jein! Ich liebe meine Patienten, und ich will unbedingt weiterhin Menschen helfen, doch liebe ich den Beruf noch?« Ihr war klar, dass ein Nein auf diese Frage bedeutete, dass sie mit 37 den Absprung schaffen musste.

Wie der Zufall es wollte, lernte sie in dieser Zeit Hans Brüne kennen und lieben. Hans führt in dritter Generation eine Wuppertaler Traditionsdruckerei, die Offset Company. Eine bis dahin für Ute komplett neue Welt. Schnell erkannte sie, dass sich die gesamte Druckereibranche in einer enormen Transformation befand. Der Wettbewerb war groß. Fast täglich gaben und geben Druckereien in Deutschland auf. Da sich die Ansprüche der Kunden änderten, gleichzeitig gewachsene Kundenbeziehungen verloren gingen, musste auch die Offset Company einen Wandel gestalten. Um diesen professionell begleiten zu können, studierte Ute Marketing- und Vertriebsökonomie und konzentrierte sich die nächsten vier Jahre auf die Neukundenakquise.

Im Laufe der Jahre drang Ute immer tiefer in die Unternehmensführung ein. Erst verließ ein langjähriger Geschäftsführer das Unternehmen. Dann passierte, womit man nie rechnet. Der Fels in der Brandung, der Unternehmenslenker Hans, erlitt einen Schlaganfall. Er fiel für längere Zeit aus und musste sich, nachdem er das Schlimmste überstanden hatte, erst wieder an die Arbeitsbelastung einer Unternehmensführung herantasten. In dieser Zeit manövrierte Ute mit der Unterstützung ihrer Kollegen und Kolleginnen die Offset Company durch die raue See. Rutschte unvermittelt in die Rolle der Mitunternehmerin – eine Funktion, die sie noch heute innehat.

Nachhaltigkeit stand schon lange im Fokus der Offset Company und findet sich in der Unternehmensvision wieder. »Drucken mit gutem Gewissen. Und das in allen Belangen. Sozial, ökonomisch, ökologisch, menschlich ...«

Denn vor allem die Druckbranche trägt einen enormen ökologischen Rucksack, produziert erhebliche Treibhausgase aufgrund der hohen Energieverbräuche. Je nach Art zu drucken werden große Mengen an Chemie eingesetzt. Das Grundmaterial Papier ist aus Holz. Holz ist Wald!

»Somit war klar, wir müssen Nachhaltigkeit weiterdenken. Wir stellten alles auf den Kopf, denn wir waren eher bereit, als Unternehmer zu scheitern, als auf Kosten der nächsten Generation zu wirtschaften. Als wir gemeinsam mit den Mitarbeitenden tiefer in das Thema einstiegen, stellten wir uns noch mal die Frage, was denn Nachhaltigkeit bedeutet. Uns wurde schnell klar, dass das Thema so übermächtig ist und wir so wenig wissen.«

Daraufhin entschied die Macherin, dass sich das ändern musste. Und zwar sofort. Aber wie?

Zunächst wurde die Idee geboren, regelmäßig Referent*innen einzuladen, die im Unternehmen über die vielfältigsten Nachhaltigkeitsthemen sprechen sollten. Und um gleich zwei Fliegen mit

INFOBOX

Der Ressourcenverbrauch und somit der ökologische Fußabdruck von Druckereien ist enorm. Seien es die hohen Energieverbräuche der Druckstraßen, der Verbrauch von Papier (Bäume) und die Papierherstellung, die Transportwege oder der Einsatz chemischer Stoffe.

Der Blaue Engel ist ein Güte- und Umweltzeichen des Bundes, welches für nachhaltig produzierte Güter vergeben wird. Der Blaue Engel hilft Verbraucher*innen, nachhaltig ausgerichtete Kaufentscheidungen zu treffen und dieses nicht nur in der Druckindustrie.

https://www.blauer-engel.de/de/produktwelt/druckereien-und-druckerzeugnisse-neu

einer Klappe zu schlagen und das Wissen auch anderen zur Verfügung zu stellen, gründeten sie das Forum für Nachhaltigkeit. In Abständen von drei bis sechs Wochen kommen Referent*innen und Gäste zusammen, um über die unterschiedlichsten Themen der Nachhaltigkeit zu sprechen. In der Spitze bis zu 80 Besucher*innen online. »Unglaublich«, schwärmt Ute noch heute. Mittlerweile hat sich das Forum aus Wuppertal weiterentwickelt und wurde durch eine Kooperation in den Rhein-Sieg-Kreis getragen. Themen über Entwicklungshilfe, Plastik, nachhaltige Unternehmensführung, Sterbebegleitung, ökologisch-biologischen Lebensmittelgroßhandel, nachhaltige Geldanlage usw. – die Vielfalt der Themen ist unerschöpflich und steht jedem zur Verfügung (siehe Link in den weiterführenden Informationen).

Die Herkulesaufgabe, vor der Ute und Hans standen, war es, die Offset Company noch konsequenter auf Nachhaltigkeit auszurichten. Da gab es enorme Hürden, nicht nur finanzieller Art. »So war es ein brutaler Rückschlag, als wir feststellten, dass das FSC-Gütezeichen für nachhaltige Holzbeschaffung an den eigenen Vorgaben scheiterte.« Der FSC, angetreten, um ökologisch-menschenwürdige Holzwirtschaft zu gewährleisten, kam in Verruf. Das Siegel wurde leichtfertig vergeben, selbst an Unternehmen, die mit schweren Menschenrechtsverletzungen in Verbindung gebracht wurden. Greenpeace, Robin Wood und viele weitere Umweltverbände und NGOs kündigten ihre Mitgliedschaft. Und auch die Offset Company wandte dem FSC den Rücken zu. »Für uns ein Graus, denn auf einmal waren wir Teil eines Systems, für das der Begriff ›Greenwashing‹ eine nette Formulierung ist.«

Heute hat die Offset Company komplett auf Recyclingpapier umgestellt und auch sonst alles auf Ressourcenschonung. Dabei ist es für Hans und Ute enorm wichtig, dass neben dem Schutz der Umwelt der Schutz und das Wohlergehen der Mitarbeiter*innen im Fokus stehen. Die Offset Company gehört zu einer der wenigen Offsetdruckereien, die mit dem Blauen Engel, dem Umweltgütezeichen der Bundesregierung, zertifiziert sind. Und das nicht auftragsbezogen, sondern als Unternehmen.

Mittlerweile ist Ute eine Vollblutunternehmerin. Doch wenn Menschen ihre Hilfe brauchen, dann steckt das Unternehmertum zurück. So zu Beginn der Coronakrise. »Mir war sofort klar, dass ich helfen muss. Dafür bin ich ja ausgebildet.« Also meldete Ute sich im örtlichen Krankenhaus und bot ihre unentgeltliche Leistung für sechs Wochen an. Zu Beginn der Krise konnte keiner abschätzen, was auf die Krankenhäuser zukommt. Zumal in den letzten Jahren das Gesundheitssystem dem Profit- und Effizienzwahn zum Opfer gefallen ist. Ute wechselte also ihre Secondhandbusinesskleidung (sie trägt seit jeher nur gebrauchte Kleidung) gegen den weißen Kittel und trat ihren Dienst im Frühjahr 2020 im Krankenhaus Wuppertal an.

Es war eine interessante Erfahrung für sie zu sehen, wie sich der Krankenhausalltag in den letzten Jahren verändert hat. Die Patient*innen sind die gleichen Menschen wie eh und je. Jedoch die zur Verfügung stehende Zeit pro Mensch wird immer weniger, das System kommerzieller. So war Ute froh, nach zwei Wochen die Kleidung wieder wechseln und ins Unternehmen zurückkehren zu dürfen. Denn die Bettenbelegungen waren zum Glück doch nicht so in die Höhe geschnellt wie zunächst erwartet.

»Ute, was magst du uns noch mitgeben?« Sie überlegt, dann fließt es aus ihr heraus.

»Leute, hängt euer Herz nicht zu sehr an den Konsum. Alle wollen haben, haben, haben, obwohl alle alles haben.« Nun bleibt sie doch noch einen Moment sitzen, obwohl die Interviewzeit schon fast vorbei ist und die Hühner, die sie aus schlimmsten Verhältnissen gerettet hat, auf ihr Futter warten. »Weißt du, Stefan, ich habe das Gefühl, die Menschen sind immer in Eile. Immer gehetzt, die Augen immer gesenkt, traurig und leer. Das tut weh und macht mich traurig.«

P. S.: Der Dachgarten wurde übrigens wegen baulicher Auflagen und zu hoher Kosten noch nicht realisiert. Aber wir kennen Ute, und wo Ute ist, da ergeben sich Wege!
»*Wir müssen nur machen!*«

Nachtrag: Zum Zeitpunkt der Buchveröffentlichung haben Ute und Hans die Produktion in Wuppertal abgeben, zwei Hektar Land, in Blumenthal, Mecklenburg Vorpommern, samt einem Resthof erworben, auf dem sie biologisch Lebensmittel erzeugen und ein autarkes Leben anstreben.

WEITERFÜHRENDE INFORMATIONEN

Internet:
- https://offset-company.de/
- https://forum-fuer-nachhaltigkeit.org/

Literaturempfehlungen:
- Ökologische Herausforderungen an die Druckindustrie von Thomas Middelhoff und Karl-Ulrich Rudolph, Verlag Vieweg + Teubner

ANTJE GROTHUS
DER PERSONIFIZIERTE WIDERSTAND IM RHEINISCHEN REVIER

Die Bangbüx, die vor niemandem Angst hat

»Als ich den Laptop aufklappte und meine Mails checkte, sah ich die Anfrage von Anne Will, und mir rutschte das Herz in die Hose«, sagt Antje lachend. Das war im Oktober 2018 und stand in unmittelbarem Zusammenhang mit Antjes Tätigkeit in der Kohlekommission. Dass Antje und ihr Anliegen heute einen gewissen Bekanntheitsgrad haben, ist nicht nur der Kohlekommission und den Talkshows zu verdanken, sondern auch einer fehlgeleiteten Gewerkschaftsdemo der IG BCE (Industriegewerkschaft Bergbau, Chemie, Energie) im Schulterschluss mit dem RWE-Betriebsratssprecher.

»... das gefühlte Bedrohungspotenzial war schon bedrückend.«

    Diese Demo führte dazu, dass im Oktober 2018 etwa 80 fast ausschließlich männliche Demonstranten vor dem Haus von Antje und ihrer Familie standen. Mit Böllern, Trillerpfeifen und Trommeln. Zehn bis 15 Minuten verharrten die Demonstranten mit Gebrüll vor ihrem Privathaus, machten Fotos vom Haus und vom Auto inklusive der Nummernschilder. Alles geschützt und begleitet von der Polizei. Erst als einer der Männer auf das Grundstück kam, mit der flachen Hand gegen das Fenster polterte und Antjes Mann nach der Polizei rief, besann diese sich offensichtlich endlich, geleitete den Demonstranten vom Grundstück und forderte den Zug zum Weitergehen auf. »Die Herren hatten natürlich nicht damit gerechnet, dass zufällig ein ARTE-Filmteam bei uns zu Hause war, das das aggressive Auftreten filmte und in die Dokumentation ›Kohle oder Wald‹ integrierte. Das war zwar eine gute

Kampagnenarbeit, die die IG BCE und die RWE für uns machten, doch das gefühlte Bedrohungspotenzial war schon bedrückend. Hätte ich gerne drauf verzichtet, und ich war sehr froh, dass unsere Kinder nicht zu Hause waren.«

Dabei hat Antje durchaus Verständnis für den Gram der Beschäftigten von RWE, denn in der Tat sind ihre Jobs gefährdet, und ihr Arbeitgeber lässt sie im Stich. Statt zukunftsfähige Jobs für ihre Mitarbeitenden zu schaffen, spaltet der RWE-Vorstand lieber innerhalb des Konzerns und in der Gesellschaft, hetzt eher die Kolleg*innen auf, anstatt mit ihnen eine klimagerechte Zukunft zu gestalten.

Im Nachgang hatte der pöbelhafte Auftritt dann doch auch etwas Gutes. In den Wochen nach dem Vorfall lagen fast täglich Geschenke auf der Treppe: Blumen, Präsentkörbe und gemalte Bilder oder Briefe, in denen Antje Zuspruch erhielt. Gleichzeitig erlebte sie ihren ersten Candy-Storm auf Twitter, der sich durch den Hashtag #WirsindAntje ausbreitete. Aber wir wollen noch gar nicht so weit vorgreifen. Darum zurück zu Antjes Wurzeln und zu der Frage, wie es überhaupt so weit kommen konnte.

Antje wurde 1964 in Bochum geboren. Den größten Teil ihrer Kindheit verbrachte sie zwischen Zechenturm und Hochöfen in Duisburg. Geboren auf Kohle sozusagen – diesem schwarzbraunen Stoff, gegen dessen Gewinnung und Verfeuerung sie sich später engagieren würde. Ein Kind des Ruhrgebietes, dessen Menschen sie ganz besonders wegen ihrer Geradlinigkeit schätzt. In Kindertagen wollte Antje Bäuerin werden. Sie liebte die Natur und genoss die Ferien, die sie oft im Sauerland verbrachte. Ferien in einer Holzhütte ohne besonderen Luxus, dafür mitten in der Natur und mit Plumpsklo.

Dass Antje bereits als Kind ihren eigenen Kopf hatte und diesen durchzusetzen vermochte, erkennt man daran, dass sie mitten im Revier FC-Bayern-München-Fan war. In einer Gegend, wo der BVB, VfL und vor allem Schalke die absoluten Platzhirsche waren. Wer da mit einem rot-weißen T-Shirt mit Bayern-Logo herumlief, der musste schon Nerven haben.

Antjes Eltern trennten sich, als sie zehn Jahre alt war. Trotz schlechter schulischer Leistungen biss sie sich durch, schaffte das Abitur und studierte im Anschluss Ernährungswissenschaften in Bonn. Das war 1984 – das Jahr, das durch Friedensdemonstrationen geprägt war. Besonders im Bonner Hofgarten, wo rund 500.000 Menschen gegen den von Helmut Schmidt unterstützten NATO-Doppelbeschluss, auf die Straße gingen. Trotz dieser großen Bewegung blieb Antje politisch passiv und beteiligte sich kaum an den Aktionen.

Einige Jahre später zog sie mit ihrem ersten Mann für etwa zwei Jahre in die Patrizierstadt Regensburg, wo sie zwei Töchter zur Welt brachte. Sie genoss die historische Stadt an der Donau. Überhaupt mag Antje an Flüssen liegende Städte. Nicht zuletzt, weil sie dort unkompliziert ihrem Hobby, dem Rudern, nachgehen kann. Regensburg blieb jedoch eine Episode. Zwei Jahre später ging es zurück ins Rheinland, diesmal in den Westen von NRW, ins Rheinische Braunkohlerevier. Noch präziser formuliert, nach Buir, einem Stadtteil von Kerpen im Rhein-Erft-Kreis – jenem Kreis, dessen Ortsteil Blessem 2021 von der Hochwasserkatastrophe besonders stark betroffen war. Dass Michael Schuhmacher aus Buir stammt, sei nur am Rande erwähnt.

In Buir bekamen Antje und ihr zweiter Mann eine Tochter, und Antje arbeitete, um sich um ihre drei Töchter kümmern zu können, freiberuflich. Für einen Verlag veranstaltete sie Kochevents in Buchhandlungen. Da diese Events hauptsächlich an den Wochenenden stattfanden, war dies eine gelungene Möglichkeit, sich die Kinderarbeit aufzuteilen – Antje in der Woche, Norbert am Wochenende. Außerdem ermöglichte ihr die Tätigkeit, ihre Kenntnisse als Ernährungswissenschaftlerin einzubringen. Neben den Kochevents arbeitete sie später im Verlagswesen, als wissenschaftliche Mitarbeiterin in der Ernährungswirtschaft und als Dozentin in Bildungseinrichtungen und Qualifizierungsgesellschaften.

Wenn auch noch nicht politisch aktiv, so war Anje damals schon umweltbewusst und folglich mit dem Fahrrad und den Kindern im Anhänger unter anderem regelmäßig im Hambacher Wald unterwegs, der später zum Konzentrationspunkt des Widerstandes gegen die verfehlte Klimapolitik wurde. Über die Jahre bemerkte Antje, wie der Wald sich veränderte, wie Stück für Stück dem Tagebau weichen musste. Irgendwann ging ihr das so nahe, dass sie den Wald nicht mehr betrat. Sich dem damaligen Widerstand anzuschließen, das war ihr allerdings immer noch fremd. »Dafür wurde ich zu obrigkeitsgläubig erzogen.«

Als dann jedoch die nahe gelegene Autobahn 4 wegen des Tagebaus direkt an den Ortsrand verlegt werden sollte, da war Schluss. Antje gründete 2007 mit Gleichgesinnten die Bürgerbewegung Buirer für Buir, die seit 2008 als gemeinnütziger Verein anerkannt ist. Sie sammelte mit ihren Mitstreiter*innen Einwendungen gegen die Verlegung der A 4, und innerhalb kürzester Zeit beteiligten sich über 1.200 berechtigte Personen. Doch es nützte nichts. Zu eng schien die Verbindung zwischen der Landesregierung und RWE. »Wir verloren trotz eindeutiger Gutachten«, sagt Antje. »Die Autobahn wurde verlegt und uns ein weiteres Stück Lebensqualität genommen.«

Für uns steht der Mensch im Mittelpunkt und nicht die Kohle.
Buirer für Buir

Trotz der Niederlage lebte Buirer für Buir weiter, nun mit der Zielsetzung, die negativen Auswirkungen auf die Menschen und die regionale Kultur durch den Ausbau des Tagebaus zu vermeiden oder zumindest zu reduzieren. So ist auf der Homepage zu lesen: »Für uns steht der Mensch im Mittelpunkt und nicht die Kohle.«

In den folgenden Jahren konzentrierte sich der Widerstand auf den Erhalt des Hambacher Waldes, auf den Erhalt der Gemeinden und Kulturstätten rund um den Tagebau. In Wikipedia sind heute 60 Orte aufgelistet, die dem Tagebau zum Opfer fielen. 60 Orte, in denen geboren, gebetet, gelacht, geheiratet, getrauert und gestorben wurde. Selbst Kirchen, Klöster und Friedhöfe wurden einfach weggebaggert oder an andere Orte verlegt. Wie mag es wohl denen ergangen sein, die den Job ausgeführt haben? Was hat der Mensch gefühlt, als er den Bagger bediente und Kirchen oder Friedhöfe abräumte? Wahrscheinlich würde er sagen, dass er doch nur seine Arbeit gemacht habe.

Ein paar Fakten zum Hambacher Wald. Der ist so alt wie unser derzeitiger erdgeschichtlicher Zeitabschnitt, das Holozän. Dieses ursprüngliche Stück Natur ist zum größten Teil den Baggern zum Opfer gefallen. Von den einst rund 4.000 Hektar Urwald bestehen heute gerade mal noch 500. Der Wald wurde zum Widerstandssymbol der Klimabewegung und gegen den Raubbau an der Natur. Nachdem das Oberverwaltungsgericht Münster am 5. Oktober 2018 die weitere Rodung vorläufig gestoppt hatte, ließ die Landesregierung unter Armin Laschet den Wald mit fadenscheinigen Brandschutzargumenten rechtswidrig räumen, um den Platz für die Bagger freizumachen. Das Verwaltungsgericht Köln stellte später fest, dass die Landesregierung die Räumung rechtlich mangelhaft begründet hatte. Die Behauptung, die Baumhäuser hätten Brandschutzmängel, sei vorgeschoben gewesen. Für die Umsetzung dieser rechtwidrigen Räumung leistete die Polizei insgesamt ca. eine Million Überstunden, für die der Steuerzahler aufkommt.

Was Antje und allen Menschen, die sich für den Schutz unserer Lebensgrundlagen einsetzen, in bester Erinnerung geblieben ist, war die Großdemo am 6. Oktober 2018. Aus allen Teilen Deutschlands kamen rund 50.000 Menschen, um ihren Unmut über die Klimapolitik und speziell über den Umgang mit dem Hambacher Wald zum Ausdruck zu bringen. Doch als bekannt wurde, dass am Tag zuvor das Oberverwaltungsgericht in Münster die weitere Rodung untersagt hatte, verwandelte sich die Demo in ein wahres Volksfest. *Zeit Online* titelte damals über die Menschen, die kamen, um zu demonstrieren: »Das ist die Mitte der Gesellschaft.« Was das bedeutete, verstanden die damalige Bundesregierung und ihr Spitzenkandidat erst am 26. September 2021 – dem Tag ihrer Abwahl.

Die Bewegung, zu der Antje gehört, hatte einiges ins Rollen gebracht. Vom 6. Juni 2018 bis in den Januar 2019 hinein tagte die sogenannte Kohlekommission, und Antje saß als Vertreterin der betroffenen Anwohner*innen und der Region mittendrin. Dort erarbeitete sie gemeinsam mit anderen Vertreter*innen aus Wirtschaft, Politik, Wissenschaft und weiteren Menschen eine Empfehlung, wie der klimanotwendige Kohleausstieg sozialverträglich gestaltet werden kann. Heraus kam ein Kompromiss, den weder Antje noch die beteiligten Umweltverbände guthießen. Verzeichnet war in ihm das Ausstiegsdatum im Jahr 2038. Das ist acht Jahre zu spät und somit mit den Zielen von Paris nicht vereinbar. Doch auch hier hat uns die Realität eingeholt, und der Ausstieg wurde inzwischen von der rot-gelb-grünen Regierung für 2030 beschlossen. So wie von Antje und Vertreter*innen der Umweltverbände in der Kommission als Sondervotum in den Empfehlungen nachzulesen. Was jetzt, bedingt durch den Krieg in der Ukraine, wird, steht allerdings in den Sternen.

Wie bereits zu Beginn dieses Porträts erwähnt, wurde Antje zu Anne Will eingeladen. In dieser Runde saß sie gemeinsam mit dem damals amtierenden Landesvater Armin Laschet, der Umweltministerin Svenja Schulze, dem FDP-Vorsitzenden Christian Lindner und dem damaligen Fraktionsvorsitzenden von Bündnis 90/ Die Grünen Anton Hofreiter. »Ich bin ja keine Bangbüx«, sagt Antje,

INFOBOX

Braunkohle in Deutschland
Die Braunkohle entstand vor ca. 20 bis 40 Mio. Jahren als organisches Zersetzungsprodukt und speicherte enorme Mengen an Kohlenstoffen, bei deren Verbrennung Kohlenstoffdioxid (CO_2) entsteht. Das Treibhausgas Nr. 1, welches maßgeblich für die Klimaerwärmung verantwortlich ist.

Seit dem 17. Jahrhundert wird in Deutschland Braunkohle abgebaut, und heute gibt es drei große Tagebauregionen: in der Lausitz, in Mitteldeutschland und im Rheinland.

Mit der industriellen Revolution begann der Kohleboom in Deutschland, um die aufkommenden Dampfmaschinen betreiben zu können. Infolge des Abbaus verschwanden Hunderte Orte von der Landkarte.

Im Sommer 2020 beschloss die damalige Bundesregierung mit dem Kohleausstiegsgesetz den Kohleausstieg bis spätestens 2038 und unterstützt den Strukturwandel mit bis zu 40 Mrd. Euro. Wissenschaftler*innen und Umweltverbände hoffen auf einen vorgezogenen Ausstieg bis 2030, dem die derzeitige regierende Ampelkoalition zustimmte.

»aber das war schon eine große Hausnummer.« Es gab Menschen aus dem Umfeld der Kommission, die ihr rieten, das ja nicht zu machen, um nicht von medienerfahrenen Alphatieren wie Armin Laschet vorgeführt zu werden.

Da kannten sie aber Antje nicht. Denn diese begrüßte Laschet zu Beginn mit der Frage: »Haben Sie den Wald vorzeitig räumen lassen und stehen jetzt reichlich blamiert da?« Um kurz darauf mit dem Blick in die Runde zu ergänzen: »Armin Laschet hat sich am Gängelband der Industrie durch die Manege ziehen lassen.«

»Hoffnung ist nicht die Überzeugung, dass etwas gut ausgeht, sondern die Gewissheit, dass etwas Sinn hat – egal, wie es ausgeht.«
Václav Havel

Entgegen so mancher Befürchtung schlug sich Antje so gut und überzeugte durch ihre fundierten Aussagen, dass sie kurz darauf zu Maybrit Illner geladen wurde. Dort war sie schon etwas ruhiger, obwohl sie in dieser Runde direkt neben Rolf Martin Schmitz, dem damaligen Vorstandssprecher der RWE, saß. Antjes überlegte, ruhige, jedoch bestimmte Art führte dazu, dass Schmitz sich zu der Aussage hinreißen ließ, die aus heutiger Sicht schmunzeln lässt: »Die Annahme, dass der Hambacher Forst gerettet werden kann, ist eine Illusion.« Er wurde eines Besseren belehrt. Der Hambacher Wald steht noch heute, zumindest seine Reste.

Antje hat bewiesen, dass jede*r, der oder die von etwas überzeugt ist, über sich hinauswachsen kann. Die obrigkeitserzogene, nicht für die große Bühne geschulte dreifache Mutter zeigt noch immer, dass Mut und Beharrlichkeit mächtiger sind als die Arroganz der Macht. Antje, die auf vieles verzichtete, um sich für den Erhalt unser aller Lebensgrundlagen einzusetzen, und die manchmal gar nicht glauben kann, was mit ihr und der Bewegung geschehen ist, möchte uns eines mitgeben: »Engagiert euch, jede*r kann was tun!«

Auf die letzte Frage, woher sie ihren Mut und vor allem ihre Hoffnung nehme, antwortet Antje mit einem Zitat von Václav Havel: »Hoffnung ist nicht die Überzeugung, dass etwas gut ausgeht, sondern die Gewissheit, dass etwas Sinn hat – egal, wie es ausgeht.« Wünschen wir allen Menschen, dass sie ihren Sinn finden.

WEITERFÜHRENDE INFORMATIONEN

Literaturempfehlungen:
- 10 Jahre Hambacher Forst von Thekla Ehling, Antje Grothus, Matthias Jung und Todde Kemmerich, Verlag Kettler
- Die Grube von Ingrid Bachér, Dittrich Verlag Berlin
- Bewegt euch! Die Zivilgesellschaft als Treiber der Dekarbonisierung vom Wissenschaftlichen Beirat des BUND, oekom verlag

Der direkte Draht zu Antje Grothus:
- https://hambachfrau.de/ag/
- http://www.antjegrothus.de/

Onlinedokumentationen:
- https://verheizte-heimat.de/
- https://www.bund-nrw.de/themen/braunkohle/

SCHLUSSAKKORD

Liebe Leserin, lieber Leser,
am Ende angelangt, hoffen wir nun, dass unsere 30 Held*innen dich ebenso inspiriert haben wie uns. Dass ihre Geschichten dir Mut machen aufzustehen und dir die Kraft geben, dich für deine Herzensanliegen und für eine bessere Welt einzusetzen – egal, wie groß die Hindernisse auf dem Weg dorthin erscheinen.

In der Rückschau sehen die Wege unserer Held*innen so leicht, so vorgezeichnet aus. Doch das waren sie nicht, in keinem einzigen Fall. Immer wieder gab es Hindernisse, die den Weg blockierten. Was unsere Held*innen auszeichnet, waren Mut, Entschlossenheit und vielfach die Bereitschaft, auf klassische Karrierewege zu verzichten.

Wir wissen alle, dass die Herausforderungen, vor denen wir stehen, gigantisch sind. Diese Erde braucht kraftvolle Menschen, die anpacken, um diesen wunderbaren Planeten zu erhalten und das Zusammenleben jeden Tag ein bisschen besser, ein bisschen schöner zu machen.

»I had a dream« sagte Martin Luther King am 28. August 1963 in Washington. Auch wir sollten den Mut haben, groß zu träumen und nach einer besseren Welt zu streben. Einer gesunden Welt. Einer guten Welt, die wir unseren Kindern und Kindeskindern hinterlassen.

Das Leben hier ist ein Geschenk. So wie die Schönheit dieses wunderbaren Planeten ein Geschenk ist. Lass uns achtsam damit umgehen.

Mit herzlichen Grüßen
Jeannette und Stefan

DANKSAGUNG

Auf dem Buchdeckel stehen die Autor*innen als Schöpfer*innen eines Buches. Doch im Verborgenen gibt es Menschen, die mitgearbeitet haben und ohne deren Unterstützung dieses Buch nie entstanden wäre. Ihnen gilt an dieser Stelle unser Dank:

Allen voran den 30 Held*innen des Alltags, die uns ihre Zeit und einen Einblick in ihre Leben geschenkt haben, damit wir dieses Geschenk an die Leser*innen weitergeben können.

Sowie den vielen Menschen, die uns vertrauten und beim Crowdfunding, ungesehen und ungelesen, ein Buch bestellten und somit das Projekt überhaupt erst ermöglichten. Besonders danken wir: Martin Weber, dem Studiengang Philosophie, Kunst und Gesellschaftsgestaltung der Alanus Hochschule, Alexandra Elleke, Michael Suda und Adrian Hochstrasser.

Wir danken auch Birka Maier, die uns Mut machte, das Buch zu schreiben und als Ratgeberin unverzichtbar war, Michael (Mike) Manhart, der den Film für das Crowdfunding drehte und jederzeit als Unterstützer zur Seite stand und Rolf Engels, der Korrektur las.

Vielen Dank auch den Fotograf*innen, die das Projekt unterstützten, ohne Bezahlung Fotos erstellten und uns zur Verfügung stellten: Gerardo Milsztein, Marco Piecuch, Ronald D. Vogel, Sabine Schreiber, Sarah Ross und Sophia Artmann.

Auch geht ein Dankeschön an die Mitarbeiter*innen des oekom verlags, die uns stets unterstützten und mit Rat und Tat zur Seite standen. Es hat uns Spaß gemacht mit Euch zu arbeiten!

DIE AUTOR*INNEN

Vor ca. zehn Jahren erkannte **Stefan Maier**, dass es so nicht weitergehen kann. Seitdem bezeichnet er sich als Umweltaktivisten, ist ehrenamtlich bei Greenpeace tätig, geht in der Kohlegrube demonstrieren und betreut Strafgefangene. Sein 2008 gegründetes Unternehmen Prior1, welches Gebäudeinfrastrukturen für Rechenzentren plant, beschäftigt heute ca. 80 Menschen und bilanziert nach der Gemeinwohl-Ökonomie. Stefan Maier liebt Menschen, die sich für Umwelt, Mitmenschen und Tiere einsetzen. Menschen, die erkennen, was richtig ist, und konsequent danach handeln. Besonders *seine* kleinen großen Held*innen des Alltags, die in diesem Buch vorgestellt werden, inspirieren ihn.

Jeannette Hagen arbeitet als freie Autorin und Kolumnistin für verschiedene Medien zu den Themen Gesellschaft, Politik und Kunst. Neben ihrer Arbeit als Autorin und ihrem Studium der Politikwissenschaft an der Freien Universität Berlin setzt sie sich aktiv für Menschenrechte ein. Als freiwillige Helferin war sie zwischen 2016 und 2018 mehrfach auf Lesbos, in Idomeni und in zwei Camps in der Nähe von Thessaloniki.